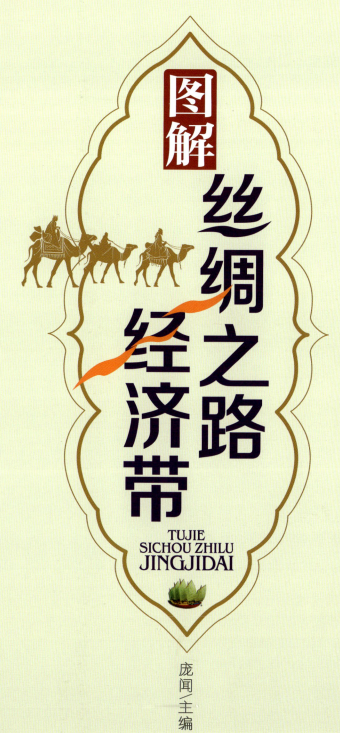

图解

丝绸之路经济带

TUJIE
SICHOU ZHILU
JINGJIDAI

庞闻 主编

西安地图出版社

©庞闻 2017

图书在版编目（CIP）数据

图解丝绸之路经济带/庞闻 主编.—西安：
西安地图出版社，2017.6（2023.6重印）
ISBN 978-7-5556-0272-9

Ⅰ.①图… Ⅱ.①庞… Ⅲ.①丝绸之路－经济带－
区域经济发展－经济发展战略－中国－图解
Ⅳ.①F127-64

中国版本图书馆CIP数据核字(2016)第156280号

著作人及著作方式：庞闻 主编
责任编辑：张鸿 董兆昕

书　　名 **图解丝绸之路经济带**

出版发行　西安地图出版社
地址邮编　西安市友谊东路334号 710054
印　　刷　中煤地西安地图制印有限公司
开　　本　889 mm×1194 mm 1/16
印　　张　16.5
字　　数　200千字
版　　次　2017年6月第1版 2023年6月第3次印刷
书　　号　ISBN 978-7-5556-0272-9
审 图 号　GS(2017)1053号
定　　价　86.00元

TUJIE
SICHOU ZHILU
JINGJIDAI

《图解丝绸之路经济带》编纂委员会办公室

主　　任：马耀峰
副 主 任：党争胜　　姜亚军　　李全武　　程书强
编　　委：许兰州　　毛腊梅　　卢爱刚　　周　旗　　庞　闻
　　　　　张京鱼　　张海潮　　张　健　　张　鸿　　韩小武
　　　　　凌朝栋　　潘秋玲

《图解丝绸之路经济带》编辑部

主　　编：庞　闻
副 主 编：张　健　　韩小武
责任编辑：张　鸿　　董兆昕
地图编制：任　兴　　胡海燕　　董兆昕　　张　军
审　　校：邓列课　　赵泰安　　雷　霁　　孙丽平　　宋和平
美术设计：王丽丽

前言

QIANYAN

　　人类文明的历史，是一部不断开拓、不停进取的历史。从2000多年前汉武帝派遣张骞凿空西域并形成了基本干道开始，亚欧大陆上勤劳勇敢的人们，在崇山峻岭与荒漠草原间不断探索，开拓出一条连接东西方文明的贸易和人文交流之路，后人给它起了一个富有诗意的名字——丝绸之路。

　　千百年来，各种肤色的商人东来西往，交易着东方的丝绸和西方的香料与宝石等。取经的僧人和传教的教士沿着这一条道路前行，佛教、祆教、摩尼教、基督教、伊斯兰教在这里相互交流、碰撞，不断地向外传播。

　　"和平合作、开放包容、互学互鉴、互利共赢"的丝绸之路，推动了人类文明进步的步伐。它是促进沿线各国繁荣发展的重要纽带，是东西方交流合作的象征，也是世界各国共有的历史文化遗产，其精神薪火相传。

在以"和平、发展、合作、共赢"为主题的21世纪，面对全球经济增速放缓、区域局势紧张等复杂局面，传承和发扬丝路精神，显得尤为重要和迫切。2013年9月，习近平主席在出访哈萨克斯坦期间，提出共同建设"丝绸之路经济带"的宏伟构想，沿线国家积极响应，并在国际社会引起了广泛反响。在当前形势下，建设经济带对促进区域经济合作，加强文明交流，构建和谐世界，具有重要的意义。为响应"丝绸之路经济带"倡议，我们启动了关于丝绸之路经济带图书的编制工作，以便给广大读者提供一本内容全面、通俗易懂，既能反映丝绸之路历史演变、经济带沿线主要国家的基本国情，又能体现丝绸之路经济带整体规划设想的图集。为此，诸多同人都投入了巨大的精力。经过一年多的努力，终于成书，书名经过反复讨论后，定为《图解丝绸之路经济带》（以下简称《图解》）。

《图解》以中华人民共和国国务院公布的《推动共建丝绸之路经济带和21世纪海上丝绸之路的愿景与行动》为依据，突出丝绸之路经济带规划中重点建设的六个经济走廊，确定制图范围为丝绸之路经济带沿线的主要国家（中国、蒙古、俄罗斯、白俄罗斯、哈萨克斯坦、塔吉克斯坦、吉尔吉斯斯坦、土库曼斯坦、乌兹别克斯坦、阿富汗、伊朗、伊拉克、叙利亚、土耳其、巴基斯坦、印度、尼泊尔、孟加拉国、缅甸、老挝、泰国、柬埔寨、越南、马来西亚、新加坡）。

《图解》中数据主要来源于世界银行、国际货币基金组织、联合国教科文组织、中华人民共和国外交部等权威组织和部门，截至日期为2016年底。

《图解》由序图、丝路历史、丝绸之路经济带沿线国家、丝绸之路经济带倡议与愿景四部分组成，是一部比较全面地反映丝绸之路历史，展示丝绸之路经济带沿线主要国家国情，以及丝绸之路经济带倡议和愿景的综合地图集。

我们希望，《图解》的编制与出版，能为广大读者了解、研究丝绸之路经济带提供帮助，并为政府、企事业单位、科研机构的分析和决策提供重要参考资料。

尽管我们力求精准，但是，《图解》编撰是一项系统工程，在有限的时间内收集众多国家的资料，分析大量数据，组织编写相关内容，仍然难免存在不足之处，敬请大家批评指正。

目录

MU LU

序图
X   U   T   U

丝路历史
S I L U L I S H I

丝绸之路经济带沿线国家
SICHOUZHILU JINGJIDAI YANXIANGUOJIA

TUJIE SICHOU ZHILU JINGJIDAI

丝绸之路经济带倡议与愿景

SICHOUZHILUJINGJIDAICHANGYIYUYUANJING

丝绸之路经济带起源与演变

古要素		今要素	
◉ 大都路	首都、首府	◉ 北京	首都、首府
◎ 塔刺思	宗藩汗国首府	◎ 西安	省会、州府
◉ 安西路	省级驻所	○ 武威	一般城市
○ 高坪镇	镇	⊢┼─┼⊣	洲界
○ 凤翔府	郡、府级驻所	─── 未定	国界
─·─·─	国界、政权部族界	────	省界
─ ─ ─ ─	地区、州府界	─ ─ ─ ─	地区界
～～～	水系	··········	军事分界线
		～～～	水系

丝绸之路经济带沿线国家政区图

居民点

✪ 吉隆坡	首都、首府
◎ 新山	主要城市
◉ 古晋	一般城市
○ 上岭	村镇
●	一级行政中心

水 系

～～	河流、湖泊
～～	时令河
┄┄┄	运 河
░░ ░░	沼泽、盐沼泽
˘ ˙	井 泉

境 界

⊢┼─┼⊣	洲界
▓▓▓ 未定	国界
─ ─ ─	地区界
··············	一级行政区界
++++++++	军事分界线

道 路

━━━	铁路
━━━	高速公路

地貌地物

∴∴	沙漠
～～	干河床
▲ 8844.43 珠穆朗玛峰	火山、山峰及高程
X	山口

丝绸之路经济带沿线国家专题地图

矿产资源

硼	铯	氮	锡	锰	铬铁矿	盐类	石油管道
金	钨	石膏	褐煤	锌	铝矾土	宝石	天然气管道
银	钛	石灰石	菱镁矿	铅	氧化铝	锶	煤田
铜	铀	滑石	石墨	镁	硫	重晶石	油田
铁	铼	天然气	浮盐	钼	汞	煤矿	天然气田
铝	铬	磷	石材	锑	红柱石	石油	
溴	萤石						

农业资源

农业	灌溉农业	热带林地	草地、热带林地、常绿林地
畜牧业	草地	常绿林地	干旱林地
林地	经济作物	阔叶林地	
稀疏植被	沙漠	沼泽林地	

小麦	高粱	水果	烟草
大麦	棉花	甘蔗	柚木
水稻	麻	甜菜	茶叶
谷子	养殖企业		

工业资源

工业区

啤酒企业	宝石加工	化肥	炼油厂	制糖	建筑材料	机械制造工业
烟草加工	玻璃器皿	胶合板	旅游	水泥	炼钢企业	电子电器工业
造纸	木材加工	纺织	酿酒	工业城市	发电厂	

世界遗产

★ 阿斯塔纳	首都、首府	世界文化遗产	自然保护区
◉ 卡拉干达	主要城市	世界自然遗产	世界自然文化遗产
○ 塞米巴拉金斯克	一般城市	风景名胜区	

TUJIE
SICHOU ZHILU
JINGJIDAI
丝绸之路
Silk Road

如同珍珠链一般，
7 000多公里的丝绸之路穿越了时空乃至文化的壁垒，
不仅使中国与世界实现了互联互通，
也使东方与西方、历史与当今紧紧地联系在了一起。
无论是楼兰古城的残垣断壁，
雄关古道的斑驳遗迹，
还是张骞西行的动人故事，
玄奘取经的神奇传说，都无疑是中国历史的活化石，
其在见证并诉说着中国与世界各国的经济贸易、
政治交往及文化交流辉煌历史的同时，
也见证并诉说着民族之间、
国家之间，以及人与自然之间友好相处的价值与意义。

序 图
XUTU

序图 (一)
XUTU

图解
丝绸之路
经济带

1　塞浦路斯
2　黎巴嫩
3　以色列
4　巴勒斯坦
5　阿拉伯联合酋长国
6　克什米尔
7　格鲁吉亚
8　亚美尼亚
9　阿塞拜疆
10　新加坡
11　东帝汶
12　爱沙尼亚
13　拉脱维亚
14　立陶宛
15　俄罗斯
16　荷兰
17　比利时
18　捷克

19　卢森堡
20　列支敦士登
21　瑞士
22　摩尔多瓦
23　摩纳哥
24　梵蒂冈
25　圣马力诺
26　斯洛伐克
27　斯洛文尼亚
28　克罗地亚
29　波斯尼亚和黑塞哥维那
30　马其顿
31　塞尔维亚
32　黑山
33　阿尔巴尼亚
34　安道尔
35　吉布提

◎北京　首都　　○西安　主要城市　　━·━·━　洲界

世界政区

图解
丝绸之路
经济带
TUJIE
SICHOU ZHILU
JINGJIDAI

36　多哥
37　赤道几内亚
38　多米尼加
39　波多黎各（美）
40　安圭拉（英）
41　圣基茨和尼维斯
42　多米尼克
43　圣卢西亚
44　圣文森特和格林纳丁斯
45　库拉索（荷）

003

1:81 600 000

----- 未定国界　　---- 地区界　　++++++ 军事分界线

丝绸之路经济带沿线国家
《SICHOUZHILU JINGJIDAI》
YANXIAN GUOJIA

2013年9月7日，中国国家主席习近平在哈萨克斯坦纳扎尔巴耶夫大学发表题为《弘扬人民友谊 共创美好未来》的重要演讲，首次全面阐释了建设"丝绸之路经济带"的倡议构想，一条源于古丝绸之路，且具有鲜明时代精神的经济带展现在世人面前。

这条横亘欧亚大陆的经济大走廊，东系世界上经济最为活跃的东亚经济圈，西联世界经济总量最大的欧洲经济圈，中间广大腹地国家经济发展潜力巨大。中国政府秉持和平合作、开放包容、互学互鉴、互利共赢的理念，欢迎各国积极加入，共同将丝绸之路经济带打造成一个政治互信、经济融合、文化包容的利益共同体、命运共同体和责任共同体，得到了沿线各国的积极响应。目前，已有20多个国家与我国签署共建"一带一路"的合作备忘录。

本书以国务院授权发布的《推动共建丝绸之路经济带和21世纪海上丝绸之路的愿景与行动》为蓝本，以规划重点畅通的三条国际大通道（中国经中亚、俄罗斯至欧洲波罗的海；中国经中亚、西亚至波斯湾、地中海；中国至东南亚、南亚、印度洋）和重点建设的六条国际经济合作走廊（新亚欧大陆桥、中蒙俄、中国—中亚—西亚、中国—中南半岛、中巴和孟中缅印）为依据，遴选出丝绸之路经济带沿线的25个国家。经济带聚集了全球一半的人口、四分之一的经济总量、三成的陆地面积，以及大量的各类资源，市场规模和发展潜力巨大。

丝路经济带沿线国家的面积、人口、首都（府）

国家或地区	面积（平方千米）	人口（万人）	首都（府）
俄罗斯	17 098 242	14 600	莫斯科
中国	9 600 000	137 000	北京
印度	2 980 000	129 500	新德里
哈萨克斯坦	2 724 900	1 793	阿斯塔纳
伊朗	1 645 000	8 000	德黑兰
蒙古	1 566 500	312	乌兰巴托
巴基斯坦	796 095	19 700	伊斯兰堡
土耳其	783 600	7 981	安卡拉
缅甸	676 578	5 390	内比都
阿富汗	647 500	3 270	喀布尔
泰国	513 115	6 450	曼谷
土库曼斯坦	491 200	537	阿什哈巴德
乌兹别克斯坦	447 400	3 212	塔什干
伊拉克	438 300	3 600	巴格达
马来西亚	330 000	3 033	吉隆坡
越南	329 556	9 170	河内
老挝	236 800	680	万象
白俄罗斯	207 600	951	明斯克
吉尔吉斯斯坦	199 900	678	比什凯克
叙利亚	185 180	1 980	大马士革
柬埔寨	181 035	1 558	金边
孟加拉国	147 570	16 000	达卡
尼泊尔	147 181	2 850	加德满都
塔吉克斯坦	143 100	870	杜尚别
新加坡	719	554	新加坡

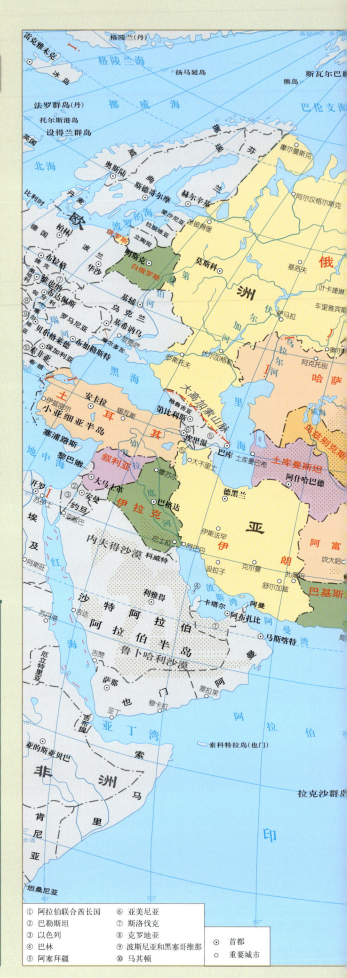

① 阿拉伯联合酋长国　⑥ 亚美尼亚
② 巴勒斯坦　⑦ 斯洛伐克
③ 以色列　⑧ 克罗地亚
④ 巴林　⑨ 波斯尼亚和黑塞哥维那
⑤ 阿塞拜疆　⑩ 马其顿
◎ 首都　○ 重要城市

北地群岛　　弗兰格尔岛　　杰日尼奥夫角　　美　北国美　洲　　　　　圣劳伦斯岛

约瑟夫地群岛　　拉普捷　洋　　新西伯利亚群岛　东西伯利亚海

冰　　夫海

新喀　　迪克森　　切柳斯金角

罗　　哈坦加　　诺里尔斯克　　拉普捷夫海

叶　　科雷马

尼　　通古斯卡　　雅库茨克　　科　　雷　　马　　科曼多尔群岛　阿　图　申群岛

塞　　斯　　拉　　彼得巴甫洛夫斯克

鄂木斯克齐　　托木斯克　　勒拿河　　上杨斯克　　马　　加丹　　堪察加半岛

鄂毕河　　新西伯利亚　　鄂　　纳　　鄂霍次克海　　萨哈林岛(库页岛)

萨彦岭　　拿　　河　　上乌季　　阿扬　　千岛

伊尔库茨克　　赤塔　　共青城　　群岛

阿尔泰　　乌兰乌德　　古　　蒙　　海拉尔　　哈巴罗夫斯克(伯力)　　北海道岛

秦　　乌兰巴托　　齐齐哈尔　　花江　　符拉迪沃斯托克(海参崴)

山脉　　阴山　　承德　　朝鲜　　日本　　日本海

塔克拉玛干沙漠　　银川　　北京　　天津　　渤海　　韩国　　四国岛

昆仑山脉　　西宁　　兰州　　济南　　黄海　　九州岛　　小笠原诸岛(日)

喜　　格尔木　　宝鸡　　洛阳　　郑州　　火山列岛(日)

中华人民共和国　　成都　　武汉　　长江　　上海　　东海　　冲绳岛　　琉

尼泊尔　　雅鲁藏布江　　重庆　　南昌　　钓鱼岛　赤尾屿　　群

不丹　　怒江　　昆明　　桂林　　厦门　　台北　　台湾岛

印度　　孟加拉国　　缅　　老　　越　　河内　　东沙群岛

恒河　　甸　　挝　　南　　海口　　西沙群岛

印度半岛　　泰　国　　柬埔寨　　海南岛　　中沙群岛

孟加拉湾　　曼谷　　金边　　南沙群岛　　菲　马尼拉　律宾

安达曼群岛(印度)　　安达曼海　　泰国湾　　文莱

尼科巴群岛(印度)　　马来　　曾母暗沙　　马来西亚

斯里兰卡　　来半岛　　吉隆坡　　加里曼丹岛

科伦坡　斯里兰卡岛　　新加坡　　苏拉威西岛

马　　他　　西　　亚

尔代夫　　洋　　印　　度　　雅加达　　班达海

努沙登加拉群岛　　帝汶岛　　东帝汶　　澳　大　利

洋　　太　　平　　洋

图解丝绸之路经济带

SICHOU ZHILU JINGJIDAI

006

时区栏（顶部）: 西一区　中时区　东一区　东二区　东三区　东四区　东五区　东六区　东七区　东八区　东九区　东十

经度: 西经 0° 东经　30°　60°　90°　120°　150

北 冰

大　洋

西　洋

印　度　洋

北极圈　北回归线　赤道　南回归线　南极圈

本初子午线

比例尺　1:122 000 000

地名标注（部分）:

格陵兰岛　斯瓦尔巴群岛　法兰士约瑟夫地群岛　北地群岛　新西伯利亚群岛

冰岛　雷克雅末克　设得兰群岛　法罗群岛　纳尔维克　摩尔曼斯克　迪克森　卡西斯特　季克西　奥伊米亚康

新地岛　萨列哈尔德　图拉　雅库茨克

奥斯陆　赫尔辛基　圣彼得堡　阿尔汉格尔斯克

斯德哥尔摩　哥本哈根　莫斯科　新西伯利亚　伊尔库茨克　布拉戈维申斯克(海兰泡)　萨哈林岛(库页岛)

大不列颠岛　阿姆斯特丹　柏林　华沙　赤塔　哈巴罗夫斯克(伯力)　南萨哈林

曼彻斯特　伦敦　法兰克福　布拉格　基辅　阿斯塔纳　乌兰巴托　哈尔滨　符拉迪沃斯托克(海参崴)

香农　巴黎　布达佩斯　阿拉木图　乌鲁木齐　长春　沈阳　平壤　东京

马赛　罗马　布加勒斯特　塔什干　比什凯克　北京　首尔　大阪　横滨

里斯本　马德里　索非亚　杜尚别　喀布尔　西宁　兰州　西安　武汉　上海

拉巴特　阿尔及尔　的黎波里　雅典　安卡拉　巴库　德黑兰　伊斯兰堡　拉萨　成都　重庆　南宁　广州　香港

加那利群岛　开罗　大马士革　科威特城　巴士拉　新德里　昆明　河内

利雅得　沙迦　卡拉奇　加尔各答　仰光　曼谷　金边　马尼拉

达喀尔　喀土穆　亚丁　孟买　科伦坡　吉隆坡　新加坡　关岛　阿加尼

蒙罗维亚　阿比让　阿克拉　拉各斯　卡诺　亚的斯亚贝巴　马累　雅加达

比奥科岛　布拉柴维尔　金沙萨　摩加迪沙　内罗毕　达累斯萨拉姆　达尔文

阿森松岛　维多利亚　塞舌尔群岛

圣赫勒拿岛　鲸湾港　温得和克　贝拉　马达加斯加岛　路易港　艾丽斯斯普林斯　珀斯

约翰内斯堡　开普敦　墨尔本　塔斯马尼亚岛

特里斯坦·达库尼亚群岛　凯尔盖朗岛　赫德岛

底部时区数值: -1　0　+1　+2　+3　+4　+5　+6　+7　+8　+9　+10

各区标注：+1时 / -1时

时钟图示（底部）

丝绸之路经济带区域时区

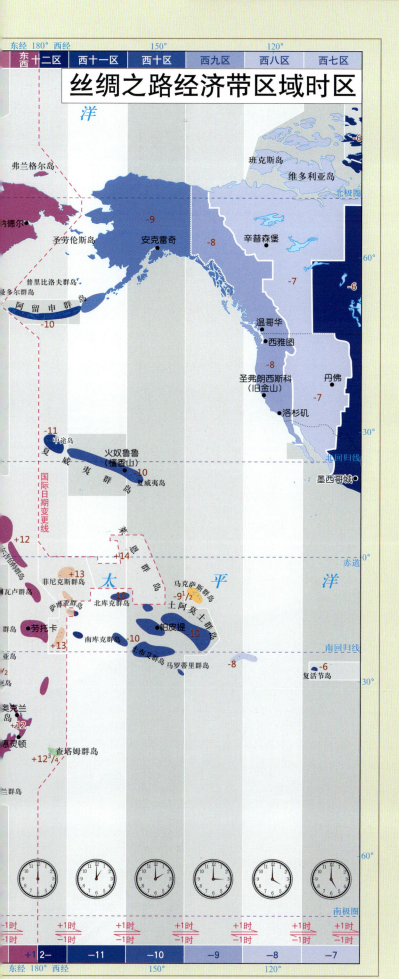

主要城市	与北京时间时差	国家
曼谷	−1	泰国
仰光	−1:30	缅甸
阿斯塔纳	−2	哈萨克斯坦
新德里	−2:30	印度
阿什哈巴德	−3	土库曼斯坦
伊斯兰堡	−3	巴基斯坦
塔什干	−3	乌兹别克斯坦
喀布尔	−3:30	阿富汗
莫斯科	−4	俄罗斯
德黑兰	−4:30	伊朗
巴格达	−5	伊拉克
明斯克	−5	白俄罗斯
安卡拉	−6	土耳其
大马士革	−6	叙利亚

注："−"表示比北京时间晚

【北京时间】

时区的界限并不严格地按照某一子午线规划定位，对于横跨若干时区的国家，一般采用以某一时区的时间作为全国标准时间。如中国首都北京位于东八区，东八区的标准时间就是中国的标准时间，即"北京时间"。

【格林尼治天文台】

始建于1675年，原皇家天文台所在地，坐落于伦敦东南泰晤士河边，是世界时区系统和地球经度的起点。现为皇家航海博物馆的一部分。在子午馆内，有一条镶嵌在大理石地面内的铜线，即本初子午线（零度经线），两边标有"西经""东经"。游人常脚跨铜线留影，以示横跨东西半球。

【世界时区】

全球划分24小时时区，每时区横跨经度15°，时间正好为1小时。以通过英国格林尼治天文台的本初子午线为标准，其东西经度7.5°的范围内为零时区，以东为东1~12区，以西为西1~12区，每个时区中央经线上的时间就是各时区的标准时间。

国际标准时间以本初子午线上的时间为标准，因其正好经过格林尼治天文台，所以又叫格林尼治时间。太平洋中的180°经线为"国际日期变更线"，从180°经线向西，日期要加一天。从180°经线向东，日期要减一天。为了避免一个国家同时出现不同的日期，实际的国际日期变更线并不是直线，在经过陆地的地方转向海洋。

TUJIE
SICHOU ZHILU
JINGJIDAI
丝绸之路
Silk Road

丝绸之路的前世今生——

千百年来，
漫漫丝路留下了无数前辈披荆斩棘、
开拓前行的足迹。
既有"流膏润沙漠，溅血染锋芒"的艰辛，
也有"一去紫台连朔漠，独留青冢向黄昏"的凄凉，
更有"黄沙百战穿金甲，不破楼兰终不还"的壮志，
以及"十年通大漠，万里出长平"的气概
与成功后的喜悦。

如今，
当年悠长的驼铃声虽然正在被阵阵汽笛声取而代之，
但那美好的传说与动人的故事
却早已沉潜在历史的烟尘里，
成为世人不可忘却的记忆。
新的时代，正在孕育着新的故事，
古老而富有生机的丝绸之路，
将再次见证新世纪里中华民族伟大复兴
与光辉崛起的过程，
泽遗百代，祚传千载。

丝路历史

SILU LISHI

丝绸之路的前世今生

SICHOUZHILU
DE QIANSHIJINSHENG

丝绸之路的命名

《SICHOUZHILU DE MINGMING》

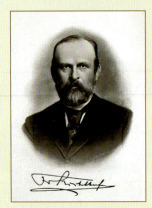

费迪南·冯·李希霍芬

我们经常提到的"丝绸之路"，包括狭义和广义两种理解：狭义上的"丝绸之路"是途经中亚通往南亚、西亚及欧洲、北非的中国古代陆路贸易通道，因极具特色的中国蚕丝及其丝织品大量经由此道西运，故称丝绸之路。广义的"丝绸之路"不仅包括传统的"陆上丝绸之路"，也包括"海上丝绸之路"；同时，每条道路都有多条分支，路径交错相通，构成了古代中国与西方沟通的交通系统。因此可以说，"丝绸之路"是指从中国古代开始陆续形成，连接和贯通欧亚大陆，包括北非、东非的全球性商业贸易与文明交往线路的总称。当前，国家提出的"一带一路"倡议，其中的"一带"指的是丝绸之路经济带，"一路"则指的是海上丝绸之路。

历史上的这条交通要道虽然对欧、亚和非洲的商贸流通和文化交流起到过非常重要的作用，但是，"丝绸之路"这个名词迄今为止在中国古代典籍里还未找到。最早提出"丝绸之路"概念的是德国地理学家费迪南·冯·李希霍芬（Ferdinand von Richthofen，1833—1905年）。

李希霍芬自1868年到1872年间，曾七次来中国考察。回国之后，他利用在华考察的资料，撰写了五卷本的巨著《中国：我的旅行与研究》（1877年出版）。在此书中，李希霍芬首次提出从洛阳到撒马尔罕（今属乌兹别克斯坦）有一条古老的商路，认为该条通道上运输的主要货物是丝绸，遂首次以"丝绸之路"命名之。与李希霍芬同一时代的西方研究中国的东方学家们，开始把丝绸之路界定为中国经西域与希腊—罗马社会的交通和贸易路线。自此之后，"丝绸之路"这个名称便在世界范围内流传扩散，以至于后来丝绸之路含义的外延越来越广泛，甚至被称为中西乃至中外文明交往的代名词。

丝绸之路上运送的货物主要是丝绸吗？

并不尽然，尽管考古工作者在西域多处挖掘出了丝织品，但是，这只能说明"丝绸之路"的确运送过丝绸，却并不能证明运送的主要物品是丝绸。这条交流通道是双向的，运送的主要货物岂止是丝绸，还有种类繁多的货物，自东向西，运出的是铁器、金银器、镜子、丝和茶，等等；从西到东，运进的为稀有的动植物、皮货、药材、香料、珠宝首饰，等等。

丝绸之路的开辟，是由于汉代张骞"凿空"的结果吗？

至少现有的诸多说法是这样告诉我们的。其实，丝绸之路上的东西方文明交往早已存在。在中国先秦文献《管子》《山海经》和《穆天子传》等书中，早就有关于西域昆仑玉石的记载，且在安阳殷墟的殷商贵族大墓里曾出土过大量玉器。经科学鉴定，这些玉器的产地基本是西域，也就是今天的新疆玉。另外，中国内地先秦时代的漆器、铜镜和丝绸等物，在西域亦有发现。例如，新疆维吾尔自治区托克逊县境内出土的战国漆盘、阿勒泰境内出土的战国铜镜、吐鲁番墓地出土的春秋战国

1976年河南安阳殷墟商代"妇好"墓出土的玉凤

玉凤体长13.8厘米、宽3.2厘米、厚0.8厘米，造型优美，制作精细。呈黄褐色，镂空雕刻；头似公鸡，侧首回身状，圆眼尖喙；胸部向外凸起，与尾连成弧线形，短翅长尾，尾翎分开两叉；爪卧胸下，背中间有一突，突中有一小圆孔可穿绳佩带；翅膀上雕刻着四条阳线以饰翎纹。

丝绸残片，等等，都属于内地中原区域的产品。这些古代文献的记载和古代遗物的出土，可以确切无疑地证实，殷商时代甚至更早，内地与西域之间就有着文明交往。

后世称之为"丝绸之路"的中西方不同区域之间的交流通道，在张骞"凿空"之前，就已经存在。汉武帝曾两次派张骞出使西域，同时代的太史公司马迁将其称之为"凿空"，即张骞开辟了这条后来被李希霍芬称为"丝绸之路"的通道。

早在张骞出使西域之前，作为丝绸之路必经的西域之地，甚至经西域通往更为遥远的欧洲，都已经与内地有着直接或间接的联系，彼此民间的商贸交易和文化交往就已出现了。不同经济社会之间强大的贸易需求动力，促使着不同民族之间文明的频繁交往，正

如司马迁《史记·货殖列传》中所讲："天下熙熙，皆为利来；天下攘攘，皆为利往。"这种正式或非正式的文化交流起始时间点，仅用文字记载、考古资料和古代传说作为依据，很难作出准确的判定。虽然上述历史依据直接或间接地提供了有价值的信息，但是，也只能作为追溯丝绸之路开辟源头的参考，真正的源头是要早于这些历史依据的。正如国学大师季羡林所说："国家民族间的文化传播早于文字记载，在普遍使用文字之前，尽管有无数天然的艰难险阻，比如说，大海和大山，但是，人民间还是有往来的。"

既然如此，太史公司马迁为何还要将丝绸之路的开辟归功于张骞呢？

随着张骞出使西域，以及汉武帝打败匈奴，西汉朝廷在西域先后设置了河西四郡、西域都护，使当今

陆上丝绸之路

所谓的丝绸之路的东段与中段处于西汉王朝统一的经营与管理之中。丝绸之路东、中、西全线的贯通，保障了道路上的商品交流、文化往来的通畅，促进了丝绸之路的空前繁荣，成为中西之间政治、经济、文化交流的桥梁。

正是由于张骞及其出使团队为丝绸之路的发展作出了巨大贡献，所以，司马迁将丝路开辟之功归于张骞，称之为"凿空"。

历史上，丝绸之路沿途各地的安定与战乱，在一定程度上决定着丝绸之路的畅通与断绝。也就是说，不同的历史时期，丝绸之路的通畅程度也相应不同。由此，我们也大致可以看出，中央王朝的统一和控制程度，以及与邻邦友好往来之密切关系。

"丝绸之路"作为中国明清之前东西方陆路交通最主要的通道，包括了绿洲路（大丝道）、草原丝绸之路、西南夷道（或称"缅甸路""骠国往婆罗门路"）、青海路（或称"唐蕃古道""吐蕃往尼波罗路"）等主要分支在内的陆上丝绸之路系统。其每一段都有许多岔道，并非一条固定通道。其东段的分支状况主要受制于如何便捷穿越六盘山、渡过黄河而出现的几个道路节点；中段主要是在不同绿洲之间的穿插跳跃。这几条道路上的分岔节点，基本上都是古代城镇关隘或军事重地。历史上穿越丝绸之路的著名人物，几乎没有一个人是沿同一条通道走下去的，通往西域的道路选择，除自然地形的制约之外，主要是由当时的政治、经济情况决定的。

丝绸之路的历史意义
《SICHOUZHILU DELISHIYIYI》

丝绸之路的畅通，是东西方政治、经济和文化交流的有力保障。

在政治交往方面，有着诸多确切的史料记载。

自张骞通西域之后，绿洲之路的畅通，促使汉帝国与西域诸国的联系空前加强，汉朝赴西域的使者"相望于道"，西域诸国回访汉朝的使者亦不绝于途。如东汉的甘英，曾出使西方，远达波斯湾一带。

唐代除各国大量的使者往来之外，许多国家常"质子于唐"，也就是国王或首领将自己的儿子派遣至唐长安做人质，以求得唐朝的信任。

例如，公元7世纪中叶，萨珊王朝受到大食的攻击，萨珊王子卑路斯便前往唐朝求援，后因萨珊王朝被大食所灭，卑路斯遂在长安终其一生。

在经济交流方面，除了前文提及的玉石、丝绸和金银器等贵重之物，凭借丝绸之路这条大通道，曾有种类繁多的物资交流。

譬如，从西域和中亚一带进入中原地区的植物品种包括葡萄、苜蓿、石榴、胡麻、胡桃、胡豆、胡瓜、西瓜、胡荽、胡蒜、胡葱、橄榄、红兰花、酒杯藤，等等。引进的动物（包括珍禽异兽）主要有汗血马、骆驼、狮子、犀牛、孔雀、鸵鸟，等等。其他珍奇物品包括珊瑚、琥珀、玛瑙、玳瑁、砗磲、水晶、琅玕、水银、金刚、玻璃，还有毛织物，如海西布，等等。这些物品，极大地丰富了中原地区的物种和生活用品。

与此同时，从中国内地传至西域及西方诸国的物品亦非常多。例如，传入西方的物品，除了中国的漆器、铁器等之外，植物品种有桑树、茶树、梨树、桃树、杏树、邛竹等，中药材有大黄、肉桂、黄连和茯苓等。

在宗教传播方面，东西方有着频繁而深入的交流。源于印度的佛教，于东汉时就沿着丝绸之路传到中国；源于西亚的祆教（亦称拜火教），于南北朝时期传入内地；至隋唐时，又有景教、摩尼教、伊斯兰教先后传入中国。这些外来宗教与中国道教融合并存。其中，佛教对中国传统文化的影响最大，典型的例证就是以敦煌莫高窟、大同云冈石窟、洛阳龙门石窟和天水麦积山石窟等为代表的大型石窟，以及寺院和佛塔等佛教建筑文化遗存，在中国境内比比皆是。唐长安城有佛寺100余所，几乎每一个坊就有一座佛寺，且诸多佛寺规模很大，如"大兴善寺"占了整个"靖善坊"，"大慈恩寺"占了"晋昌坊"一半空间，"大安国寺"则占了"长乐坊"一半之地，佛教寺院的规模远超道教的道观。

在科技、艺术等方面，同样存在着广泛交流。例如，中国内地的造纸印刷术、火药技术、建筑技术等，经由丝绸之路传入西域甚至远达罗马，而西方的天文历法、杂技幻术、马戏、泼胡王乞寒戏、波罗球戏等等，以及乐曲歌舞中的天竺乐、安国乐、康国乐、龟兹乐和胡旋舞等等，也陆续传入中国。

总而言之，丝绸之路大通道对东西方社会之间的文明交往演进，产生过重要影响和积极意义，甚至对整个人类社会文明的发展也起到了促进作用。

"丝绸之路：长安—天山廊道的路网"世界文化遗产

◀ "SICHOUZHILU:CHANG'AN-TIANSHANLANGDAO DE LUWANG"SHIJIEWENHUA YICHAN ▶

2014年6月22日，在卡塔尔首都多哈召开的第三十八届世界遗产大会上，中国、哈萨克斯坦和吉尔吉斯斯坦三个国家联合申报的"丝绸之路：长安—天山廊道的路网"世界文化遗产项目成功获批。这是世界上第一个以联合申报的形式成功列入《世界遗产名录》的项目，也是我国首个跨国联合申报世界遗产的项目。

申遗的成功，一方面，说明丝绸之路曾经为人类文明交往和社会发展发挥过不可替代的作用，同时，说明沿线国家和地区为保护人类共同的文化遗产曾经作出过重要贡献。另一方面，也将促使古老的丝绸之路焕发生机，进一步提高丝绸之路的国际影响力，推进我国"新丝绸之路经济带"的建设，彰显文化全球化背景下的世界和睦相处与共同繁荣。

"丝绸之路：长安—天山廊道的路网"世界文化遗产涉及33处遗址点，都属于丝绸之路道路系统中的

东亚、中亚部分路段上的重要节点，东西跨距五千多千米，分别如下：

中国共22处。其中，甘肃省5处：麦积山石窟、炳灵寺石窟、锁阳城遗址、悬泉置遗址、玉门关遗址；陕西省7处：汉长安城未央宫遗址、唐长安城大明宫遗址、彬县大佛寺石窟、张骞墓、大雁塔、小雁塔、兴教寺塔；河南省4处：汉魏洛阳城遗址、隋唐洛阳城定鼎门遗址、新安汉函谷关遗址、崤函古道石壕段遗址；新疆维吾尔自治区6处：克孜尔尕哈烽燧、克孜尔石窟、苏巴什佛寺遗址、高昌故城、交河故城、北庭故城遗址。

哈萨克斯坦8处：开阿利克遗址、塔尔加尔遗址、阿克托贝遗址、库兰遗址、奥尔内克遗址、阿克亚塔斯遗址、科斯托比遗址、卡拉摩尔根遗址。

吉尔吉斯斯坦3处：碎叶城（阿克·贝希姆遗址）、巴拉沙衮城（布拉纳遗址）、新城（科拉斯纳亚·瑞希卡遗址）。

图解
丝绸之路
经济带
TUJIE
SICHOU ZHILU
JINGJIDAI

013 ▶

"丝绸之路：长安—天山廊道的路网"世界文化遗产

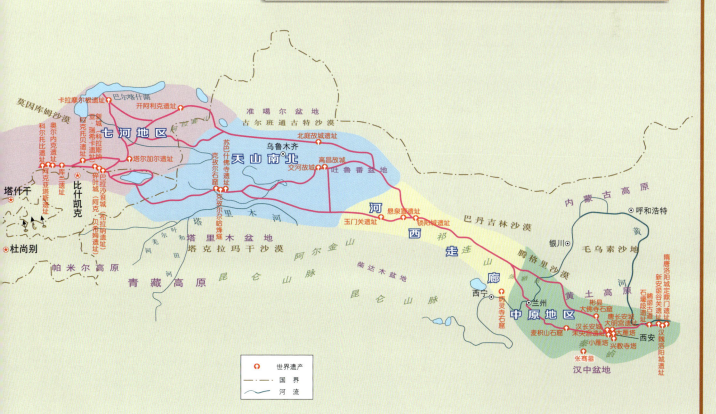

丝路先驱
■ SILU XIANQU ■
———— 先 秦 时 期 的 丝 绸 之 路 ————

青金石之路
◀ QINGJINSHIZHILU ▶

青金石指以青金石矿物为主的岩石，是一种比较稀有的宝石，呈暗蓝、蓝紫、天蓝、浅蓝或绿蓝色，其节理不发育，断口呈参差状。因其属于多矿物集合体，即由多种矿物构成，肉眼看到的青金石产品常带有白色、黑色、半透明或金色的杂质。其中的金色杂

质是黄铁矿，也就是青金石的"金"。杂质越多，对其美观影响则越大，所以"无金无白"的价值偏高，但若黄铁矿分布均匀，呈现繁星状，却会给青金石带来别样美感。

青金石的产地包括阿富汗、巴基斯坦、印度、缅

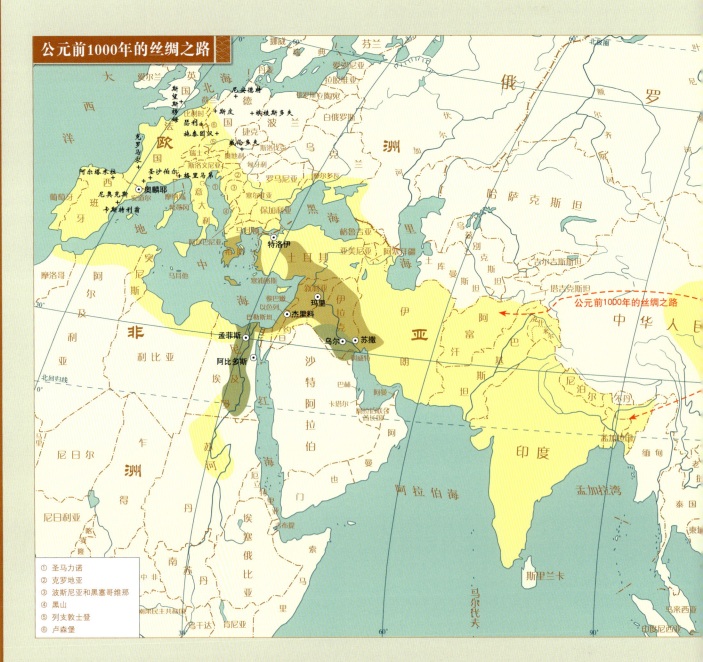

公元前1000年的丝绸之路

公元前1000年的丝绸之路

① 圣马力诺
② 克罗地亚
③ 波斯尼亚和黑塞哥维那
④ 黑山
⑤ 列支敦士登
⑥ 卢森堡

青金石

甸、蒙古、美国、加拿大、智利、安哥拉等多个国家。其中，阿富汗将其当作"国石"，主要产于该国巴达赫尚省的"萨雷散格"等矿床，这里的青金石发掘历史已超过了6 000年。在古埃及前王朝时期的遗址，也已发掘到了青金石所制的首饰，在高加索梅赫尔格尔的新石器时代葬地遗址，甚至远至毛里塔尼亚亦可找到青金石的珠链。

作为稀有宝石之一，青金石呈现出独特艳丽的光泽，因而备受古代帝王青睐，称"帝青天"，常随葬墓中。从古至今，它都是一种名贵的装饰材料，常被广泛应用于建筑和手工艺品之中。在古埃及，青金石与黄金是等价的；在古希腊和古罗马，佩戴青金石被认为是富有的标志。而早在古巴比伦和古埃及时代，青金石就已经非常贵重，曾作为巴比伦国王送给埃及国王的重要礼品之一。青金石代表意义多表现出上层属性，是权力与财富的象征，以至于在诸多诗歌中都有所反映，譬如《月神之魔(the moon god sin)》就有描述："公牛般的强壮，大大的头角，舒长的头毛，像青金石一样显赫。"在埃及出土的文物中，有很多青金石陪葬饰物，古墓里发现的护身符、圆柱形玺，包括刻有圣甲虫的宝石及其他工艺品，基本都是用此种材料制成的。在古代中国，青金石常被称为青黛、璆琳、金精、瑾瑜等，其象征意义也是帝王的威严与崇高。虽然古代中国最早使用青金石的时间尚不能确定，但是，据《尚书·禹贡》记载可知，早在4 000年前的夏代，雍州曾向中央王朝进贡过"璆琳"，而璆琳则被认为是青金石的波斯语音译，但是，由于还没有考古实物佐证，因此，这种说法并未得到充分证实。截至目前，考古发掘证实了古代中国最早的青金石制品是出自春秋时期曾侯乙墓，与此同时期出土的越王剑，其剑格镶嵌了蓝绿色宝石，经宝石学家鉴定发现，剑格所镶一半的玉石为青金石。

古代文献中常有青金石产地的记载，大致认为有两处。其一，是古代中国的西域，即今新疆地区；其二，是中亚乌浒河支流克恰克河流经之巴达克山附近，即当今阿富汗北部地区。尤其是前一处，在两汉以后流传至今的历史文献中，多有出产青金石的相关记载，这在当今新疆考古出土的器物中也有所佐证。然而，根据现代青金石矿床的分布来看，自然可知，如今所谓古丝绸之路上的青金石原产地，当属阿富汗无疑，而新疆境内出土的青金石器物，正是当时中西方文化交流载体的反映——青金石之路。

青金石是汉代张骞"凿空"之前，古代西域和中原之间文明交往的早期主要见证之一。例如，收藏于大英博物馆的我国东周时的青金石蝉。伴随彼此交往的持续深入扩展，在西汉之后的诸多朝代，来自中亚的青金石制品越来越多，东汉彭城靖王刘恭墓出土的一件鎏金嵌宝兽形砚盒，盒身镶嵌有红珊瑚、绿松石和青金石；南北朝时期中亚地区青金石不断传入中国，河北赞皇东魏李希宗墓出土了一枚镶青金石的金戒指，上刻一鹿，周边有联珠纹，墓中还出土了三枚东罗马金币，说明这枚镶着青金石的金戒指极有可能来自中亚地区。以上的这些青金石，皆可谓中西方之间较早并持续存在文明交往的实物例证。

春秋时期越王剑

斯

北极圈

贝加尔湖

阿黑龙尔江河

北京

周口店

朝鲜

日本海

韩国

安阳

黄河

黄海

东海

江

太

平

北回归线

菲

洋

印度尼西亚

公元前3000年文明化的地区
公元前2000年文明化的地区
公元前1000年文明化的地区
旧石器时代的遗址

120°

60°

120°

30°

420°

丝路历史 SILU LISHI

波斯御道
◀ BOSI YUDAO ▶

波斯御道（The Persian Royal Road）是在公元前5世纪波斯国王大流士一世统治时期修建的。简单地讲，修筑此路的目的是为了从波斯帝国首都苏撒到地中海东北部的萨迪斯之间形成便捷的交通线路。在此御道之上，波斯的信差可以在七天之内行走1 670余英里路程（约2 700千米）。可见，波斯御道是当时最便捷通畅的交通要道之一，古希腊历史学家希罗多德曾对此评价非常高，他说："在这个世界上，再没什么比波斯信差还要走得快了。"

波斯御道自萨迪斯西部（今土耳其伊兹密尔东约60英里处）始，向东穿过今土耳其中北部，直达位于西亚底格里斯河中游的古代亚述国首都尼尼薇（今伊拉克摩苏尔），再折而向南抵达美索不达米亚平原的古巴比伦王国（今伊拉克巴格达）。在巴比伦的东北部附近，波斯御道分为两条：其一，是通往东北方向，穿过埃克巴塔纳那之后，一直向东直达古波斯帝国东部的塔克西拉古城。这一段线路位于伊朗高原北部，基本与主要东西方的贸易路线重合，即丝绸之路；其二，是继续通往东南方向，到达古埃兰王国的首都苏撒，甚至亦有人还提到此路线进而折向东南，直至波斯波利斯。该古城建于大流士王时期，其遗址东邻库拉马特山，其余三面是城墙，城内王宫建于石头台基上，主要建筑物包括大会厅、觐见厅、宫殿、宝库和储藏室，等等。

【波斯帝国御道图】

由于波斯御道横穿古亚述国，因而，一些学者则认为，御道最西段有可能是亚述国王修建的，御道东段大部分线路与丝绸之路重合。尽管如此，多数人还是认为，波斯御道是由大流士一世修建，在原有道路路基上改进，将互不相连的几段道路进行整合，从而构成统一的道路系统。此道路系统质量非常高，一直沿用到后来的罗马时代，甚至直到今天，在土耳其东南部最大城市迪亚巴克尔还保留着一座波斯御道桥梁。

在大流士一世时期，波斯帝国的版图和影响力达到了顶峰。全盛时期，领土东起印度河平原、帕米尔高原，南抵埃及、利比亚，西至小亚细亚、巴尔干半岛，北达高加索山脉、咸海。由波斯人建立的一个地跨亚、非、欧三大洲的世界性大帝国——波斯帝国，客观上为当时东西方文化的融合做出了较大贡献。

经相关考古发现，波斯御道沿途设有诸多驿站，可以确认的就有20多个。波斯御道所经之中亚地带，是东西方文化接触、融合之地，这条御道东段正是丝绸之路，一条连接着世界文明十字路口的通道，在人类文明交往史上具有重要意义。在文字使用上，波斯人首先采用了巴比伦楔形文字，而在波斯人接触了更易学习和掌握的亚述阿拉米文之后，随即就将其定为当时的官方文字。在建筑艺术方面，以苏珊宫殿最为典型，其中的青金石、雪松、黄金等原材料及其建造者都来自西欧、西亚和中亚等诸多地区。因而，波斯宫殿的建筑具有多元文化风格。宫殿建筑多采用大量石柱形式，这明显是受到了希腊建筑文化的影响，石台的设计则受到亚述文化的影响，石柱上的雕刻纹路又与古埃及建筑风格有着异曲同工之妙，柱顶上的狮子与公牛，则显示出受到两河流域文化的影响。所有这些，既是文明交往的例证，也同样是文明交往的结果。

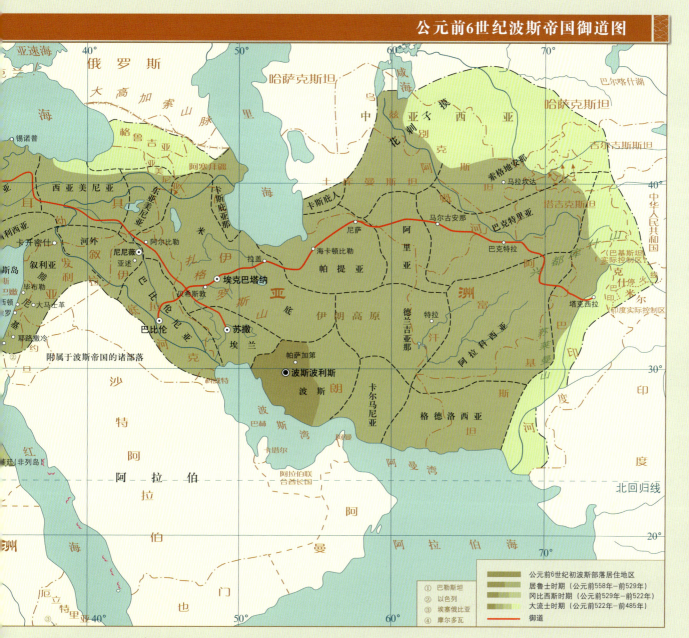

图例：

		公元前6世纪初波斯部落居住地区
		居鲁士时期（公元前558年—前529年）
		冈比西斯时期（公元前529年—前522年）
		大流士时期（公元前522年—前485年）
	———	御道

① 巴勒斯坦
② 以色列
③ 埃塞俄比亚
④ 摩尔多瓦

亚历山大东征：亚非欧的文明交往

《YALISHANDADONGZHENG：YAFEIOUDEWENMINGJIAOWANG》

　　被世人称为"亚历山大大帝"，在其30岁时就已开创了一个疆域从爱奥尼亚海延伸至印度河流域的大帝国，他就是古希腊北部马其顿帝国的亚历山大三世（公元前356年—公元前323年）。按照古希腊语意，亚历山大是指人类的守护者，传说他的一生战功赫赫，几乎没有败绩，被一些人认作是历史上最成功的军事统帅之一。

　　当东方中国处在纷乱的战国之际，西方马其顿帝国年幼的王子亚历山大正师从著名学者亚里士多德，接受着希腊古典文化的教育。公元前336年，马其顿的腓力二世在他女儿婚礼上被刺杀，年轻的亚历山大继位，即后来历史上著名的亚历山大三世。

　　公元前334年，亚历山大三世开始东征，远征军向波斯帝国统治的小亚细亚地区发起进攻，终结了大流士三世的统治，征服了整个波斯帝国。随后，又于公元前326年入侵印度河流域，但最终由于种种原因而撤军西归。

　　有一幅镶嵌画展现了亚历山大三世东征中的一次作战场景，它就是著名的"亚历山大马赛克"，作为最出名的地板镶嵌画，它大约于公元前100年完成，后来在亚平宁半岛西南角维苏威火山东南10千米处的庞贝古城被发

丝路历史 SILU LISHI

亚历山大马赛克

现，其大小为5.82米×3.13米。亚历山大马赛克所在的庞贝城，曾经在公元79年被维苏威火山大爆发时产生的火山灰掩埋，在六米多深的火山灰下静静地躺了1 600多年，以至于它的名字与位置都已被多数人遗忘了，直到公元1748年重新被发现，其中的亚历山大马赛克于公元1831年也被发掘出来。

尽管这一幅镶嵌画局部存在严重毁坏，但是，作品中的两个主角肖像仍能轻易辨识——马其顿的亚历山大大帝与波斯的大流士三世。从亚历山大马赛克画面上不同方向的长矛，明显能看出蜂拥的人群与惊慌的战马，也似乎能听见作战中双方兵士们手中兵器相互击打和碰撞的声音，从而营造出作战中的各种混乱嘈杂的场面。作者极其注重细节的描绘，画面左侧的亚历山大右手紧握着的疑似长枪，直挑一位波斯战士，致使其落马身亡，迅疾之下眼睛又转盯向前方（右侧）战车上的大流士三世，此时的大流士三世似乎神情惊愕，正在拼命指挥兵士逃离战场。尤其是画面中的那位落马倒地的波斯士兵，从盾牌内侧反射面看到自己临死瞬间的惨象，透射出了战争的暴虐和凶残本质。

此次东征持续时间长达10年之久。旷日持久的战争，首先，是给双方的万千民众造成了极其深重的灾难，尽管客观上将希腊文化传播到了遥远的东方，促进了东西方诸国和地区的文明交往，但相比底层民众的苦难而言，这种形式的文化融合，充满了血腥和罪恶。其次，亚历山大三世凭借血与剑，缔造了属于他的帝国时代，拓展了一个西起巴尔干半岛、尼罗河，东至印度河流域，南至非洲、波斯湾和阿拉伯海北部，北抵里海和黑海南部、锡尔河和阿姆河上游流域，横跨欧、亚、非三大洲的世界性超大帝国。然而，历史总是存在着诸多偶然性。短短几年后，这位年纪轻轻的亚历山大三世却突然死在了巴比伦，当时是公元前323年，由于没有合法的继承人，他的将领们互相不服引发内战进而使帝国快速瓦解。

一直以来，有关亚历山大大帝这位历史人物之死因，众说纷纭。有说是他身患疟疾不治而亡，也有说是感染流感而死，亦有说是过量服用一种被称为"圣诞玫瑰"的嚏根草中毒而死，还有说是遭人下毒致死，甚至还有争论毒杀亚历山大

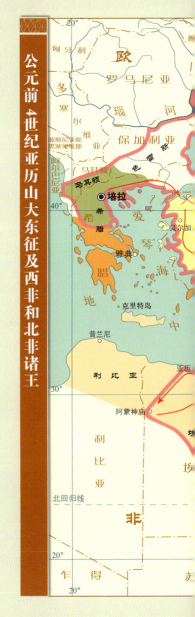

公元前4世纪亚历山大东征及西非和北非诸王

的凶手到底是被他解除兵权的安提帕特，还是他的老师亚里士多德。诸如此类的争议持续不断，以至于后来还有学者在美国《新型传染疾病》杂志里发表论文，专门讨论亚历山大大帝的死因。无论死因如何，正是因为亚历山大大帝正当年轻却陡然之间退出了历史舞台，给人们留下了诸多的历史故事和不解传说。

伴随着亚历山大的死亡，他的超级帝国美梦也迅即烟消云散，曾经的马其顿帝国一分为三，即托勒密王朝、塞琉古王朝和安提柯王朝。尽管庞大的帝国不复存在，但希腊文化却留存下来，这些文化对亚历山大及其士兵们曾经征战的地区依然有着无形的力量。

从世界文明交往的意义上说，亚历山大东征促使了东西方文化的扩散和融合。亚历山大大帝在不断攻城略地的同时，直接和间接促进了东西方文明的交往，将西方古希腊文化不断向东扩展，同时，也将繁荣的中亚、西亚、印度和古代中华文明传入了西方。

在政治体制方面，古代东方的君主专制和希腊城邦体制出现了一种融合；在承袭东方体制的同时，将希腊自治城市的民主传统引入了东方。在商贸方面，由于受到当时马其顿远征军控制，形成了横跨欧、亚、非三洲的古希腊文化大区，这对连接和沟通东西方之间商贸交流起到了积极意义。据统计，亚历山大及其后继者在东方建立起了300多个城邦，成为东西方之间政治、经济和文化联系的重要节点。这些节点串联成东西方之间的多条商贸之路，大致分北、中、南三条：北路连接印度、巴克特里亚和黑海地区，中路连接印度和小亚细亚，南路主要接连印度与埃及。通过东西方的商贸交流，古中国丝绸、古印度香料等东方物产及东方文化，得以远播至西方。除此之外，亚历山大还通过铸造统一货币，从而在一定程度上促使欧洲希腊与埃及、西亚和南亚诸国之间的贸易更加密切。

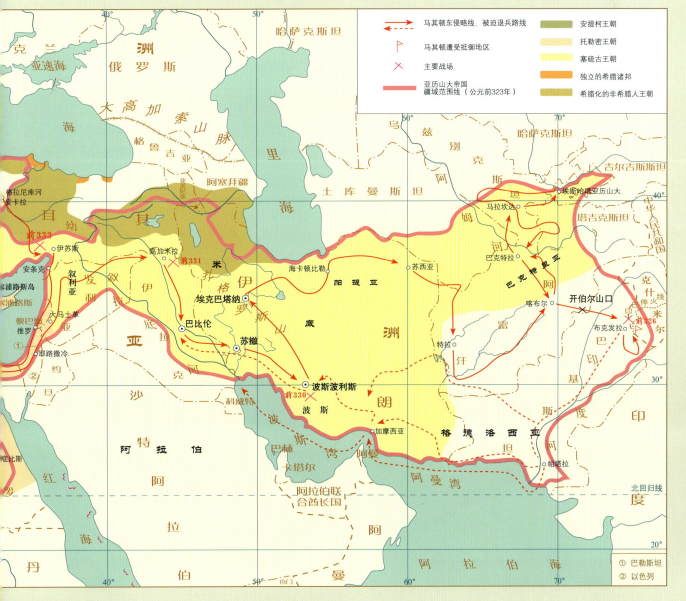

凿空西域
ZAOKONG XIYU
—— 秦 汉 时 期 的 丝 绸 之 路 ——

图解
丝绸
经济带
之路

SILU
SICHOU ZHILU
JINGJIDAI

020

帝国路网 ◀DIGUOLUWANG▶
罗马帝国大道修筑与丝路西段的贯通

　　公元前后的两个世纪，在欧亚大陆的东西两端存在着两个强大帝国——秦汉帝国和罗马帝国。东端的秦汉帝国尤其是汉帝国对西域的经略，以及西端的罗马帝国以地中海为中心的扩张，客观上促进了中西方的文明交流，在丝绸之路全线贯通上起到了积极作用。

　　在罗马帝国不断发展的过程中，有一条著名的交通体系产生了，它就是"罗马大道"。作为古代罗马的建筑奇迹之一，它以当时首都罗马为中心，几乎连接整个罗马帝国，构建起了一个四通八达的路网系统。罗马早先仅是意大利中部的一个小城邦，后来逐渐向外扩张，势力范围遍布整个地中海地区，并进一步向西扩展到大西洋沿岸及向东深入欧洲大陆内部，形成了强大的罗马帝国。在公元前1世纪—公元2世纪，罗马帝国达到极盛时期。

　　公元前3世纪至公元2世纪的500年间，在罗马帝国建立规模宏大的全国性交通运输体系之中，罗马人铺设的罗马大道仅主要干道总长就达8万多千米，若再计算支线长度，则总长约15万千米，其中有非常密集的支线通往帝国各行省。在罗马大道体系中，比较著名的有阿庇安人道、阿尼亚大道、奥勒里亚大道、卡西亚大道、波皮尼亚大道、弗拉米尼亚大道、埃米尼亚大道、小弗拉米尼亚大道、埃米尼亚—阿尔蒂纳特大道、波斯图米亚大道，等等。闻名世界的谚语"条条大道通罗马"（All roads lead to Rome）就来自罗马大道。

　　罗马大道体系的修建和逐渐完善，几乎与罗马帝国的不断扩张基本保持一致，在帝国极盛时期形成了规模宏大的国家道路网络。整个道路系统以罗马城为中心，以29条干道为主架构，呈辐射状向周围地区延伸。就当时的工程技术标准和通行程度而言，罗马大道的各项指

公元前117年罗马帝国疆域

图中罗马部分地名古今对照			
阿昆克	布达佩斯	布尔第加拉	波尔多
埃波拉克	约克	米狄奥拉努姆	米兰
阿勒拉特	阿尔	新迦太基	卡塔黑纳
加的斯	加的斯	摩根基阿克	美因茨
阿尔根托拉特	斯特拉斯堡	阿格里坡娜殖民地	科隆
耶路索利马	耶路撒冷	罗托马古斯	鲁昂
卢提西亚	巴黎	芬多玻那	维也纳

①斯科普里　②波德戈里察　③卢布尔雅那　④布拉迪斯拉发

标，水准可谓非常之高，史学家们对此曾给予了高度评价："罗马大道是罗马最有特色的文化纪念物。"

罗马大道的修建经历了罗马共和国和罗马帝国两个时期。一般认为，罗马共和国标准道路肇始于公元前4世纪晚期，其后伴随着领土扩张道路也随之不断拓展。

阿庇安大道 阿庇安大道被罗马史学家认为是最早的罗马大道，于公元前312年开工建设。伴随着罗马帝国不断向东扩张，道路工程的进展也分为若干阶段，经过70年不断修建才最终完工。大道得名于罗马当年的一位财务官阿庇尤斯，是他向元老院提议修建此路并获得通过的。该道路是第一条连接罗马与南部地区的主要大道，最初只通到卡普亚，之后延伸到维努西亚、塔伦托，直至布林迪西港口。阿庇安大道建设质量优异，由青石板铺设，路面平坦，结实耐用，可以满足当时军用交通要求，能保证罗马军团迅速移动。在今天的罗马郊区，依旧可以清楚地看到阿庇安大道的遗迹。

弗拉米尼亚大道 弗拉米尼亚大道约修筑于公元前220年，该道沿台伯河谷地穿过法里斯齐和翁布里亚，直达亚得里亚海边的比萨乌努姆，它是罗马通往北方最重要的一条道路，最初是在埃特鲁里亚人（生活在亚平宁半岛中北部的一个民族，位于罗马北部）修筑的一条无名道路基础上修建而成，建造执政官是

盖乌斯·弗拉米尼乌斯。

奥勒里亚大道 奥勒里亚大道自罗马的埃米里乌斯桥起程，穿过沃尔西尼、克鲁西乌姆，到达阿雷提乌姆和佛罗伦提亚。该道路的建造执政官是盖乌斯·奥勒里乌斯·科塔，在充分利用原有道路基础上，使蒂勒尼安海岸与内陆地区之间的道路连接更加便捷。

埃米尼亚大道 埃米尼亚大道由建造执政官埃米乌斯·雷比杜斯，于公元前187年规划设计。它是从里米尼到普拉森提亚的一条大道。途经李维乌斯广场、法文提亚、科尔涅乌斯广场、波洛尼亚、木提纳，最后到达帕尔玛。自此道建成运行开始，就成为罗马帝国北部波河流域的交通运输轴心线。随后，该地区所有道路几乎皆以此道路为中心而修建，一直到今天仍在使用。

波斯图米亚大道 波斯图米亚大道于公元前148年开始修建，建造执政官是斯普里乌斯·波斯图米乌斯·阿尔比努斯，这是一条穿越山崖的大道，从热那亚出发，穿过波尔切维拉和斯克里维亚河谷，到达里巴尔纳和得尔多纳，在这里继续沿着波河右岸而行，穿过斯特拉德拉后到达皮亚琴察，在这里与埃米尼亚大道相会，并继续伸向克雷莫纳。穿过波河之后，在波河北面的贝特里亚库姆分成两条路线。主要一条所经之处多为低地、沼泽，多处需挖掘壕沟和筑堤，穿过维诺纳、维克提亚、塔尔维希乌姆、奥彼特尔吉乌

公元前1－公元2世纪罗马帝国极盛时期

姆和康科尔迪亚，最后到达阿奎勒亚。另一条则穿过曼图阿通往奥斯提亚。

罗马大道可谓建筑有序、管理规范，它将罗马帝国的城乡紧密地连接在一起，极大地促进了帝国的繁荣和强盛，为罗马文明的传播创造了优越条件。与此同时，罗马大道也使丝绸之路西段全线得以贯通，以至于为丝绸之路这条漫长的商路东、中、西三段全线

贯通奠定了坚实的基础，从而促使丝绸之路成为连接亚、欧、非三大洲文明交流的一条大动脉，也使东西方的贸易往来更加频繁，文化交流更为便捷。罗马大道的修筑与丝绸之路的向西拓展，开启了位于亚欧大陆两端的秦汉帝国和罗马帝国更加直接有效对话的新时代，成为当时沟通世界文明交往的重要纽带。

汉风西渐 ‹HANFENGXIJIAN›
张骞凿空与汉帝国的丝绸之路中东段的经营

敦煌莫高窟第323窟(初唐)中的张骞出使西域图（复制品）

张骞出生于公元前164年，是中国汉代杰出的外交家、旅行家、探险家，属于今陕西省城固县人。他作为汉朝出使西域的使臣，不仅富有开拓和冒险的精神，而且具有坚毅和忠勇的品德，后来被封为博望侯。汉武帝曾两次派张骞出使西域，张骞带领的出使西域团队是丝绸之路的开拓者。西汉元鼎三年（公元前114年），张骞病逝于长安，后归葬汉中故里(今汉中市城固县)。

张骞出使西域，以及汉朝打败匈奴之后，汉帝国在西北地区设置了河西四郡，随后又设立了西域都护，使当今所谓的丝绸之路东段与中段基本处于西汉统一王朝经营与管理之中。此后，丝绸之路东、中、西全线贯通，从而保障了道路上商品交流和文化往来的通畅，促进了中西方文明交往的空前繁荣。正因为张骞及其出使团队为丝绸之路的开通和发展做出了巨大贡献，司马迁将丝路开辟之功归于张骞，并称之为"凿空"之举。

张骞第一次出使西域

西汉建元二年（公元前139年），张骞率领100多名出使西域团队成员，从长安出发前往西域，当西行进入被匈奴人控制的河西走廊之时，碰上匈奴骑兵，张骞团队被俘获，并被押送到匈奴王廷（今内蒙古呼和浩特附近）。当时的匈奴军臣单于得知张骞欲出使月氏，就对张骞说："月氏在吾北，汉何以得往？使吾欲使越，汉肯听我乎？"译为现代汉语，意为"我们当然不会容许汉使通过匈奴地区出使月氏，如同汉帝国不容许匈奴使者穿过西汉国土出使南方越国一样"。至此，张骞一行人被扣留在匈奴王廷，其间，匈奴人一直想打消其出使月氏之信念，而张骞仍"不辱君命"，甚至"留骞十余岁，予妻，有子，然骞持汉节不失"。元光六年（公元前129年），张骞趁匈奴人不备，逃出了匈奴控制区。

张骞在滞留匈奴期间，西域形势发生了很大变化，要出使的月氏国已遭受乌孙攻击，被迫从伊犁河地区

西迁至咸海附近的妫水河流域。张骞改变了预先计划，经车师后未向西北进发，转而折向西南进入焉耆，沿塔里木河西行，越过库车、疏勒等地，翻越葱岭，直达大宛，也就是今天的乌兹别克斯坦费尔干纳盆地。

到达大宛之后，向大宛国王说明了出使月氏的使命。大宛王本来也想与汉朝通使往来，缘于匈奴的阻碍，一直未能实现。随后特派了行路向导与翻译官，将张骞出使团队送至康居，即今天的乌兹别克斯坦和塔吉克斯坦境内，康居又派遣人员，将张骞护送至大月氏国。然而，此时的大月氏人已无意向匈奴复仇，张骞未能说服月氏国与汉朝联盟夹击匈奴，于元朔元年（公元前128年）动身返回汉朝。在归途中，为了避开匈奴控制地区，从莎车，经于阗、鄯善等地，进入青海羌人地区。当时，羌人也是匈奴之附庸，张骞团队再次被俘，滞留一年有余。元朔三年（公元前126年）初，趁匈奴内乱，张骞与甘父逃回长安。自西汉建元二年（公元前139年）至元朔三年，张骞首次出使西域，共历时13年之久，出使时一百多人的团队，至返回时仅剩张骞和甘父。

客观上说，张骞的第一次出使西域，不仅是一次非常艰险的外交之行，也是一次卓有成效的域外考察。当时，张骞亲自访问了西域诸国，以及中亚的大宛、康居、月氏和大夏等地，初步了解了乌孙（巴尔喀什湖以南和伊犁河流域）、奄蔡（里海、咸海以北）、安息（今伊朗一带）、条支（今伊拉克一带）、身毒（即印度）等地区的实际情况。回长安后，张骞对葱岭东西两侧、中亚、西亚，以及安息、印度诸国的位置、特产、人口、城市、兵力等做了详细记述，至今仍是历史地理研究的珍贵史料。

张骞第二次出使西域

汉帝国在控制河西走廊之后，匈奴开始向西北退却。西汉元狩四年（公元前119年），汉武帝第二次派遣张骞出使西域，此次出行，团队300多人，满载金币丝帛等财物数千，牛羊万头。

据史书记载，此行目的有二：一是招抚与匈奴有矛盾的乌孙国东归故地，以此隔断匈奴右侧势力；二是劝说西域诸国与汉帝国联合一起进击匈奴。

然而，当张骞到达乌孙时，恰逢乌孙内乱，未完成原先之计划。但在此期间，张骞之副使访问了中亚的大宛、康居、大月氏、大夏等地，进一步加强了西汉帝国在域外的政治影响及其与诸国之间的了解互信。

西汉元鼎二年（公元前115年），张骞出使团队返回长安，当时乌孙国派出过百人的使团随行，一年后返回乌孙。汉武帝接见了乌孙使者，欣然收下乌孙王赠送的宝马良驹，格外优待乌孙使者，这是汉帝国和西域国家正式来往的开始。自此以后，汉武帝每年都派使节访问西域诸国，西汉帝国和西域诸国已然建立了友好关系。

张骞从乌孙国回来之后时间不长，乌孙国王就表示想迎娶汉朝公主和亲。随后，汉武帝就把他的侄孙女刘细君嫁给了当时已70多岁的乌孙王，而细君公主不过20出头。据史载，细君公主父亲江都王刘建曾经带头叛乱，败后畏罪自杀，其母被以同谋罪处死，由于细君当时还是孩童，被收养在长安皇宫。由于上述原因，细君公主自认有罪之人，去与乌孙和亲是将功抵罪。细君公主曾写过一首凄婉感人的诗："吾家嫁

丝路历史 SILU LISHI

我兮天一方，远托异国兮乌孙王。穹庐为室兮毡为墙，以肉为食兮酪为浆。居常土思兮心内伤，愿为黄鹄兮还故乡。"当她远嫁之后两年左右，乌孙国王就去世了，按照当地习俗，她要改嫁新的乌孙国王，即前夫乌孙国王的孙子，这让她不能接受，请求回国，而汉武帝却仍要她按当地习俗留下改嫁，之后生有一个女儿，之后没有几年就病死他乡。汉武帝又于公元前104年将另一位宗室之女——解忧公主嫁给乌孙昆莫。

张骞不畏艰险，曾两次出使西域，虽未能达到同大月氏、乌孙等西域诸国建立联盟，以夹攻匈奴的目的，但产生的实际影响和历史意义是不可磨灭的。不仅西域同内地的联系日益加强，而且中国同中亚、西亚，乃至于欧洲的直接和间接交往也日益密切起来。沟通了中国同西亚与欧洲的通商关系，彼此之间的商贾也络绎不绝，中国的蚕丝及丝织品，从长安往西，经河西走廊，经过西域，运到安息（今伊朗高原和两河流域），再从安息转运到西亚和欧洲的大秦（罗马），开拓了历史上著名的"丝绸之路"。此后，汉朝与西域诸国之间的经济文化交流频繁，西域民族的汗血马、葡萄、核桃、苜蓿、石榴、胡萝卜和地毯等传入内地，丰富了汉族的经济生活；与此同时，汉族

的铸铁、开渠、凿井等技术、金属工具等，亦扩散至西域诸地区，促进了西域的经济发展。

汉帝国对丝路东中段的经营

张骞出使西域之后，汉帝国于元封三年（公元前108年）出兵攻破楼兰、车师，打败大宛，在西汉太初四年（公元前101年）在西域设立了"使者校尉"。一方面，保障了通往西域诸国的道路安全畅通，尤其是其中人烟稀少、艰险重重路段的安全畅通；另一方面，派人率士卒数百人在轮台、渠犁一带屯田积谷，以供应途中出使西域的使者。"使者校尉"应该是汉帝国在西域最早设置的行政机构。

到西汉地节二年（公元前68年），汉帝国派遣侍郎郑吉率兵屯田于车师（今吐鲁番盆地），并令郑吉守护鄯善（今罗布泊一带）以西的丝路南道，也就是统管天山以南的各地区。此后不久，匈奴虚闾权渠单于死，右贤王屠耆堂继承王位，理应继承王位的左贤王之子日逐王先贤掸，于神爵二年（公元前60年）率数万部众投附汉帝国，西汉特派郑吉迎接日逐王，封其为归德侯。

是年，为管理统一后的西域，西汉帝国在乌垒城（今轮台县境内）设置了西域都护府，自此正式在西域设官、驻军，并推行政令，开始行使西汉国家主权。西域都护是

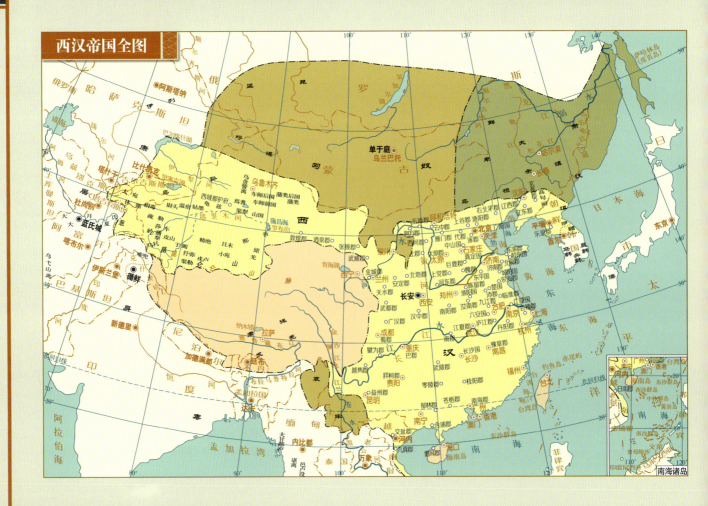

西汉帝国全图

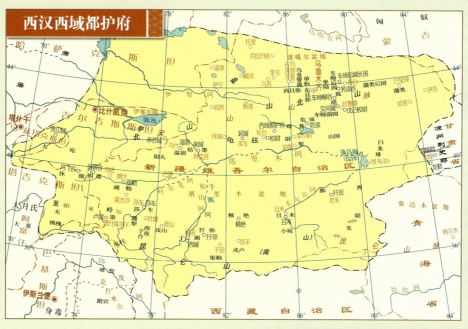

西汉西域都护府

汉王朝中央政府派遣管理西域的最高军政长官，其级别相当于郡太守，年俸二千石粮食。汉宣帝任命郑吉为第一任西域都护，由其统辖西域诸国，管理屯田，颁行朝廷号令，诸国有乱，则发兵征讨。据《汉书·西域传》载，西域都护统辖西域诸国有48国。

在郑吉任西域都护之后，汉元帝时有韩宣、甘延寿继任都护，汉成帝时有段会宗、韩立、廉褒、郭舜，汉平帝时有孙建、但钦，新莽时期有李崇。在今阿克苏地区古城中曾出土西域都护李崇的印。到了新莽后期，西域内乱，李崇也因此死于龟兹，西域都护府开始废弛。此后至东汉明帝永平十七年（公元74年），复设西域都护府，任命陈睦为西域都护。然而，就在第二年，焉耆和龟兹共谋反叛，屠杀陈睦，西域都护府又被废弛。到了东汉和帝永元三年（公元91年），班超平定了西域反叛之乱，此后汉王朝任命班超为西域都护，驻扎龟兹，在班超返回洛阳之后，又有任尚和段禧为班超的先后两位继任者。十余年之后，至东汉安帝永初元年（公元107年），西域又乱，从此之后，东汉帝国不再复置西域都护府。一直到东汉安帝延光二年（公元123年），班勇被任命为西域长史，屯驻柳中（高昌壁东南，今吐鲁番城东的阿斯塔那附近），随即平复了西域之乱，龟兹、疏勒、于阗、莎车诸国随即来归附，东汉与西域诸国中断的统辖关系又得以恢复。自此以后，汉王朝开始以长史行使西域都护的职责。然而，乌孙和葱岭以西的大宛两地，已经不再归属东汉统辖了。东汉光武帝至安帝期间，丝绸之路历经了"三通三绝"，即三次中断与复通的曲折过程。

概而述之，汉王朝在西域设立西域都护府进行任命官员、派兵驻守、屯田戍边，推行政令等行使王朝主权等等行政管理，奠定了后世历代中央政权统管西域的基础。西域都护府之设立，打破了西域诸小国林立、互有矛盾的分离状态，在中央政府统辖之下，各地的政治经济文化交流日益频繁，客观上增进了西域各民族间的相互了解与信任，当然，也加强了西域与中原内地的密切联系。例如，在西汉末年至东汉年间，西域局势常发生动荡，西域中的小国则会派使者至汉王朝，请求派遣西域都护，以维持西域稳定和平的局面，反映了西域诸国对当时汉王朝中央政权的信赖，也可以看出汉王朝对西域统辖和经略的历史功绩和意义。正如《后汉书·西域传》描述汉王朝经营西域的成就："汉世张骞怀致远之略，班超奉封侯之志，终能立功大遇，羁服外域。自兵威之所肃服，财赂之所怀诱，莫不献方奇，纳爱质，露顶肘行，东向而朝天子。故设戊己之官，分任其事；建都护之帅，总领其权。先驯则赏籯金而赐龟绶，后服则系头颡而衅北阙。立屯田于膏腴之野，列邮置于要害之路。驰命走驿，不绝于时日；商胡贩客，日款于塞下。"

汉王朝设立西域都护统一管辖西域，保证了丝绸之路畅通无阻，它使西域与中原的社会经济产生了持久而良性的互动发展，中原地区先进的生产技术、经验，传入西域地区，促进了西域本地经济的发展，从而形成了西域与中原地区的经济互补性结构。西域的胡麻（芝麻）、胡豆（蚕豆、豌豆等）、胡瓜（黄瓜）、胡萝卜等作物，以及骆驼、驴、马等优良的畜品种引入中原内地；内地的丝绸织品、铁器等工艺品及其他生活用品，则源源不断地输入西域。当然，相互之间的社会文化交流也在日益频繁。例如，龟兹王从中原返回后，仿中原礼仪制度在龟兹实施。在中原文化制度对西域产生重大影响的同时，西域诸邦国的音乐、舞蹈也频频传入内地，从而为中华文化内涵注入了新鲜血液。此一时期，东西方物质文化交流达到了前所未有的程度，极大地丰富了中原和西域各族民众的生活所需，丝绸之路在各国使团和商贾的频繁而密切的往来影响之下，日渐繁盛。

丝绸贸易 《SICHOUMAOYI》
文明交往中的汉帝国与西方诸国

**西汉早期的丝织品
"素纱禅衣"**

1972年，在长沙马王堆汉墓考古发掘的一件丝织品文物，属于西汉时期丝绸纺织技术巅峰时期的作品，其产地为西汉陈留郡襄邑县（今河南省睢县）。衣长128厘米，通袖长190厘米，由上衣和下裳两部分构成，交领、右衽、直裾；面料为素纱，缘为几何纹绒圈锦；素纱丝缕极细，共用料约2.6平方米，重量仅49克，是世界上最轻的素纱禅衣织物，可谓薄如蝉翼、轻若烟雾，正如古人所谓的"轻纱薄如空"，它代表了西汉初期养蚕、缫丝、织造工艺的最高水平。现藏于湖南省博物馆。

**酒神的狂女迈那得斯
丝绸制画像**

"酒神的狂女迈那得斯"是希腊神话中酒神狄俄倪索斯的女追随者。在罗马神话中，她被称为"巴克坎忒斯"或"梯伊阿得斯"。此丝绸制画像收藏于意大利那不勒斯国家博物馆。

公元1、2世纪，罗马、安息、贵霜和汉朝等四大帝国自西向东并列存在。罗马帝国在图拉真统治期间（公元98–公元117年）疆域最辽阔，版图至幼发拉底河上游一带；安息帝国（即帕提亚帝国）进入反希腊化而回归波斯文化时期，体现出了融合希腊文化和土著文化之特点；贵霜帝国在迦腻色伽执政期间（约公元78–公元101年），曾称霸中亚与南亚；汉帝国在击败匈奴之后，控制了河西走廊，并进驻天山南路。而这四大帝国，基本处在一个相同时空尺度之上，东西方国家之间以最高水平的经济和文化互相吸引着，从而使得丝绸之路变得畅通繁盛。商业贸易是这条道路最主要的功能，汉朝的丝绸、铁器、漆器随着商人的旅程传播到了中亚、西亚以及欧洲；而欧洲、西亚、中亚的地毯、毛织物、蓝宝石、金银器、玻璃制品、珍珠、绿松石、青金石等，也逐渐源源不断地传播到了汉朝，东来西往的驼队马帮让这条中西方文明交往的通道充满了活力与光辉。

罗马帝国与汉帝国的贸易

众所周知，中国人最早学会了养蚕缫丝技术，殷商甲骨文中就出现过"蚕""桑""绢""帛"等文字。在汉代种类繁多的东西方商品贸易之中，丝绸占据着非常重要的位置。中国西汉时，丝绸技术已相当成熟，见诸于史料记载的大部分丝织品种有绢、罗沙、锦、绣、绮等；颜色有茶褐、绛红、灰、红、黄棕、棕、浅黄、青、绿、白等，花纹有织、绣、绘等；服饰类有卷裙、素纱禅衣、素绢丝绵袍、罗丝绵袍、绣花丝绵袍、素缘绣花袍等。

西汉时期，大量的蚕丝和丝织品已经成为汉帝国主要的出口商品之一，西方的罗马人竟然是通过丝绸逐渐认知，在遥远的东方有一个能织出完美织物的国度，也正是因此，当时，罗马人将中国人称为"赛里斯人"，把丝绸称作"赛里斯布""赛里斯织物"。希腊文献中早已出现"赛里斯（Seres）"，意思是"中国人"，根据公元前4世纪希腊人亨利克泰夏斯记述，将中国称名为"赛里斯"即起因于"丝（Ser）"；类似的如公元2世纪罗马人包撒尼雅斯在《希腊志》中，将中国的"蚕"称为"赛儿"。由此可见，丝绸在很早时期就传到遥远的西方国家，且伴随丝绸的独特魅力，在异国他乡产生过极大影响，甚至一度成为罗马人奢华和时尚的代名词。

公元1世纪左右，经过数次战争，罗马人的领土向东扩张至幼发拉底河畔，罗马与远东国家之间的距离也因此大大缩短。当时，中国的物质和精神文化也开始直接进入罗马人的视野，尤其是中国的丝织品成为罗马人竞相谈论的话题之一。公元前55年，在罗马执政官克拉苏作为叙利亚总督征讨帕提亚时，士兵们就曾看到帕提亚军队的军旗是用中国的丝绸织物制成的。据说，罗马共和国末期的杰出军事统帅恺撒大帝在埃及见到埃及女王克利奥帕特拉时，这位被后世熟知的埃及艳后穿的就是透明的中国丝织衣服。此后数年，罗马人已经以穿着和使用丝绸制品为时髦，以至于在提比略元首时期，元老院诏令禁止男性臣民穿丝绸服装，说丝绸毁坏了他们的名誉。不仅如此，罗马政府还对妇女使用丝绸做出了限制。然而，这种诏令并未在罗马起到作用，罗马的上层人物对丝绸的兴趣依然不减，罗马与中国之间直接或间接的丝绸贸易依然兴隆。到了罗马的安敦尼王朝时期，对中国丝绸的需求量进一步加大。丝绸成了罗马市场上普遍受欢迎的商品之一。正如罗马历史学家阿米阿努斯·马塞利努斯所讲说："从前，这种赛里斯布为贵族们专享，但如今最低贱者也能毫无差别地享用了。"

罗马贵妇们穿着透明的丝绸衣衫，耀眼于公众场合。中国的丝绸不但受到了上层贵族的青睐，而且也得到了下层平民的喜爱。当时的实际情况是，许多身居要职的罗马人见到大量的罗马金币和宝石，因支付中国丝绸制品而源源东流而非常担心。正如古罗马的科学家老普林尼在著作《自然史》中说过："保守估计，印度、塞雷斯和阿拉伯半岛每年可以通过贸易从罗马帝国赚取1亿塞（'塞斯退斯'sestertius，古代罗马的货币单位）的利润，这就是我们的奢侈风气和妇女让我们付出的代价。"无疑，这话有点言过其实，但根据多年以来我国的考古发现，东起中原，西到陕西、甘肃、青海、新疆等西北地区，陆续发现了一大批古代罗马帝国和波斯帝国的钱币，其中，尤以后期的东罗马金币为多。如1914年在新疆和田首次发现东罗马金币；1945年在甘肃武威唐墓出土了1枚东罗马早期拜占庭帝国金币；1953年在西安郊区1座隋墓中出土了1枚拜占庭帝国金币；1978年在河北磁县1座东魏时期的茹茹公主墓中发现2枚东罗马金币；1981年在洛阳龙门唐墓中又发现1枚东罗马金币。

虽然以上发现的金币多属于东罗马时代，但这正说明了一点，自古罗马和汉王朝两大帝国开始通过丝绸之路进行贸易交往以来，随着时间的不断推移，中西双方之间大批量的经济文化交流日益繁盛。根据《后汉书·西域传》记载，公元166年，大秦（古罗马）皇帝安敦派遣商贸使团来到东汉帝国拜访，并进献了象牙、犀牛、玳瑁等珍奇物品。这表明在亚欧大陆东西两端的汉帝国和罗马帝国有过直接交流。

丝绸之路是相距万里的中国和罗马两大帝国之间相互交往的纽带，随着丝绸之路上的贸易往来日益频繁，

从事丝绸贸易的商人也愈来愈多。据史料记载，有一位名叫赫里奥多鲁斯的叙利亚人在那不勒斯从事丝绸交易；另有一位名叫埃帕弗洛迪图斯的叙利亚籍希腊人在伽比伊镇专门从事丝绸贸易。当时，在第布尔与罗马城，都有销售中国丝绸的特定市场。与此同时，伴随古代中国丝绸等商品被运往古罗马，古罗马花样繁多的商品也自然而然沿着丝绸之路，源源不断地流入中原地区，比如有来自古罗马的琥珀、珊瑚、珍珠、玻璃、亚麻布、羊毛织品和黄金。汉帝国和罗马帝国正是通过丝绸之路的商贸往来，持续着不同文明之间的长久交往。

丝绸之路上的贸易中转国

公元1世纪之前，罗马帝国与汉帝国几乎没有直接的商贸往来，罗马商人和汉朝商人都没有经历陆路直接到达彼此地区，他们之间的商贸完全依靠不同的中间人来完成，主要的中间人是当时的安息帝国（帕提亚）和贵霜帝国的商人。

安息帝国（公元前247年—公元224年）位于亚洲西部伊朗高原地区，里海在其北部，国外历史书称作帕提亚帝国，安息是中国古代对其的称呼，其开国君主是阿尔撒息，起初建都尼萨，之后首都西迁至埃克巴坦那和泰息丰。在安息帝国国势强盛之时，疆域北至小亚细亚东南的幼发拉底河，东抵阿姆河。作为当时西亚的强大帝国，与汉帝国、罗马帝国和贵霜帝国并列，属于当时亚欧的四大强国之一，东可与贵霜、西可与罗马帝国相抗衡。公元前1世纪至公元2世纪之间，安息已经是丝绸之路上的重要中转国家，最后在公元226年被波斯萨珊王朝代替。

从地理位置上看，丝路大动脉横贯安息帝国全境。罗马帝国与汉帝国之间的商贸往来，大多数由安息人参与作为中间人。如此一来，安息帝国因过境贸易而得到了诸多利益，它的许多重要商业城市也因丝绸之路贸易而得以繁荣，安息帝国顺理成章地成为丝绸之路上的商贸中心。着眼于丝绸之路的长久通畅，安息帝国与汉帝国友好关系源远流长。公元前115

公元2世纪罗马的玻璃器皿

安息帝国遗址

丝路历史 SILU LISHI

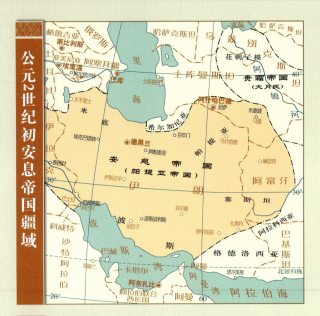

公元2世纪初安息帝国疆域

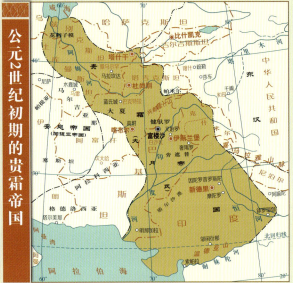

公元2世纪初期的贵霜帝国

年，汉朝遣使节至安息国，米特拉达梯二世命令两万骑兵迎至东界；公元87年，安息王遣使来汉王朝进献狮子和符拔。可见，双方一直存在非常友好的交流关系，这使得陆上丝绸之路更加通畅。

汉和帝永元九年（公元97年），甘英奉西域都护班超之命出使大秦（罗马帝国），他率领使团从龟兹出发，经由条支、安息等国，到达了安息西界的西海沿岸，但最后并未到达大秦。由于安息帝国是汉帝国与大秦帝国商贸交易的中转点，或许是安息考虑到倘若汉帝国直接开通与大秦的商路，将会严重影响其贸易中转的垄断利益，于是安息未提供通往大秦的便捷陆路，而是将甘英引至安息西部的西海，并大肆渲染海路的艰难程度，甘英闻听此言，即却步返还，未完成使命。此历史事件在《后汉书·西域传》记载如下："和帝永元九年，都护班超遣甘英使大秦，抵条支。临大海欲度，而安息西界船人谓英曰：'海

水广大，往来者逢善风三月乃得度，若遇迟风，亦有二岁者，故入海人皆赍三岁粮。海中善使人思土恋慕，数有死亡者。'英闻之乃止。"

贵霜帝国（公元1—3世纪）是中亚古国，其鼎盛时期（公元105年—公元250年）的疆域从今塔吉克斯坦绵延至里海、阿富汗及恒河流域。贵霜帝国在迦腻色伽一世及其承继者统治时期达到鼎盛，拥有人口千万，与汉朝、罗马、安息并列亚欧四大强国之一。创建于公元前140年，当时，月氏人南下至大夏，月氏有五个部落，每个部落的首领被称为翕侯，其中的一位称为贵霜翕侯丘就却（约公元16—公元65年在位）统一了其他五个部落，建立了贵霜帝国，丘就却又继续南下，攻击喀布尔河流域和今克什米尔地区，后定都为高附（今喀布尔），奠定了帝国的基础。之后，经历了阎膏珍和迦腻色伽一世两代君主的不断扩张，尤其是在迦腻色伽一世时，打败了已经趋于衰落的安息帝国，又继而南征印度。此时，贵霜帝国的疆域已经西起伊朗边境、东至恒河中游、北到锡尔河和葱岭、南到纳巴达河。

贵霜帝国曾与东汉帝国有过一次战争，根据《后汉书·班梁列传》记载，汉和帝永元二年（公元90年），贵霜副王谢率兵七万人攻打汉军。当时，汉军主将是班超，汉军在人少的情况下坚守不战，后因贵霜军粮草窘迫向龟兹求援，班超派兵埋伏在其前往龟兹的途中，致使求援的士兵全军覆没，谢得知军情后派使者向班超请罪求和，自此贵霜帝国的军队退回，两国关系又重修旧好。

贵霜帝国扼丝绸之路之要冲，是中国丝绸、漆器，东南亚香料，罗马玻璃制品、麻织品等贸易的中转站。

贵霜帝国的多数国王信仰佛教。迦腻色伽一世对佛教的支持和宣扬力度最大，支持召开过一次佛教结集大会，促使以往对教义解释不尽相同的各学派坐在一起重新解释了经、律、论三藏，贵霜帝国因此成为佛教中心。佛教在贵霜帝国与汉帝国的密切商业来往过程中，也搭顺车传入了中原。

总而言之，在公元前后的几百年间，亚欧大陆上共存着罗马、安息、贵霜和汉朝这四大帝国，各自国势强盛，幅员辽阔，丝绸之路在四国之间穿行。其间，虽然有间歇性停滞不畅，但是总体来看是通畅的。丝路通畅有益于沿途各族民众的共同利益，因此，是大势所趋。亚欧的四大帝国是丝绸之路贸易的主要参与者，更是丝绸之路持续畅通的主要守护者。

佛光东渐

■ FOGUANG DONGJIAN ■

—— 魏晋南北朝时期的丝绸之路 ——

魏晋南北朝时期的丝绸之路
《WEIJINNANBEICHAOSHIQIDESICHOUZHILU》

通常所讲的"魏晋南北朝"，是指公元220年到公元589年的一段历史。魏晋中"魏"指三国鼎立时期中国北方政权，一般称为"曹魏"，而"晋"是三国之后由司马氏建立的晋朝。

自公元304年刘渊与李雄分别称王建立了汉赵和成汉开始，中国北方各民族纷纷建立起雄霸一方的诸侯王国，直到公元439年，这些纷乱的局面才被鲜卑拓跋氏建立的北魏统一，历时共计135年。在此期间，入主中原的众多游牧民族以匈奴、羯、鲜卑、羌和氏为主，统称"五胡"，他们分别建立了多个不同王国，主要包括成汉（巴氏人李氏）、夏（匈奴赫连氏）、前赵（匈奴刘氏）、后赵（羯族石氏）、前秦（氏族苻氏）、后秦（羌族姚氏）、西秦（鲜卑族乞伏氏）、前燕（鲜卑族

慕容氏）、后燕（鲜卑族慕容氏）、南燕（鲜卑族慕容氏）、北燕（汉族冯氏）、前凉（汉族张氏）、后凉（氏族吕氏）、西凉（汉族李氏）、南凉（鲜卑族秃发氏）、北凉（匈奴族沮渠氏）等十六国（《十六国春秋》载）。因而，后世称这一时期为"五胡十六国"。实际上，这一时期的王国数目远不止16个。比如，还有汉人冉闵建立的魏、鲜卑族慕容氏建立的西燕，以及北魏前身的代国，等等。

魏晋与十六国时期，国家政权更替频仍，文化交流频繁，在此期间，思想、文学、艺术等得到了很大发展。其间横贯亚欧大陆的丝绸之路，其东段节点止于中国西北部，大致在高昌地区（今新疆吐鲁番）。时光荏苒，北方十六国政权故地尽属北魏之后，离析了

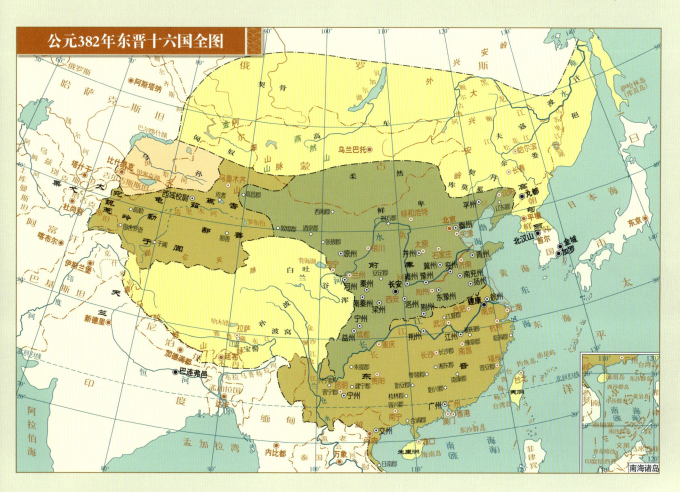

公元382年东晋十六国全图

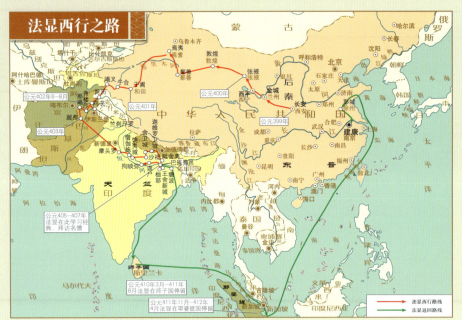

法显西行之路

公元400年
公元401年
公元402年6-8月
公元403年
公元405-407年法显在此学习经典，拜访名僧
公元410年3月-411年8月法显在狮子国停留
公元411年11月-412年4月法显在耶婆提国停留

法显西行路线
法显返回路线

法显

百余年之久的中华北方得以归一，在其后的北周王朝，也几乎尽囊北魏旧地，尤其是北周武帝朝国力盛极一时。在此政治格局下，相较于十六国时期而言，丝绸之路昔日的活力又被重新唤醒了，丝绸之路上的经济贸易、文化宗教等诸多交往都相对开始活跃起来。

法显与鸠摩罗什：东晋丝路上传播佛教的大师

魏晋时期，对中外文化交流贡献之大者，必须提到东晋的两位僧人，一位是法显，另一位是鸠摩罗什。大家最为熟知的前往西方天竺取经的人是唐僧，因为由唐玄奘西行求法故事演绎的名著小说《西游记》家喻户晓、妇孺皆知。其实，比唐玄奘大师还早了230年的东晋高僧法显，乃是我国第一位不远万里、历经磨难、域外取经的伟大僧人。

法显俗姓龚，公元337年出生于平阳郡武阳县（今山西临汾）。东晋隆安三年（公元399年）与慧景、道整、慧应、慧嵬等人结伴，自长安始发，穿过河西走廊，经敦煌、鄯善至焉夷（今新疆焉耆），继而往西南方向越北河抵达于阗（今新疆和田），后折返于今巴基斯坦境与阿富汗境，始至天竺（今印度）；而后又横穿尼泊尔至摩竭提国首都巴连弗邑留住3年（公元405年—公元407年），在此学习佛教经典并拜会名僧。自此之后，法显开始取道海路只身回

国，搭乘海上商船于公元410年到达狮子国（今斯里兰卡），曾驻足一年有余，续乘商船东归，途经耶婆提（今苏门答腊岛），后由此直达山东半岛牢山（今崂山）弃船登陆，在他75岁时历经艰难从海路返回，最后到达建康（今南京），顺利实现了自己的西行取法宏愿。其间历时14年，辗转30多个王国，取得佛经约12部60余卷。在随后的日子里，翻译了多部佛经，并将自己西行取经的见闻写成了一部《佛国记》。此书在世界学术史上占有重要地位，它作为传记文学杰作的同时，又是学界研究东晋时期西域和印度历史的重要史料。

另一位对中外文化交流有着重要贡献的僧人是鸠摩罗什。他是东晋时后秦的高僧，也是历史上著名的佛经翻译家，精通各类佛教经典。在法显西行的2年后，即后秦弘始三年（公元401年），鸠摩罗什大师从西域龟兹国出发来到长安。他曾与弟子们翻译了大量的经律论传等，如佛经《大品般若经》《法华经》《维摩诘经》《阿弥陀经》《金刚经》等，共计有94部425卷之多，其影响颇为广泛，为佛教在中国的传播做出了重大贡献。然而，恰恰就在法显大师从天竺返回一年之后，即公元413年，鸠摩罗什高僧圆寂于长安草堂古刹（今西安草堂寺）。其后，在弟子们火化大师遗体时，发现舌根化为舌舍利子。这是世界上唯一一颗三藏法师舌舍利子，见证着鸠摩罗什对中西佛教文化交流和发展作出的万世之功。

就在同一历史时期内，曾西往东来于漫漫丝路上的法显与鸠摩罗什两位伟大高僧，彼此却始终无缘谋

鸠摩罗什

面，尽管有此遗憾，但他们有着共同的意志和信念，为佛教传播与弘扬做出的巨大贡献，使未曾谋面的这种遗憾变得不值一谈。正是在这些大德高僧，以及众多佛教信众的共同努力之下，佛教——这一起源于恒河上游的地方性宗教，通过诸多条类似于丝绸之路这样平凡而伟大的文明交往纽带，最终得以传遍世界，并深刻影响着世界，让世界文化变得丰富多彩。

北魏时期的丝绸之路

北魏由鲜卑拓跋氏建立。鲜卑族发迹于东北大兴安岭一带，两汉之际沿着漠北草原开始陆续向西扩展。西晋时期，其控制区域从今内蒙古东北部一直贯通到天山以北的费尔干纳盆地。公元376年，代国为前秦所灭，其北部故地转移到了柔然的控制之下，拓跋氏的势力也一步步往东收缩，最终退出西域。十六国时期，北方嬗代频繁，丝路东段的主要商贸道路自然而然受到重重阻隔。就在原代国的拓跋氏崛起之后，拓跋珪于公元386年在盛乐（今呼和浩特市和林格尔县）定都称王，北魏开始，可惜的是至公元534年，北魏又分裂为东西魏。在此期间，拓跋氏数十代人一直不断经营着丝路的几条主要通道，尤其是迁都平城以来，在国家势力逐步壮大的同时，也加强

了与西域的联络互动，当然这似乎也是为能在丝绸之路贸易交往中占有一定主动权。由于当时南北方正处于南北朝对峙时期，北魏与西域及域外诸国的交通主要经由西北丝路，面对新崛起的北方游牧政权柔然的步步紧逼，以及沿途吐谷浑、高昌、高车、鄯善等国的不断限制，丝路沿线局势始终动荡不定，北魏与西域各国的正常交流也呈现出时兴时衰的交替状态。大体看来，在争夺丝路控制权的过程中，北魏与西域的交通大致经历了三次由阻隔至通畅的历史阶段。

北魏太武帝太延元年（公元435年），鄯善、粟特、悉居半（西域南道上的小国）、高车、焉耆、车师等国，相继经行鄯善道遣使来贡，表示愿意臣属，帮助北魏通达天山南北。于是在第二年，北魏就派遣多批使者前往西域。一支穿过鄯善道北折，经行白龙堆至焉耆、龟兹诸国走西域北道；一支穿过鄯善道继续西行，行经且末、于阗等国走西域南道。至太延五年（公元439年），北魏与西域诸国的沟通交往营造的第一个短暂通畅时期告一段落。

太延五年（公元439年），正当北魏与西域的交往日益密切、如火如荼之际，丝路形势却又突然急转直下。一是当时北魏与柔然爆发了大规模军事冲突，

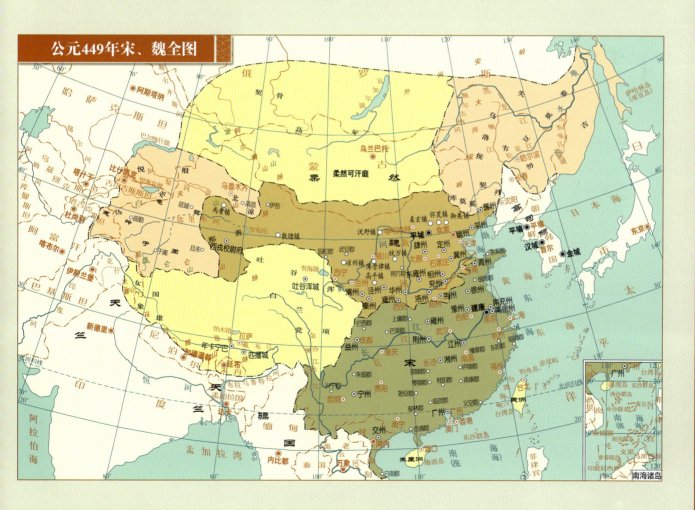

公元449年宋、魏全图

丝路历史 SILU LISHI

导致经行伊吾的北道受阻；二是该年北凉被北魏攻破，其残余势力向西扩张，使原鄯善、高昌之地处在沮渠氏的直接控制之下。至此，北魏与西域的交通几乎被阻断。同时期的丝路中段也并不安宁，崛起于中亚的嚈哒一路南下，攻伐地居今印度地区的吐火罗斯坦、寄多罗王朝等中亚、南亚政权，积极扩张自己的势力范围。嚈哒的这一系列举动，与波斯的对外战略发生严重冲突，最终导致大规模战争。至此，丝绸之路主要路段又一次开始陷入了数年持续战乱状态。

至太武帝太平真君五年（公元444年），中西交通开始逐渐恢复，进入了持续半个世纪的第二次通畅时期。

首先，在与西域各国的交往过程中，北魏统治者愈发认识到控制丝绸之路的重要性，于是从太武帝开始，数代君主对经营西域皆持积极态度。一方面，北魏遣兵北击伊吾大胜，与柔然作战亦接连获胜，使柔然单于绝迹远遁，其将士或随之西行，或归降北魏，北魏历经数年经营，最终取代柔然，控制了丝路北道，此路得以再次通畅；另一方面，击败了吐谷浑，借吐谷浑旧地进击鄯善，攻克焉耆、龟兹等丝路沿线诸国，为丝路的通畅进一步扫除了障碍。

其次，嚈哒在中亚地区的势力非常之大，不仅兼并了四周小国，就连萨珊波斯东部贵霜治下的犍陀罗诸国，以及印度北部诸多区域都尽为其有，此时的中亚基本在同一辖区范围，使得葱岭以西的丝路中段进

公元497年北朝魏 河州、凉州、敦煌镇

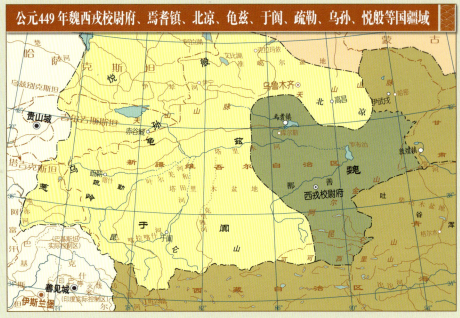

公元449年魏西戎校尉府、焉耆镇、北凉、龟兹、于阗、疏勒、乌孙、悦般等国疆域

入了稳定通畅阶段。

再次，罗马帝国分裂为西罗马帝国和东罗马帝国，东罗马帝国又称拜占庭帝国，拜占庭依仗其强盛的国力，及其国都——君士坦丁堡的地域优势，扼守了丝路西段的诸多出口，由此攫取了丝路贸易过程中的巨额商业利益。这一阶段，北魏不仅频繁遣使西域，而且与南天竺、萨珊波斯和拜占廷等葱岭以西的大国建立了外交关系，双方使节往来频繁。

北周时期的丝绸之路

公元534年，北魏分裂成东魏（公元534—550年）和西魏（公元535—556年）。此后，高洋废东魏自立而建北齐（公元550—577年），宇文觉废西魏自立而建北

周（公元556—598年）。短时期内政权更迭迅速、战事不已，社会又一次陷入动乱之中。但是，由于当时双方为了巩固政权，各自都在采取积极措施稳定秩序和发展商贸，以求恢复社会生产。北周继承了北魏在西北的主要辖区，借助与西域相接的区位优势，把经略西域作为国策，十分重视与西域和域外各国的商贸往来。

当时，西域的高昌、焉耆、于阗和疏勒等，以及北方的突厥，均与北周有着密切联系。突厥是继柔然而起的北方游牧政权，它利用具有极强战斗力的铁骑，破高昌、灭柔然、驱嚈哒，名扬四方，其疆域最大之时，西起咸海，东到大兴安岭，不仅打通了草原丝路东段，更牢牢控制着丝路中段的广大区域。北周加强与突厥的政治关系，显然可使自身免于突厥的侵扰，促进社会生产的发展和人民生活的稳定；而突厥为了保证丝路上货品的供应，也极力要和中原王朝进行经济贸易和政治交流。在很长的一段时间里，突厥与中原尤其是北周的政治、经济交流甚为频繁。一则突厥多次遣使向北周贡献良马和宝物，而中原回馈的物品主要包括丝绸、瓷器等丝路热销品；二则双方进行了多次的皇室婚配，以结秦晋之好；三则突厥出兵帮助北周对抗北齐。突厥利用北周、北齐之间的矛盾，每年都会从中原王朝接受"赏赐"（其实这是北齐、北周给突厥的进贡），于是大量丝绸以极其低廉的价格甚至免费流入突厥之手，突厥又依仗自身对丝路的控制，经草原丝路和绿洲丝路将之转运到沿途各国，包括西域诸国、中亚各地、波斯、拜占庭等。在中西商人的频繁来往中，草原丝路开始进入繁盛阶段。

自丝绸之路开辟以来，河西走廊一直是扼守中国西北的门户，在中西贸易交往中的地位举足轻重，北周时期，河西走廊一段的商人熙熙攘攘，中西特色商品琳琅满目，就地进行大宗货物交易的活动亦不在少数。国家常年征战，尤其是西北地区，征兵、征税对民众正常的社会生活造成了相当大的负面影响，民众生活在水深火热之中。时任凉州刺史的韩褒为解决此类问题，下令要求过境货物必须由当地贫民先行购买，再经掌握货品的贫民转卖给其他商人。在倒手的过程中，老百姓基本上能获取一些中介收入。由此可见，当时河西段的贸易活动繁盛程度不容小觑。在遗存下来的敦煌石窟壁画中，大量地展现了当时丝绸之路上商品贸易的生活场景。

概而言之，北魏与北周王朝对西域的重视与经营，使得曲折艰难、时断时续的丝路再次畅通。譬如杨衒之《洛阳伽蓝记》就有相关记载："自葱岭以西，至于大秦，百国千城，莫不款附。商胡贩客，日奔塞下……天下难得之货，咸悉在焉。"故显而易见，北魏时期中西文化交往与商贸交流，形成了当时北方丝路沿线的繁荣景象。尔后的西魏、北周承继北魏之风，加之地缘关系，继续与西域各国保持着频繁往来。北魏和北周时期中西贸易往来活跃，在东汉末年混乱格局之后迎来了丝绸之路的畅通，这也拉开了在其之后的隋唐时期丝路贸易空前繁盛的序幕。

拜占庭与波斯对丝绸之路西段的竞相经营
BAIZHANTING YU BOSI DUISICHOUZHILUXIDUANDE JINGXIANGJINGYING

罗马帝国分裂以后，其西部逐渐衰落，而地中海东部地区在东罗马帝国（拜占庭帝国）数位君主的经营下，到查士丁尼（公元527年—公元565年）统治时期，通过一系列的军事征服战争，在环地中海地区建立起了一个比较强大的帝国，其对欧亚大陆的诸多地区的影响亦随之日显重要。

毕竟是脱胎于罗马帝国，拜占庭在建国之初就承袭了罗马时期在政治、军事、经济、文化等方面的一系列特征。受这种历史因素影响，地处丝绸之路西端的拜占庭凭借着日渐强盛的国力，几近穷奢极欲地追求来自东方的香料、瓷器等奢侈品。其中，最受青睐的当属产自中国的丝绸。拜占庭对丝绸的需求量极大，比之前的罗马帝国有过之而无不及。当时，社会各阶层对东方的奢侈品怀有浓厚而强烈的兴趣。曾经仅限于王公贵族等社会上层使用的丝绸，逐步扩展到普通大众，各阶层尤其是上流社会为显示身份与地位尊崇，争相购买，曾经在一段时期导致丝绸货品供不应求。与此同时，罗马时期教会与政权曾联手互动，奢靡贪婪之风愈演愈烈，到拜占庭帝国时期，教士这一数量庞大的群体成为丝绸、香料、瓷器等东方奢侈品的重要消费者，其法衣皆以丝绸

丝路历史

为材料裁制而成，魂归天国后的俗世之身，亦用昂贵的丝绸包裹后下葬，教堂更要使用大量大匹缎的丝绸来装饰。

拜占庭帝国对东来奢侈品的嗜好之风，是推动拜占庭与东方世界进行贸易的强大动力，其中的丝绸贸易也是拜占庭财政收入的主要渠道之一。然而好景不力——伦巴底人、西哥特人、斯拉夫人、匈奴人及阿瓦尔人等民族赠送或供奉大量的金银珠宝、丝绸、香料等来自东方的珍稀物品。

公元226年，萨珊王朝代安息而起，开启了对波斯长达4个世纪之久的统治。萨珊波斯继承了安息与罗马抗衡的传统，4个世纪以后则与拜占庭帝国针锋相对。波斯横亘在丝路西段要冲之上，以其优越的商业地理位置垄断了丝路上的贸易往来，阻隔了拜占庭与东来商人的直接接洽，使拜占庭在东西方贸易交往上受制于人，丧失了主动权。缘于此，雄韬伟略的查士丁尼一世统治拜占庭时期，为了谋求本国的政治和经济利益，同东部的波斯萨珊王朝展开了持续百年之久的激烈角逐。试图向东打通丝路，直接与东方各国进行贸易往来，这也是拜占庭挑起两国战争的重要原因之一。

公元528—公元631年，拜占庭与波斯先后进行了约五次大规模的战争。在前三次对

长，这一优势财源，慢慢开始遭到了东部邻国——波斯的窥视、阻挠与威胁。除此之外，随着一波少数民族迁徙之潮的来临，相继入侵拜占庭帝国的不同集团的人群，受到如此豪华奢靡之风侵染，也展开了对奢侈品如饥似渴地追求和掠夺，而拜占庭为求得自身周全，开始不得不投其所好，对较为强大的入侵势

5世纪末拜占庭帝国疆土

6-7世纪末的拜占庭帝国形势

527年查士丁尼即位时的拜占庭帝国
533—534年贝利撒留远征北非
552—555年那锡士远征意大利
554年查士丁尼入侵西班牙
查士丁尼征服地区
6世纪末7世纪初斯拉夫人入侵方向
568年巴德人入侵意大利
6世纪80年代西哥特人夺回西班牙领土
6世纪末至7世纪初奴隶起义地区
7世纪建立的第一批斯拉夫国家
7世纪末拜占庭领土

战中，拜占庭一直处于被动地位，为求得波斯转手而来的丝绸、香料等物品，维持双方贸易往来，不得不依萨珊波斯之意，向其支付大量的黄金、高额费用，甚至使国家财政日益吃紧。随后，拜占庭在赢得西突厥人的支持后，于公元571年停止了对萨珊波斯的贡金，与西突厥联手，开始酝酿如何打掉中西方贸易的中转站——波斯帝国。于是，战争再一次打响。当西突厥退出战争后，拜占庭勉强与波斯打成平手，双方就进入了胶着状态。公元589年，时局又开始出现了出人意料的转机。就在这一年中，波斯出现内乱，波斯过去的最高统治者在走投无路的情况下，投奔了他一向仇视的死敌拜占庭。两年后，拜占庭出兵七万，帮助波斯复国，并取得了最终胜利。此后，波斯和拜占庭订立了"和平协定"。但政治上的和平友好并未延伸到经济领域，波斯仍然牢牢把控着对东方奢侈品的绝对垄断地位，以低进高出的垄断贸易方式转手给拜占庭，从中攫取巨额商业利益。

就在与波斯进行交战的同时，拜占庭也没有放弃通往东方的意图。红海是连接地中海与印度洋的重要海路，在拜占庭的海上商路的开辟中，占有相当重要的地位，因此，控制红海沿岸的贸易，对拜占庭低价获取东来品的计划至关重要。查士丁尼时期，一方面，积极鼓励和支持民间贸易探险，致使拜占庭的许多探险家走上了开发远东的海上商路，如著名的哥斯

马斯沿海岸线一直到达西奈半岛、红海东岸、锡兰（今斯里兰卡）等地；另一方面，挑唆阿克苏姆人与波斯人进行商贸争夺，试图以此控制红海海峡，改变拜占庭在东方奢侈品贸易中的长期被动局面。然而，由于波斯与中国、印度等东方国家的商贸往来早已稳定成形，并不断得到巩固，拜占庭支持的埃塞俄比亚等民族，虽然曾顺利到达了东南亚地区，却很难融入当地的贸易圈子。因此，红海一线的商贸之路始终没有兴盛起来。

后来，中国的蚕种和养蚕技术最终经景教徒之手，传入拜占庭，拜占庭逐渐发展起了自己的丝织业，在科林斯、伯罗奔尼撒半岛等诸多地区形成了数个丝织中心，开启了欧洲丝织业的发展历程。然而，拜占庭与波斯两大帝国之间的冲突，却并未因此而止步。在最后的决战中，双方投入了大量的人力、物力和财力，导致两败俱伤、国力虚空。之后，面对兴起的阿拉伯的入侵，两大帝国均开始显得力不从心。

从表面上看，5世纪东西方政权林立，战争和冲突不断，丝路各段看似完全阻隔，但是，实际上当时的民族迁徙与交往非常频繁。丝路东段的匈奴和月氏向西向南迁徙，中段的呀哒人向南迁徙，西段的日耳曼人的迁徙更加复杂。由此可以看出，当时，整个丝路上的政治经济文化交流实际上仍旧非常活跃。

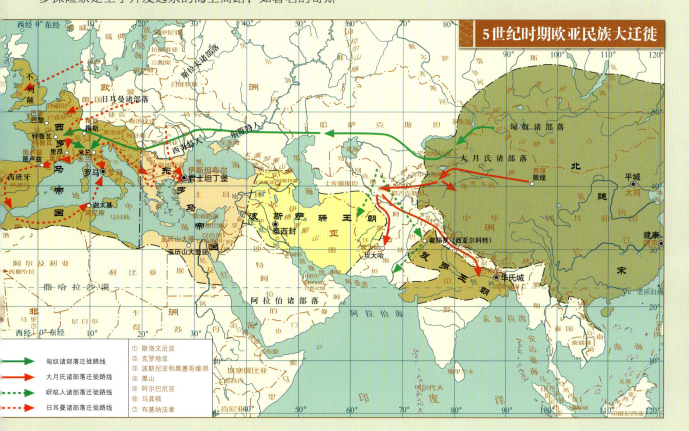

5世纪时期欧亚民族大迁徙

匈奴诸部落迁徙路线
大月氏诸部落迁徙路线
呀哒人诸部落迁徙路线
日耳曼诸部落迁徙路线

① 斯洛文尼亚
② 克罗地亚
③ 波斯尼亚和黑塞哥维那
④ 黑山
⑤ 阿尔巴尼亚
⑥ 马其顿
⑦ 布基纳法索

万国衣冠拜冕旒
■ WANGUOYIGUAN BAIMIANLIU ■
—— 唐代丝绸之路 ——

世界CBD ‹SHIJIECBD›
唐长安城的空间格局

丝绸之路发展到唐代，达到了繁荣昌盛的巅峰。中国的丝绸、金银器、瓷器、制茶、漆器等传统手工业产品技艺精湛、品质优良而风靡海外。有唐一代，丝绸之路的畅通程度，可谓继汉代以来的第二次高潮时期，中西方政治经济文化交流非常广泛和深入，丝绸等手工业产品贸易出现了前所未有的盛况。

唐代的长安城，既是丝绸之路这条国际大道的西去之起点，亦是东来之终点。唐长安城的面积达83平方千米，按中轴对称布局，由外郭城、宫城和皇城组成；其中，街道东西交错，分划出110座里坊。著名的东市、西市，是当时的手工业和商业区域，还有当时大型的人工园林——芙蓉园。从总体看，规划井然有序、布局整齐划一，堪称中国古代都城之典范。

唐代长安城的平面布局呈长方形，东西长9720余米，南北宽8650余米，城墙宽12米左右，高5米多，全部用夯土版筑，城门处的墙段还砌有砖壁。目前，城墙和其外侧的城壕已基本被毁，仅在北面的玄武门和南面的安化门附近留有部分残垣。长安城的外郭城开12座城门，南面正中为明德门，东西分别为启夏门和安化门；东面正中为春明门，南北分别为延兴门和通化门；西面正中为金光门，南北分别为延平门和开远门；北面的中段和东段分别与宫城北墙和大明宫南墙重合，西段中为景曜门，东西分别为芳林门和光化门。除正门明德门有五个门道外，其余各门均为三个门道。据实测，明德门址东西宽55.5米，南北长17.5米，每个门道宽5米。明德门原有台阁式门楼建

盛唐时期的长安城

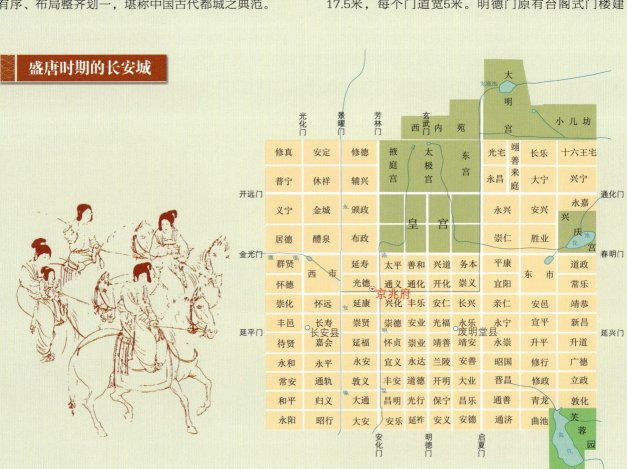

图解
丝绸之路
经济带
TUJIE
SICHOU ZHILU
JINGJIDAI

037

筑，唐末被朱全忠焚毁（遗址位于今陕西师大雁塔校区西门对面的杨家村）。明德门内的南北大街朱雀大街更是宽达150米至155米，大街两旁集中了当时长安城最有影响力的佛寺和道观，如荐福寺、大兴善寺、唐昌观、玄都观等。

宫城位于郭城正北中部，平面布局呈长方形，东西2820米，南北1490米；四周皆有围墙，南面正中为承天门，东西分别是延喜门、安福门，北墙中部为玄武门。宫城分为三部分，正中是太极宫，东侧是东宫（太子居所），西侧是掖庭宫（后宫人员住所）。

皇城亦为长方形，位于宫城以南，其东西与宫城等长，南北宽1843米，周长9.2千米。城北与宫城城墙之间有一条横街相隔，其余三面辟有五门：南面三门，中为朱雀门，两侧为安上门和含光门；东西面各一，分别为景风门和顺义门。南面正中的朱雀门是正门，向南经朱雀大街与外郭城的明德门相通，向北与宫城的承天门相对，构成了全城的南北中轴线。城内有东西向街道7条，南北向5条，道路之间分布着中央官署和太庙、社稷等祭祀建筑。

唐王朝在当时世界政治、经济和文化层面，都具有非常高的地位，唐朝的经济总量位居当时世界第

一。按照梁方仲先生的《中国历代户口、田地、田赋统计》一书中的相关统计，唐天宝年间的税收总收入为每年5230万贯，建中初为3000万贯，元和年间约为3515万贯；粟米麦等谷物的总收入在唐天宝年间为2500万石，唐建中初为1600万石。

唐代中叶的其他总收入也很可观，绵1430万两、丝织品800万多匹、布2000万端（按照唐制，罗、锦、绫、缎、纱、縠、绸之属，以四丈为匹；布则以五丈为端；锦则以六两为屯；钱以千文为贯，亦称为缗）。

唐朝征收的是实物税，以唐宪宗元和初年矿产业为例，每年征收的实物产品为银1.2万两、铜27万斤、铁200万斤、锡5万斤，盐280万石。

唐初长安城内的手工业店面和商贸铺面，仅分布于东市与西市，唐高宗时曾在一段时间内在城南设置过中市，之后又继续设置了南市，但为了便于管理，其他绝大部分坊里仍旧禁止开设店面和商铺。

再到后来，伴随经济和需求的不断发展，长安城诸坊开始慢慢都有了酒肆及其他一些商铺。值得一提的是，就连当时的曲江池附近，也开始有了许多专卖西域名酒的胡姬酒肆，并有西域女子歌舞侍酒。

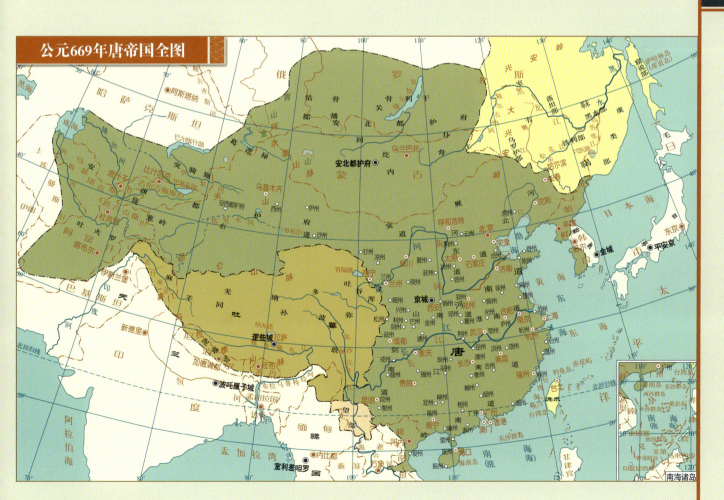

公元669年唐帝国全图

绵延不断 ‹MIANYANBUDUAN›
唐代丝绸之路的走向与节点

"沙漠之舟"驮载着川流不息的商队、使团和民间交往群体，加上那清脆入耳的驼铃声，勾勒出一幅鲜活美妙的画卷——这就是丝绸之路。

从唐长安城出发一路西去，经陇东过陇西，穿越河西走廊、塔克拉玛干沙漠绿洲、天山北麓草原地带，逾越葱岭、飞渡北流河水（今哈萨克斯坦境内楚河、锡尔河），进入中亚、南亚、西亚，直至里海、地中海沿岸区域。

这条漫长的交通道路，主要分为东、中、西三大段。

东大段：

自长安至玉门关、阳关之间路段。此段自长安城之后，大致有三条线路，分为南路、北路与青海路。

东大段之南路走向：长安→西渭桥→始平（今陕西兴平）→武功→岐州雍县（今陕西凤翔）→陇州汧源（今陕西陇县）→穿越陇山，转而沿陇山西南行→清水→秦州（今甘肃天水），继而西行→伏羌（今甘肃甘谷）→渭州襄武（今甘肃陇西）→渭源→狄道（今甘肃临洮），转而北上→兰州（今甘肃兰州市），逾黄河、越

乌鞘岭→河西走廊→武威，至此与北道会合，而后西行→甘州（今甘肃张掖）→肃州（今甘肃酒泉）→瓜州（今甘肃安西东）→沙州（今甘肃敦煌）。

东大段之北路走向：长安→咸阳→奉天（今陕西乾县）→永寿→邠州（今陕西彬县）→泾州（今甘肃泾川）→平凉→原州（今宁夏固原）→石门关→会州（今甘肃靖远）→乌兰关→逾黄河、越乌鞘岭→河西走廊→武威，至此与南道合二为一→甘州→肃州→瓜州→沙州。

东大段之青海路走向：实则为南路支脉，狄道/兰州→河州（今甘肃临夏）→鄯州（今青海乐都）→鄯城（今青海西宁市）→渡大通河，越祁连山→大斗拔谷（今扁都口）→删丹（今甘肃山丹），至此与北道合二为一→甘州→肃州→瓜州→沙州。

中大段：

主要位于今新疆境内。敦煌是丝绸之路东段节点，其中，主要以阳关、玉门关为地标。

阳关位于敦煌西南、玉门关在其西北方向——继续西行就是丝绸之路中段，西南出阳关、西北出玉门关，由此构成了中段三条路线，分南、中、北三路。

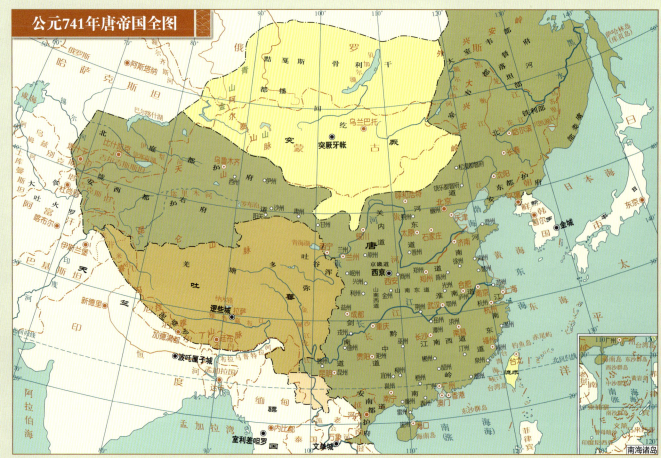

公元741年唐帝国全图

中大段之南路走向：敦煌→阳关，向西南进入塔克拉玛干沙漠南缘、昆仑山北麓的绿洲带→石城镇（今新疆若羌）→播仙镇（今新疆且末西南）→于阗镇（今新疆和田南）→皮山镇（今新疆皮山）→碛南州郅支满城（今新疆叶城）→喝盘陀（今新疆塔什库尔干），之后穿越葱岭，进入中亚。

中大段之中路走向：属于汉代西域的北道。玉门关→西州高昌（今新疆吐鲁番），而后沿塔克拉玛干沙漠北缘、天山南麓的绿洲地带西行→焉耆镇（今新疆焉耆西南）→乌垒州（今新疆轮台东）→龟兹镇（今新疆库车）→姑墨州拨换城（今新疆阿克苏）→疏勒（今新疆喀什），之后逾越葱岭，进入中亚。

中大段之北路走向：敦煌→莫贺延碛（今哈顺戈壁，位于罗布泊和玉门关之间）→伊州（今新疆哈密），然后逾越天山→蒲类海（今巴里坤湖）→北庭都护府（在今新疆吉木萨尔北）→轮台（今新疆米泉）→弓月城（今新疆霍城西）→渡伊丽水（今伊犁河）→碎叶镇（今吉尔吉斯斯坦北部的托克马克），进入中亚。

西大段：

指西域通往中亚、西亚、南亚，以及欧洲的陆路交通。当时，此路段上的国家、民族众多，政治形势复杂多变，因此，该路段除干线之外，包括诸多支线。干线大体分南、中、北三道。

西大段之南路走向：起始与丝路中大段之南路相接，进入乌浒河（今阿姆河）上游区，由此一分为二：其一，帕米尔瓦罕谷→兴都库什山→吐火罗（今阿富汗北部）→罽宾国（今阿富汗东北部）→天竺北部（今巴基斯坦与印度北部地区）；其二，帕米尔瓦罕谷地→大小勃律地区（今克什米尔及印度河沿岸一带）。

西大段之中路走向：与丝路中大段之中路相接，进入粟特地区。拔汗那（位于吉尔吉斯斯坦费尔干纳盆地）→昭武九姓的石国（今乌兹别克斯坦首都塔什干）→曹国（今费尔干纳盆地）→康国（今乌兹别克斯坦撒马尔罕）→何国（撒马尔罕西）→安国（今乌兹别克斯坦布哈拉）→穆国（今土库曼斯坦马里）→波斯（今伊朗）→西海（今地中海）。

西大段之北路走向：与丝路中大段之北路相接，碎叶镇→怛逻斯城（今哈萨克斯坦江布尔），越过药杀水（今锡尔河）→大湖（今咸海），渡过亦克水（今里海东北的恩巴河）→得嶷水（今里海北面的乌拉尔河）→阿得拉水（今伏尔加河）→黑海沿岸的卡拔亚（今乌克兰刻赤）和东罗马帝国首都君士坦丁堡（今土耳其伊斯坦布尔）。

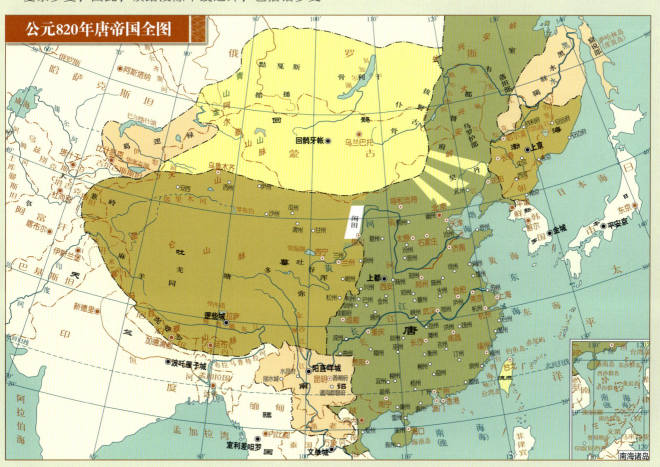

公元820年唐帝国全图

丝路历史 SILU LISHI

公元629—公元645年玄奘西行

玄奘取经路线
玄奘回国路线
唐代中外交通路线

唐代中外交通路线

公元748—公元753年鉴真东渡

丝路历史 SILU LISHI

爱之如一 《AIZHIRUYI》
唐王朝的民族政策

　　唐王朝实行开明的民族政策，比较平等地对待周边各民族，有力地促进并形成了当时多民族融合的繁荣局面。唐太宗曾说："自古贵中华，贱夷狄，朕独爱之如一，故其种落皆依朕如父母。"将所谓的"夷狄"与汉族平等看待，非以往视少数民族为异类。唐朝积极发展与各民族之间的商贸往来，除了在边境设立互市监进行贸易外，还允许各国各族商人在内地进行自由贸易，在长安、洛阳、扬州、成都等地的各国商人数量较多。唐朝重视与各国各族的文化交流，允许域外人员入长安学习，贞观年间进入长安国子监学习的各国各族子弟多达数千人。

　　概而言之，唐王朝以维护国家统一和安定团结为宗旨，尊重各族利益与民族交往，制定了一系列比较开明且进步的民族政策，可以说，在中国民族政策发展史上具有里程碑意义。

　　唐代民族政策的特点有二，即进取性与羁縻性。进取性特征即唐朝作为中国传统社会繁荣时期，开疆拓土，疆域空前扩大，最强盛时期的疆界：东到今朝鲜半岛，西至西域，南达越南中部，北至今蒙古大草原。羁縻性特征是"以夷治夷"之策。这是在总结过去历代王朝针对边疆少数民族地区设置边郡、边县，左郡、左县的经验基础上，采取设立羁縻府州的管理政策，保留少数民族原有的管理模式，即其行政机构维持原状，且各级官吏由本族人担任。但是，不允许自立为王侯、都督等，封号爵位与官衔职务，须由唐王朝封赐和授命，否则，视为非法。唐代实行羁縻府州的民族政策，使得唐王朝的大规模开疆拓土的目的得以实现，并且较好地解决了边疆地方行政建制、民族矛盾等棘手的问题。这对当时中国多民族国家的不断融合与形成，发挥了较大的历史作用。

各美其美，美人之美 《GEMEIQIMEI,MEIRENZHIMEI》
唐长安城里的外国人们

　　唐长安城是当时国际大都会，大批从事政治交往、商业贸易的外国使者和商贾来到此地，还有各国僧侣、学者、乐人等也络绎不绝。可以说，活跃在长安城内的大批老外，质使通好者有之，求学取经者有之，从事商贸者有之，献艺谋生者有之，不一而足。唐王朝在长安城内设置了鸿胪寺、礼宾院等专门机构，负责接待和管理。

　　居住在当时长安城的中亚人，所具有的乡土文化和习俗，逐渐对长安城的市井生活产生了较大的影响，以至于后来竟刮起了所谓的"胡化"之风。这些中亚人还曾在唐王朝担任各类官职。比如，昭武九姓国的康国人康谦，初期经商，在长安算是富商大贾，后来在唐玄宗时期，被任命为安南都护，到了唐肃宗时期，被任命为鸿胪寺卿，专门管理唐朝域外来客；还有康植，被封武卫大将军；安国人安兴贵，唐初为右武卫大将军、归国公；米国人米继芬，自其父时代即来长安做质子，后来米继芬又继续做质子。还有当时的诸多域外流亡王公贵胄，及示好唐朝而质子长安的那些人，如波斯王子卑路斯，其父为波斯萨珊王朝末主，当时，大食（阿拉伯帝国）东侵，卑路斯求助

于唐，唐曾以卑路斯为波斯都督府都督，高宗时授其右威卫将军，最终客死长安。其实，这些人已经不是质子身份，俨然就是当时的长安人了。

　　除此之外，诸多中亚艺人，如演唱者安万善、康昆仑、米嘉荣、米和等人，胡乐演奏者曹妙达、曹保、曹纲、曹善才等人，胡舞表演者米禾稼、米万槌等人。所有提到的这些人员，仅仅是当时居住于长安城内的老外的一个缩影，偌多的域外普通民众更是多不胜数。当时，长安西市就有多处胡人聚居区。

　　唐长安城内民众的吃饭与穿衣等的日常生活，已然受到了诸多外来文化的强烈影响。在饮食上，表现为涌现了多种风味特色小吃，如源自中亚的胡麻饼、饆饠等食品。当时，长安城西北角的辅兴坊，以胡麻饼知名，而长兴坊则以毕罗闻名。唐代诗人白居易在《寄胡饼与杨万州》一诗中，还专门提到了胡麻饼："胡麻饼样学京都，面脆油香新出炉；寄与饥馋杨大使，尝看得似辅兴无。"饆饠即毕罗，是一种包馅的面制点心。当时，长安长兴坊有胡人开的饆饠店，包括蟹黄饆饠、樱桃饆饠、天花饆饠等，颇有名气。在服饰方面，唐开元时期"穿着胡服、佩戴胡帽"已渐成为习惯。这些胡风东渐

图解 丝绸之路经济带

影响下的唐代长安城市井生活，在唐代诸多诗人笔下有着鲜活的记录，如唐代现实主义诗人元稹的《和李校书新题乐府十二首·法曲》："……自从胡骑起烟尘，毛毳腥膻满咸洛。女为胡妇学胡妆，伎进胡音务胡乐。火凤声沉多咽绝，春莺啭罢长萧索。胡音胡骑与胡妆，五十年来竞纷泊。"

唐代长安城的社会生活胡化之风盛行，唐王朝的中外商贸更是异常的繁荣，尤其是当时的西市和东市，是当时国际性商贸大市场。其间，活跃着大批中外商人，特别是在西市附近，外国商人聚集较多，这些现象在唐代文献中有所记载。例如西市商胡、西市贾胡、西市波斯邸等称呼。据说，外国商人多达数千人，足见当时中外贸易之盛况。

由于商贸繁荣，唐代域外商客的生活，也就成为文人墨客吟诗作赋的题材之一。元稹曾在自己诗句《估客乐》中，鲜活地表现了当时商人（当时，将从事长途贩运的商人称呼"估客"）的生活面貌："估客无住著，有利身即行……求珠驾沧海，采玉上荆衡。北买党项马，西擒吐蕃鹦。炎洲布火浣，蜀地锦织成。越婢脂肉滑，奚僮眉眼明。通算衣食费，不计远近程。经游天下遍，却到长安城。城中东西市，闻客次第迎……"。此诗共计六十八句，洋洋洒洒三百余言，深刻表现了估客成为富商大贾的手段及历程，集中描写了当时商人经商活动的各个方面，是一篇不可多得的记录唐代商贸的"史诗"。

唐代中国的丝绸、瓷器等传统手工业产品，是西域、中亚、西亚及西欧的商人商贸交易的最大宗商品。唐长安城曾经产生过诸多大富贾。诸如唐代本土商人邹凤炽、王元宝、宋霸子等，域外中亚商人康谦、米亮等。有诸多外国商人在长安城里有专门的店铺。值得一提的是，多数店铺主要经营金银珠宝。据说，当时的这些外国商家，都能快速辨认珠玉真假，颇有名气，被当时人们认为是金银与珠宝行业中的权威。比如，唐代诗人崔融就说过："欲知天下贵，持此问风胡。"显而易见，当时的长安西市，外国商人众多，居所与中国商人交错杂处。

唐人身着汉服、胡服并立图
（章怀太子墓中的壁画）

唐代仿北胡皮革
水袋的镀银罐

唐三彩胡人背猴骑驼俑
（唐开元年间）

出土于河南洛阳，高73厘米，长55厘米。人、驼、猴刻画生动，三彩施釉匀净无瑕疵，配色自然，清丽而不浮华，塑造艺术和三彩釉的烧制技术都达到了极其娴熟的高度，显示了我国唐三彩技艺之精湛。

美美与共，天下大同 ◀MEIMEIYUGONG, TIANXIADATONG▶
唐代丝绸之路上的中西文明交往

著名社会学、人类学大家费孝通先生曾说："美美其美，美人之美；美美与共，天下大同。"其意思是说，各民族、各国家都拥有自己优秀的文化，优秀的异质文化之间需要互相理解、包容和学习，那么就可以融合成一个多彩的世界。天下大同即和谐共生，是世界文化的大势。古代丝绸之路上中西文明交往的几个主要时期及发展大势，似乎可以用上述16字进行概括。

唐代在中西文明交往上的表现，就反映出了"美美与共，天下大同"的含义。唐王朝当时的外交关系具有世界性，用当今流行语言表达就是"全球化"特征。唐朝向西与中亚、西亚诸国，以及非洲、欧洲等地，向南与中南半岛、南洋群岛和南亚诸国，都建立

了诸多邦交联系。唐王朝一般将外国、诸少数部族称之为"蕃"，据《大唐六典》记载，最初与唐朝往来的"蕃"有300多个，后来由于相互吞并和相继灭亡，到开元时期有70多个。与边疆少数民族政权之间的外交关系（当时，与唐朝并立而当前为我国少数民族），如吐蕃、突厥、回纥、靺鞨、南诏、渤海等。与域外国家的外交关系（当今我国境外的国家和地区），如天竺、狮子国、大食、波斯、真腊、占城、泥婆罗、尸利佛誓、坚昆、日本、拂林、高丽、新罗、百济、昭武九姓国等。

当时，与唐王朝往来最密切、唐朝对其影响最大的则是东亚各国，包括高丽、新罗、百济、日本等国。

丝路历史 SILU LISHI

尤其是日本，多次派遣唐使入中国，以及大批留学生、僧人到唐长安城留学；与此同时，当时诸多唐朝人为中日交流也作出了突出贡献，如唐高僧鉴真（公元688—公元763年，作为高僧，他又是著名医学家，佛教南山律宗祖师，也是日本佛教南山律宗的开山祖师），他不畏艰险，六次东渡日本，讲授佛学理论，传播博大精深的中华文化，受到中日人民和佛学界的尊敬。双方的交流都反映出中华文化曾对日本产生过极大影响，促进了日本佛学、医学水平的提高和社会经济的发展。

又如当时日本著名遣唐留学生阿倍仲麻吕（公元698—公元770年，入唐之后改名为晁衡），于唐开元五年（公元717年），由日本政府派遣入唐，当时是日本政府第八次遣唐船，由557人组成，从日本难波（今大阪）起航。晁衡学成之后客居长安，并担任了唐王朝左散骑常侍、安南都护等官职，是中日历史文化交流杰出使者的代表之一。在长安期间，曾因思念故土，请求归国探视年迈双亲，不巧途中遇到风暴，历经险情，长安城内误传晁衡已溺死，多数亲朋故交得知此消息后，都表达了深深的悼念之情，其好友大诗人李白写下了《哭晁卿衡》："日本晁卿辞帝都，征帆一片绕蓬壶。明月不归沉碧海，白云愁色满苍梧。"不承想晁衡竟死里逃生，又辗转返回长安，之后一直客居长安至终老。

在中亚地区，与唐王朝有外交关系的主要国家：昭武九姓国（今乌兹别克斯坦境内，由康、安、曹、石、米、何、火寻、戊地、史等9个国家组成）、拔汗那（今塔吉克斯坦境内纳巴德）、解苏（今塔吉克斯坦的杜尚别）、骨咄（今塔吉克斯坦的库利亚布）、石汗那（今乌兹别克斯坦的捷脑）等。这些国家与唐朝均有朝贡关系，尤其是昭武九姓国，与唐朝经济关系非常密切，当时有大批昭武九姓的商人在中国经商。

中亚以西的波斯、拂林、大食等国，都与唐王朝有或多或少的商贸和文化交流。其中，在大食灭亡了波斯以后，势力开始向东发展，以至于达到了唐王朝的西部边境，双方曾发生过战争——怛罗斯之战，该战役发生于唐玄宗天宝十年（公元751年）的7—8月，最后以阿拔斯王朝（即黑衣大食）的胜利告终。有人说，唐军在怛罗斯之战后，阿拉伯帝国完全控制了中亚，中亚开始了整体伊斯兰化的过程，从此在西域的汉唐文明开始变淡。其实，尽管怛罗斯之战失败，唐王朝在西域的影响力并未受到根本动摇，公元754年东曹国王设阿忽、安国副王野斛及诸胡九国王遣使上表，请求同心攻打阿拔斯王朝。与此同时，唐王朝仍在中亚继续扩张；至公元753年，封常清破大勃律攻占菩萨劳城，之后在公元754年又率军攻破播仙。至此，唐朝对西域的反击取得了全面胜利，此时在西域的势力也达到了极盛。然而，随后公元755年爆发的安史之乱，却成了唐王朝在西域政治关系史上的真正转折点。

唐玄奘西行图
（日本东京国立博物馆藏）

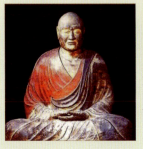

唐代高僧鉴真

唐代宫乐图

633 →阿拉伯人进攻路线及年代

默罕默德时的帝国（632年）

阿布·伯克时的征服地（632—634年）

奥斯曼（644—656年） 阿里（656—661）

奥马尔时的征服地（634—644年）

倭马亚时期的征服地（661—850年）

7—8世纪被阿拉伯侵袭的地区

中国造纸术西传路线

7—9世纪的阿拉伯帝国

《7—9 SHIJIDEALABODIGUO》

在南亚、东南亚地区，与唐王朝有外交关系的主要包括五天竺（包括印度、巴基斯坦、孟加拉等国）、狮子国（今斯里兰卡）、泥婆罗（今尼泊尔）、简失蜜（今克什米尔）、大小勃律（今克什米尔西北部）、环王国（今越南中南部）、真腊（今柬埔寨）、骠国（今缅甸伊洛瓦底江流域）、诃陵（今印尼爪哇岛）等。唐高僧玄奘、使者李义表、王玄策等人，都先后到过五天竺；五天竺等地的高僧、医生亦有多数到过唐朝。狮子国、泥婆罗、简失蜜、大小勃律等国与唐朝保持了朝贡关系，有密切的文化交流。

有唐一代，中西文明的交往异常频繁，双方的交往实际上包括了诸多方面。例如科技、文化、商贸、宗教等，这些无疑在客观上对于当时的世界文明交往具有极大的历史意义。

唐代当时的科学技术，例如，天文、医药、建筑、地理、算数、造船与航海、印刷造纸术，等等，都算是当时世界的最高水平。火药已在唐朝后期开始运用于军事，至于中国的印刷术、造纸术的发明，更是对世界文化发展的重要贡献，尤其是后者，对当时世界产生了很大的影响。唐王朝的文化成就对当时世界各国文化发展都产生过或多或少的影响，尤其是东方各国，唐朝的制度政策、儒道之学、诗词歌赋、音乐舞蹈、绘画雕塑、服饰装束、习俗风尚等，都成为东亚诸国纷纷仿效之对象。比如，当时的日本、高丽、新罗、百济、渤海等国，皆仿效唐朝的职官制度、赋税制度，建立了各自制度；除此之外，还有唐朝的律令制度，对当时的日本、朝鲜半岛、东南亚地区的影响亦非常大。唐代的中华文化向外的扩散无疑非常之广，大约公元8—9世纪，中医学传到了阿拉伯地区，阿拉伯医学名著《医经》中讲到中医的诊脉；中国音乐至迟在唐初已传到了印度，因为玄奘赴印度求法时，印度戒日王与玄奘聊过"秦王破阵乐"。

唐王朝吸纳兼容外来文化，引入和应用了天竺的天文历法。比如，唐代僧一行创制的"大衍历"，就吸取了诸多天竺天文历法的成果。

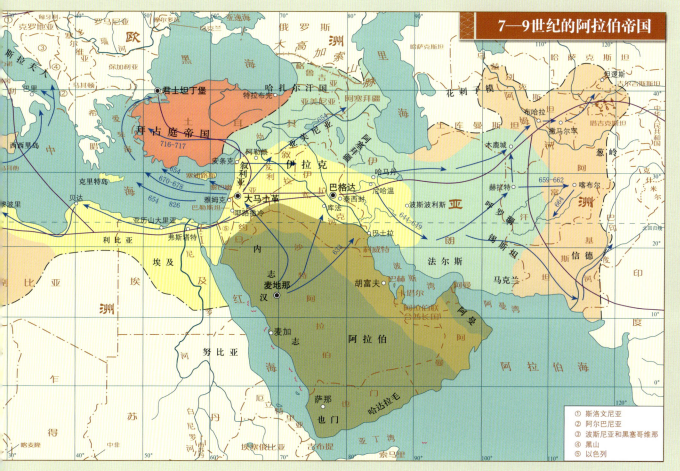

身着唐服的阿倍仲麻吕画像

唐代域外乐舞的传入，对我国古代音乐舞蹈的发展具有重要的历史意义。

唐代的乐典设置了十部乐：燕乐、清乐、西凉乐、天竺乐、高丽乐、龟兹乐、安国乐、疏勒乐、康国乐、高昌乐，多数为西域少数民族和外国音乐，唐代许多著名音乐家多是西域、中亚人及其后裔。

唐代舞蹈，尤其是由西域和中亚传入的胡旋舞、胡腾舞、柘枝舞，非常受当时各个阶层民众的喜爱。据说，杨贵妃擅长跳胡旋舞，有一次，唐玄宗为跳舞的杨贵妃击鼓，情不自禁之下，把鼓都击破了。

例如，唐代著名诗人白居易写的一首名为《胡旋女》的诗，把胡旋舞之美和舞者之美描绘得惟妙惟肖。诗中交代了胡旋舞的产地及在中原流行的大致情形，并提及善胡旋舞者如何受到唐玄宗的赞赏和器重。可以看出，白居易在描述此舞惊艳的同时，亦表达出对唐代君主沉溺于胡旋舞的批判态度。诗句如下：

胡旋女，胡旋女。心应弦，手应鼓。
弦鼓一声双袖举，回雪飘飘转蓬舞。
左旋右转不知疲，千匝万周无已时。
人间物类无可比，奔车轮缓旋风迟。
曲终再拜谢天子，天子为之微启齿。
胡旋女，出康居，徒劳东来万里余。
中原自有胡旋者，斗妙争能尔不如。
天宝季年时欲变，臣妾人人学圜转。
中有太真外禄山，二人最道能胡旋。
梨花园中册作妃，金鸡障下养为儿。
禄山胡旋迷君眼，兵过黄河疑未反。
贵妃胡旋惑君心，死弃马嵬念更深。
从兹地轴天维转，五十年来制不禁。

胡旋女，莫空舞，数唱此歌悟明主。

除此之外，祆教、景教、摩尼教等域外宗教也在唐代传入我国，这当然是丝绸之路上中外文化交流的重要内容之一。

祆教又称波斯教、拜火教，祆教通过丝绸之路传入，唐代最为兴盛。当时，长安城里的一些坊里设置有祆教祠。其时，把专门管理祆教的官员称之为"萨宝"。

景教属于基督教的一支，创始者为叙利亚人聂思脱里，唐贞观九年（公元635年）阿罗本来到长安传教，自此三年后在长安的义宁坊建了一座大秦寺，根据现存的《大秦景教流行中国碑》记载，景教传到长安以后，在唐高宗与唐肃宗时期盛况空前，当时，景教的寺院在中国各地纷纷建立。

摩尼教的创始人是波斯人摩尼，大约在公元7世纪末传入中国。那时，长安城建立有摩尼教寺，当时也有人称其为光明寺，之后又陆续在全国其他一些州县建寺，其发展盛况可见一斑。

在中外宗教交流方面，当然必须提到唐代高僧唐玄奘。玄奘于公元629年自长安私自出发，冒险前往天竺，途经高昌国时，得高昌王麴文泰礼重供养，复欲强留奘师以为国之法导，但高僧婉言谢绝。离开高昌之后，继续行于西域诸国，而后穿越帕米尔高原，克服了种种异常艰难险阻之后，终至天竺。在天竺的十余年间，唐玄奘曾请教过诸多著名高僧。

唐贞观十七年（公元643年），唐玄奘启程回国，并将共计657部佛经带回中土。唐贞观十九年（公元645年），回到长安，受到唐太宗的热情接待。之后唐玄奘在长安城内慈恩寺译经讲经。另外，由玄奘大师口述，其弟子辩机撰写的《大唐西域记》，堪称中国历史上的经典游记，后来到了明代演绎成了妇孺皆知的神话小说《西游记》。

《步辇图》唐代画家阎立本绘
图画内容取材于唐代贞观八年(公元634年)吐蕃首领松赞干布与文成公主联姻的事件，画面描绘了唐太宗李世民接见吐蕃使臣禄东赞的情景。

居民生资唯榷场
JUMINSHENGZI WEIQUECHANG
——— 宋代丝绸之路 ———

陈桥兵变之后，赵宋王朝建立，结束了唐末以来藩镇割据的战乱局面，但其统辖区域实际上仅限于中原、江南、岭南诸地，其北有契丹、女真两大政权相继崛起，西北有实力不容小觑的西夏政权与之并立，西南有吐蕃、大理称霸一隅。

处在多方势力并存的地理格局之下，通往西方的交通不可避免地受到西夏、吐蕃等政权与部族的干扰，即陆上丝绸之路东段和中段的主要连接地段——

西北地区，也并非处在宋朝统一政权控制之下，其局势错综复杂。因此，通往中亚乃至西欧的陆上交通并非一直贯通。

然而，商业交往却并未因此隔断，宋与西夏、吐蕃等政权在辖区边境设置了诸多官方"榷场"，进行有控制的物资交换，贸易方式多样。另外，与前代相比，宋代经济中心和政治中心的南移，加之航海技术的进一步发展，海上丝绸之路有了较大的发展。

茶马互市 ‹CHAMAHUSHI
丝绸之路上的宋、辽、西夏、吐蕃

唐代安史之乱以后，中央集权制的唐帝国开始衰落，藩镇割据、边防空虚，周边辽、西夏、吐蕃、大理、回鹘等少数民族政权迅速壮大，他们与后期立国的宋王朝形成了多足鼎立的政治格局。

北宋与辽针对燕云十六州的归属问题，曾发生过数次战争。景德四年（公元1007年），双方签订了澶渊之盟，此后两国关系趋于缓和，商业贸易与文化交往取代了冲突与战争。

据史料记载，北宋时代，辽曾派遣使节出使开封

共有300次左右，人数在700以上。官方的货物交往以马匹、毛织品、珍禽、金银、丝质彩帛为主，除官方交易外，辽朝使节及其随员常会携带大量私有物品入宋交易。宋的印刷业比较发达，辽朝为发展文化事业，命南下使节大量收购书籍，甚至一些宋帝王与臣僚议论边事的文书也被辽人收入囊中，这些事情曾致使宋廷君臣大为震惊。

北宋与西夏的关系较为复杂，双方处于战和不定的胶着状态，为此耗损了大量的人力、物力和财力。

庆历二年（公元1042年）双方议和，此后西夏向宋入贡有22次之多，贡物主要包括马匹、鞍、橐驼、香料、药材等。其中，马匹和药材，是宋亟需之物；宋回赐往往也十分优厚，主要包括金、银、帛、茶、书籍、衣物和手工艺品等。

据时人估计，西夏通过贡赐贸易和榷场贸易的收入有300多万两白银，超过当时宋辽间的贸易额。西夏政权为增强统

公元1001年西州回鹘、于阗、黑汗诸部辖区疆域

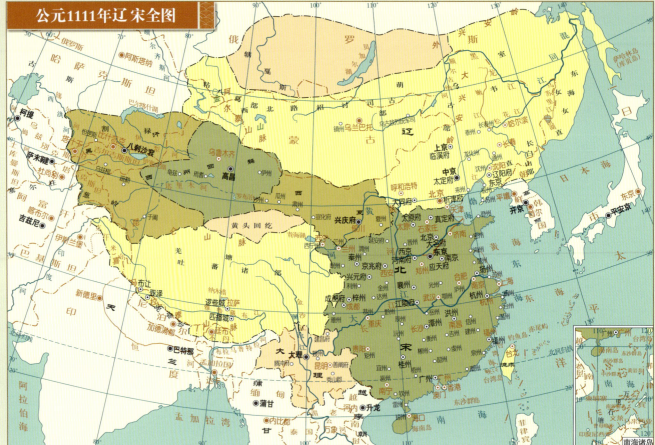

公元1111年辽宋全图

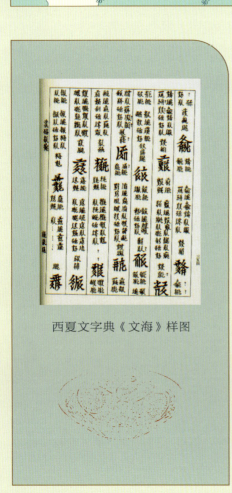

西夏文字典《文海》样图

治，努力发展文化教育事业，曾求赐予国子监印书和大量佛经。西夏仿照中原地区的汉字，创造了西夏文。印刷与书籍的传播，为西夏诸地带来了汉文化，客观上促进了当地文化教育事业的发展，有力地推动了民族之间的交流与融合。

吐蕃与北宋的关系也较为复杂。李唐时期，吐蕃盛极一时，是唐帝国主要边患。唐末五代时期，吐蕃势力衰落，它的东部部族以西凉府、河湟青唐为中心，散处于今甘肃、青海一带，各部落互不统属。

北宋初期，吐蕃衰微，对宋采取既有入贡献地，又有掠夺扰边的策略。由于西夏崛起，北宋无法与之前一样，从西夏获得更多马匹，不得不依靠吐蕃诸部供给，这促进了宋廷对吐蕃态度的转变，马匹贸易成为吐蕃与宋王朝交好的纽带。当然，吐蕃为了获取马匹的市场利益，也希望与宋保持正常交往和贸易关系。

北宋中期，吐蕃与宋的良好关系进一步提升，双方军事合作，共同对付西夏。

北宋后期，宋、蕃关系又开始逐渐交恶，战争多于和平。

西北、西南地区还有不少的少数民族政权与中原王朝交流密切。分布在新疆南部的于阗，向宋廷进贡了大量的玉石、珍珠、珊瑚、翡翠、象牙等物品。龟兹、西州回鹘等政权，也遣使向宋进贡佛牙、琉璃器、琥珀盏等。西南地区的大理、西南诸少数民族，也同宋朝有着良好的贸易交流。

公元1111年西夏辖区全图

兴庆府附近

公元1140年吐蕃诸部辖区疆域

藏布中游地区

两宋王朝对外机构与经营的"榷场"

LIANGSONGWANGCHAODUIWAIJIGOU YUJINGYINGDE"QUECHANG"

　　北宋在各个交通要道和都城开封设置为数不少的外事机构，专门负责对外事宜。这些机构辖于鸿胪寺之下，对不同的国家和民族设置专属的机构来接待，如"往来国信所"负责接待辽朝使臣，"都亭西译及管干所"负责接待西来使者等。为方便外事交流，还在东京设置礼宾院专门提供翻译服务，以辅助并保障政治协商和商业贸易的顺利、有序进行。

　　除设置专门政治管理机构外，宋还在沿边地区设置了诸多"榷场"。"榷场"是指辽、宋、西夏、金朝各自在接界地点设置互市的市场。榷场贸易应各地商贸交往需要而产生，其设置也常因双方政治关系好坏而兴废无常。

宋代"榷场"景象

丝路历史 SILU LISHI

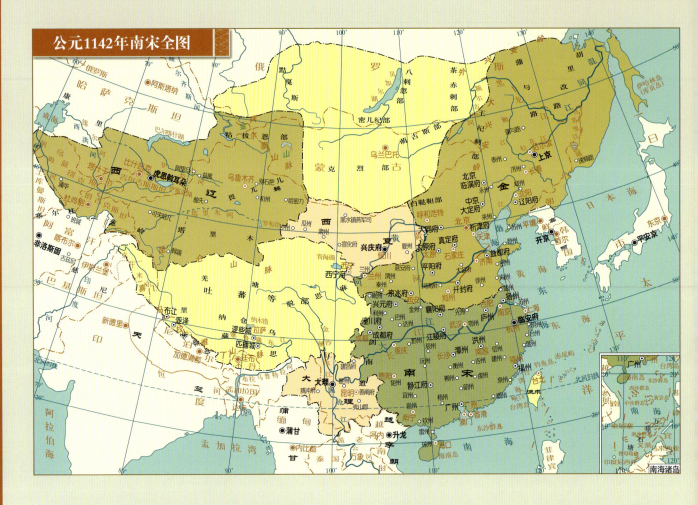

公元1142年南宋全图

　　中原地区向北方输出的主要是农产品、茶叶、布帛、瓷器、漆器、手工艺制品，以及海外香药之类。辽、金、夏地区输往南方的商品，则有牲畜、皮货、药材、珠玉、青白盐等。贸易额达到几十万。据时人估计，其数额甚至可以抵消宋朝政府每年对辽、夏的岁赐，成为当时国家财政收入的重要组成部分。

　　边民、官府、驻防官兵及各族商人，是贸易活动的主要参加者，榷场贸易受官方严格控制。榷场领辖于所在地区的监司及州军长吏，又另设专官，稽查货物，征收商税。宋金之间的榷场制度，小商人10人结保，每次准许携带一半货物到对方榷场交易。还有官牙人评定货色等级，交易双方须由官牙人从中斡旋，不得直接接触，牙人从中收取牙税。各方的榷场交易商品种类也有严格规定。例如，战马、铜铁、硫黄、焰硝、箭筒等军用物资，一般严禁出境。

　　榷场满足了当时边民的日常生活之需，促进了内地和少数民族的经济文化的交往和繁荣。

　　两宋之际，虽然官方榷场的设立为互市提供了便利，然而，内陆地区政权分立，关卡重重，中西陆路交通常遭受多方阻断，榷场贸易也时有中断。但是，民间的经济、文化交流，促使丝绸之路这条古老的贸易通道在两宋时期并未衰落。不过，对南迁后的宋朝而言，西北交通毕竟因为丝路沿线互不统属，一方面，在经营西北陆路丝绸之路的同时，另一方面，开始发展海上丝绸之路，曾在泉州、广州等地设置"市舶司"，相当于现在的海关。其职能专门负责东南地区的海上贸易。

　　北宋开宝四年（公元971年）设市舶司于广州，以后随着海外贸易的发展，陆续于杭州、明州（今浙江宁波）、泉州、密州（今山东诸城）设立市舶司。

　　宋代市舶官制变化十分频繁，北宋前期，市舶司由所在地行政长官和负责地方财政的转运使共同负责，而由中央政府派人管理具体事务。元丰三年（公元1080年），免除地方行政长官的市舶兼职，而由转运使直接负责市舶司事务，后又专设提举官。

　　南宋时，各处市舶司曾一度并归转运司，或由提点刑狱司、提举茶事司兼管，但为时不长。至元十四年（公元1277年），元王朝在泉州、庆元（今浙江宁波）、上海、澉浦（今属江海盐）等四处港口设立"市舶司"。

千里万里，如出庭邻

■ QIANLIWANLI RUCHUTINGLIN ■

—— 元代丝绸之路 ——

　　1206年，铁木真创建蒙古国于漠北，将曾经分散游牧、争论不休的北方草原各部逐渐凝聚成为统一的蒙古民族共同体。

　　此后的一个历史阶段，成吉思汗铁木真及其子孙率领所向披靡的蒙古铁骑，旋风般席卷了亚欧大部分地区，经过了三次大规模西征，把蒙古国发展成为一个疆域空间庞大的世界性帝国。三次西征兵锋远及中亚、西亚及东欧，极大地改变了欧亚政治地理格局，也影响了世界历史发展的进程。当然，客观上亦促使了欧亚大陆丝绸之路的全线贯通。

蒙古西征与丝路贯通

◀ MENGGUXIZHENGYUSILUGUANTONG ▶

　　元代欧亚大陆丝绸之路的贯通，与蒙古帝国的三次西征有着千丝万缕的联系。12—13世纪的中国，主要分属于南宋、金、西夏、吐蕃诸部等。此外，西北有畏兀儿、哈剌鲁和西辽数个民族政权；西南主要有吐蕃和大理。各政权之间或连年征战，或孤立自守，互不统属，以至于丝路交通阻塞。同时期，中亚地区属于花剌子模帝国，其统辖印度河到波斯湾、阿塞拜疆的广大地区，扼守东西交通必经之地；中东的阿拔斯王朝亦无力操持内外经贸。此时的欧洲，拜占庭帝国逐渐衰弱；其他国家也都自顾不暇，无力干预外部世界。而正在此时，成吉思汗的蒙古国却异军突起。

　　第一次西征（公元1218—公元1223年），征伐对象是花剌子模，属于中亚的伊斯兰教古国，曾经的辖区中心位于阿姆河下游，都城是玉龙杰赤（今土库曼斯坦库尼亚乌尔根奇），以前是西辽的藩属国，但后来在摩诃末国王在位时，摆脱了西辽统治，并开疆拓土，将都城迁移至撒马尔干（今乌兹别克斯坦撒马尔罕），随即成为当时中亚地区最强大的势力。当后来蒙古国崛起之后，双方有了经济交流。然而，在1218年的一次正常商贸往来中，蒙古派遣的一支商队进入花剌子模之后，被当时花剌子模将领杀死，财物被劫掠。随后，成吉思汗又派去使臣前去交涉，反倒

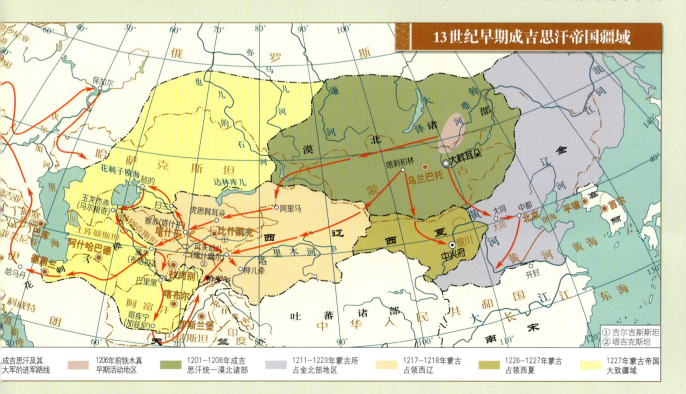

13世纪早期成吉思汗帝国疆域

成吉思汗及其大军的进军路线	1206年前铁木真早期活动地区	1201—1208年成吉思汗统一漠北诸部	1211—1223年蒙古所占金北部地区	1217—1218年蒙古占领西辽	1226—1227年蒙古占领西夏	1227年蒙古国大致疆域

① 吉尔吉斯斯坦
② 塔吉克斯坦

丝路历史 SILU LISHI

公元1259-1264年蒙古帝国分裂形势

又被杀死。公元1219年，成吉思汗以此为由，亲率约20多万大军（当时，花剌子模的军队有40万左右），兵分四路：第一路，由术赤率军征伐锡尔河下游与咸海地区；第二路，由窝阔台率军进攻剌城及花剌子模旧都玉龙杰赤；第三路，军讨伐锡尔河中游地区；第四路，由成吉思汗亲率兵进攻阿姆河以北的新都撒马尔罕。当时的花剌子模国势已经渐衰，虽坐拥40万军队，但面对机动性强、彪悍骁勇的蒙古铁骑，已然力不从心。公元1223年，花剌子模亡国，国王摩苛末战死，其子扎兰丁逃至印度。此后，蒙古军开始东撤，第一次西征告终。这一时期，蒙古势力深入中亚、渗透东欧，为后来察合台汗国和伊利汗国的建立打下了坚实根基。

第二次西征（公元1235—公元1241年），即元太宗窝阔台派遣拔都（成吉思汗之孙、术赤之子）等诸王率军征服钦察、斡罗思等未臣服诸部。公元1235年，窝阔台在和林会议上任命拔都为统帅，统军15万。公元1236—公元1237年，蒙古军攻灭伏尔加河中游的不里阿耳，招降了大部分钦察军。之后开始进入俄罗斯平原，相继征服也烈赞、莫斯科、佛拉基米尔等公国或者城市，至公元1241年，已经基本征服俄罗斯、乌克兰平原。之后，拔都开始分兵南北两路，继续西征欧洲诸国。南路：由拔都亲自统率，进攻马扎尔（今匈牙利），都城佩斯被蒙古军队攻占之后，蒙古军队追击马扎尔国王到亚得里亚海畔，仍未俘获逃离的国王，随即返回。北路：由诸王拜答儿及大将

兀良合台率领，进攻孛烈尔（今波兰），在今波兰西部击溃了孛烈尔国联军，转而南下与西征的南路军队会合。此次蒙古西征势力已经开始深入欧洲腹地，震动了整个欧洲。当时，教皇英诺森四世曾专门召开宗教大会商讨对策，还曾经两度派遣教士东赴蒙古，劝说蒙古军队停止杀掠和侵犯基督教国家。1242年，蒙古军行进至今捷克一带之时，蒙古大汗窝阔台的死讯传到军中，拔都得知后班师东归，第二年，拔都结束西征，之后建立了东起也儿的石河，西到斡罗思，南起巴尔喀什湖、里海、黑海，北到北极圈附近的辽阔广大的钦察汗国。

第三次西征（公元1252—公元1260年），即元宪宗蒙哥（成吉思汗之孙，托雷之长子）派其弟旭烈兀总领波斯之地，并率领十万大军西征波斯以西未服诸国，主要包括木剌夷国（今伊朗马赞德兰省）、阿拔斯王国（汉文史籍称为黑衣大食，其都城位于今伊拉克巴格达）。公元1253年西征开始出兵，公元1256年抵达木剌夷国，木剌夷国原本是伊斯兰教什叶派的一支建立的宗教政权，但是，此政权常常广募敢死之士从事暗杀行为，且不恪守伊斯兰教戒律，被其他的穆斯林看作是异端。就在蒙古军抵达之际，其教主鲁克奴丁投降，都城遭毁，其人被屠杀殆尽。公元1258年，蒙古军攻杀阿拔斯王国，纵火屠城。据说，当时死者有80万人之多。此时，黑衣大食被蒙古铁骑征服而亡国。公元1259年，蒙军开始西征叙利亚，但当旭烈兀得知大汗蒙哥死讯之后，立即率其余军队东撤，

此时，蒙古西征结束。当旭烈兀东撤返抵波斯时，获知忽必烈继任大汗之位，于是不再继续东归，就地建立伊利汗国而自立为汗，其疆域东起阿姆河和印度河，西面则包括小亚细亚在内的大部分地区，南抵波斯湾，北至高加索。

蒙哥的死讯，致使蒙古帝国的短暂统一也随之告终，蒙古帝国权力直接继承者统辖的区域也开始大为缩减，最后仅限于东方，此后察合台汗国、伊利汗国和金帐汗国（或称钦察汗国）则开始各自作为独立国家发展。曾经的蒙古王朝，在定居的波斯王国和中国的统治不到一个世纪就衰落灭亡了，而在金帐汗国和察合台汗国统治时间相对较长。

整体来看，后来帖木儿帝国的兴起标志着蒙古帝国时代的终结。蒙古西征军队规模之大、征伐范围之广，在世界征战史上可谓空前。在一个世纪左右时间里，蒙古铁蹄穿越和深入延绵万余千米的欧亚大陆。在西征过程中，有较多的汉、蒙族等各族人群的西迁，其中不乏掌握各种手工艺的人。因此，在蒙古铁骑所到之处，也播撒了东方文明的火种，客观上促使东方文化西传。蒙古西征的另一个作用，是进一步沟通了欧亚大陆的往来，东西交通通达程度也有了相应的增强，尤其是在帝国辖区统属一致时期，虽然为时短暂，但是，也为丝绸之路沿线当时东西方经济文化群体之间的往来交流打开了一扇便利之门，正如元代人形象比喻："适千里者，如在户庭；之万里者，如出邻家"。

元代历史虽然短暂，但其在通往伊利汗国、钦察汗国直到其最西境的驿路，各个驿站将四通八达的道路连接成为一张庞大的交通网络。元人朱思本说："西海（今地中海）虽远在数万里外，而驿使贾胡时或至焉。"14世纪上半叶，意大利的一位名叫帕戈罗提的商人，长期受雇为英国王家所属佛罗伦斯巴尔底公司代理人，也说过有关当时的丝绸之路通达情况：其时从亚速海东岸的塔纳到中国，无论昼夜，一路上都十分安全。他还根据其他商人的记述和报告编写了一本名为《诸国志与商务指南》的书，其中较详细地记载了从欧洲的塔纳通往中国的途程：塔纳→阿斯特拉罕→萨莱→玉龙杰赤→讹答剌→阿力麻里→甘州→杭州→大都，并附了当时各地的交易商品种类和价格等。由此可见，元代欧洲商人来往中国的商旅数量颇多。可见，当时连接中国与欧洲的丝绸之路还是相当便利的。

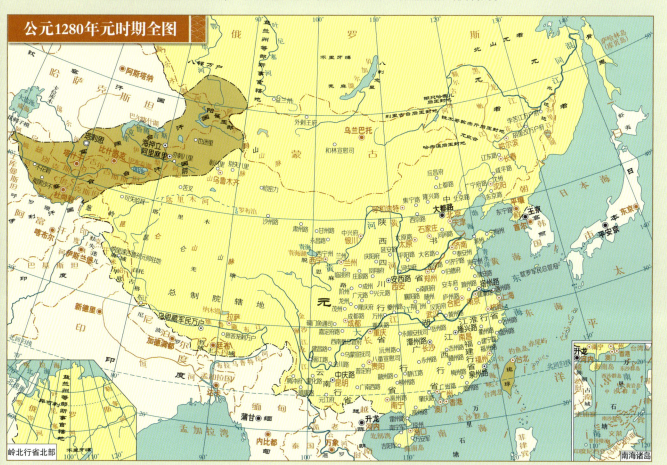

公元1280年元时期全图

《长春真人西游记》与《马可·波罗行记》
◀CHANGCHUNZHENREN XIYOUJIYUMAKEBOLUOXINGJI▶

元代丝绸之路上，除了蒙古西征的军队，也有众多商贾和使者频繁往来，人口流动与文化交流自是非常普遍。

留存至今的两部比较有名的著述，对这一时期东西方的文明交往有着诸多记述。其一，是东方的《长春真人西游记》，其二，是西方的《马可·波罗行记》。

《长春真人西游记》是由丘处机的弟子李志常据师父西行之旅见闻撰写的。丘处机（公元1148—公元1227年），字通密，道号长春子，山东栖霞人，金末元初道教主流全真道掌教，在道教史上，丘处机被奉为全真道"七真"之一。

丘处机在思想、政治、文学、养生和医药等方面见识颇广。他被南宋、金、蒙古帝国统治者以及民众所敬重，并因以74岁高龄而远赴西域劝说成吉思汗止杀爱民而闻名于世。当时，西行行程大约35 000里路程。

公元1219年冬，成吉思汗派遣侍臣至莱州（今山东掖县），敦请长春真人丘处机赴西域相见。第二年正月，丘处机率领门徒十余人启程开赴西域。公元1221年春取道漠北，一路西行，当年十一月抵达撒麻耳干（今撒马尔罕），公元1222年4月，在今阿富汗兴都库什山晋见了成吉思汗，当年10月开始东归。

后来，丘处机弟子李志常根据与师父的西行见闻，撰写了《长春真人西游记》。游记开篇记载了丘处机拒绝金和南宋的邀请，以及后来成吉思汗铁木真派刘仲禄来请丘处机，他率弟子自山东出发，经今北京、宣化、达赉诺尔、呼伦贝尔、乌兰巴托、杭爱山、科布多、阿尔泰山、准噶尔盆地、轮台、天山、撒马尔罕、铁门关等地，抵达今阿富汗境内觐见成吉思汗。

游记还记述了丘处机曾三次向成吉思汗讲道，并随从其返回蒙古，其间曾多次劝谏成吉思汗止杀。

游记中记述远赴中亚途中的见闻，对于了解和研究13世纪中亚历史、蒙古历史有着重要意义。

元代曾有诸多欧洲人沿着丝绸之路，到访过东方的古中国。其中，最为著名的就是马可·波罗，而他之所以被世人熟知，是缘于他的一部名著《马可·波罗行记》。让欧洲人得以了解中亚和中国，对东西方发展有很大的贡献。

马可·波罗（Marco Polo，公元1254—公元1324年），意大利威尼斯商人、旅行家及探险家，曾随父亲经丝绸之路到达中国。当时，他们沿古丝绸之路，进入可失哈耳（今新疆喀什），再经斡端（今新疆和田）、沙州（今甘肃敦煌西）、甘州（今甘肃张掖）、凉州（今甘肃武威）、宁夏（今宁夏银川）、天德军（今内蒙古呼和浩特东白塔），公元1275年抵达上都。

据说，马可·波罗善辞令，深得忽必烈宠信，客居中国达十七年。

元代八思巴文印

马可波罗出发、返回地

马可波罗途经城市

马可波罗出发路线

马可波罗返回路线

其间，他曾多次奉命出使各地，游历了陕西、四川、云南、河南、江浙等行省数十城，自称担任元朝官员，奉命治理扬州三年。

公元1291年获准返国，从泉州（今福建泉州）启程，沿海上西行，历经两年时间，始达伊利汗国，然后继续西行，于公元1295年抵达威尼斯。返回到威尼斯后，在一次威尼斯和热那亚之间的海战中，他成为俘虏，于狱中口述其在中国旅行之经历，由鲁斯蒂谦代写了《马可·波罗行记》。

《马可·波罗行记》全书分为四卷，每卷又分章，每章叙述一个地区或一个历史事件，共有229章。第一卷内容是前往中国经过的中东和中亚；第二卷叙述元代中国社会和忽必烈；第三卷记述当时东方的沿海地区，包括日本、印度、斯里兰卡、东南亚等；第四卷叙述了当时发生在蒙古与俄国等国之间的战争。

在这本游记中所记述的国家和城市地名有100多个，包括气候、山川、物产、居民、商贾贸易、宗教信仰、风俗习惯等诸多人文地理要素。该书对于了解和研究中古时代的地理学、中西交通与中意关系等，有着重要意义。

马可·波罗

13世纪马可·波罗出行路线

① 列支敦士登　② 圣马力诺
③ 克罗地亚　　④ 黑山

海上丝路
■ HAISHANG SILU ■
──── 明代丝绸之路 ────

郑和七下西洋与海上丝路开辟
《ZHENGHEQIXIAXIYANGYUHAISHANGSILUKAIPI》

公元1368年（明洪武元年）农历正月，朱元璋在江苏南京（应天府）登皇帝位，即明太祖，建元洪武。当年全国并未完全统一，北边的元顺帝此刻在上都（今蒙古正蓝旗东部）形成了北元政权。另外，还有元朝宗王和诸路军阀，占据着山西、陕西、甘肃，以及东北和云南等地。此后明朝用了20多年的时间才完全统一了全国。

明朝建立以后，丝绸之路交通网络更加多元化，在传统陆路交通的基础上，开辟和发展了海洋丝绸之路。自明太祖朱元璋开始对外推行睦邻政策始，在明朝的31年间，明廷曾先后派遣出外使者30余次，对周边12个主要国家进行了访问，这当然也取得了积极响应，有近20个国家派出使者，曾先后有130余次对中国进行访问，当时的相互出使和友好往来相当频繁。

明朝初期，欧洲还没有远洋探险和海外殖民活动。因此，明代重建汉唐时代传统的朝贡体制。明太祖禁止私人对外贸易，希望所有贸易都在朝贡制度下运转。

到了明成祖时期，朝廷派出一系列的使团访问周边国家和地区。其中，最著名的是郑和七次出洋，头次最远到达印度，第四次到达霍尔木兹海峡和波斯湾，后三次则到达了非洲的东岸。

郑和，原姓马，回族，世代信奉伊斯兰教，明洪武四年(公元1371年)出生于云南昆阳州（今晋宁县）。在明军消灭梁王政权攻占云南时，郑和曾经被俘被阉

郑和

明成祖时期郑和七次下西洋

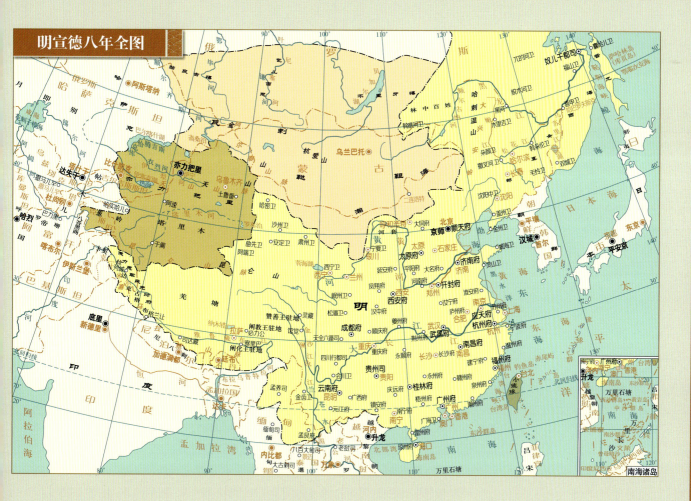

明宣德八年全图

入明朝宫廷，明太祖朱元璋将其赐给了燕王朱棣。由于郑和能力出众，办差机敏，慢慢得到朱棣的赏识。后来，朱棣当了皇帝，郑和被升为内官监太监（"郑"姓正是此时才由朱棣所赐），又被称为三保太监。

郑和下西洋最早开始于明永乐三年（公元1405年），最后在明宣德八年（公元1433年）结束，总共远航共计7次之多，历时20余年，经历了亚、非两大洲的30多个国家与地区。由于当时的明朝人对海洋的区划是以婆罗洲（今加里曼丹岛）的文莱划分，文莱以东称为东洋，以西则为西洋。当时，郑和下西洋的区域，大约属于今天的南海与印度洋。每次的远洋航行路线，都算是海上丝绸之路一条支线的开拓。

郑和下西洋发生于著名的世界地理大发现之前。当时，郑和的船队规模非常庞大，在第一次下西洋时，有大型宝船60余艘，官兵28 000余人。郑和船队包括宝船、马船、粮船、坐船、战船等多种船只，可谓当时世界上最大的船队。郑和远洋航行基本打通了中国至东非的一条海上丝绸之路，穿越亚洲与非洲的广大海域，扩大了中国同亚非各国的和平交往，发展了中国同亚、非各国经济文化的交流，可谓世界地理大发现之前，人类航海史上的一次壮举。

郑和下西洋除过少数几次出于自卫的征讨，其余皆为以和平为目的的商贸交流。郑和船队满载货物往返于海上丝路，以当时中国的丝绸、瓷器、铁器等精美手工艺品换取沿线各国的土特产，如珍珠、珊瑚、宝石、香料、麒麟（当时，误以为长颈鹿是麒麟）、狮子和鸵鸟，等等。自郑和开始下西洋以后，曾经有过友好贸易的亚非各国也基本遣使来到中国，与明朝建立外交关系并进行后续的贸易。

有学者统计，仅仅在明永乐年间，曾经有60余个国家240余次访问过明朝。这种交往后来在民间也较为频繁。当时，明朝前去南洋的人数与日俱增，甚至有一些人侨居国外，由此中国的生产技术和手工艺成品自然也带到南洋各地，对后来的南洋开发有较大的影响。

纵观史册，郑和下西洋是中国古代规模最大的海上航行，船只最多、海员最多、时间最久。其早于欧洲的航海家麦哲伦、哥伦布、达伽玛等人，堪称是"大航海时代"的先驱。有人称，郑和最早发现美洲、澳洲、南极洲。尽管郑和的远洋航行彰显了明朝的水师力量，但是，明代中国的海疆后来逐渐发生了与北部边疆几乎同样的防卫问题。

西方殖民入侵与耶稣会士传教
◀XIFANGZHIMINRUQINYUYESUHUISHICHUANJIAO▶

利玛窦

元代的《马可·波罗行纪》曾大肆渲染世界东方的繁华富庶。此书在西欧各国流传甚广。尤其在15—16世纪期间，西欧正处在资本主义原始积累时期，由于原始积累的需求，欧洲的商人、探险家们，甚至包括传教士，都很期望到被《马可·波罗行纪》中描述的富庶东方进行贸易，甚至是殖民活动，尤其当时的中国和印度被当作他们奔赴东方的两个主要目的地。

至16世纪，明廷封禁海上对外贸易，而此时正是欧洲的葡萄牙、荷兰和东亚的日本兴起海上贸易和探险的大发展时代。"大航海时代"的先驱也包括诸多明朝的民间商人，他们常常转变为走私者。

自16世纪中叶起，明朝沿海海盗已然演化为一种灾难，从山东北部到广东西部海疆，海盗肆无忌惮烧杀劫掠，明王朝一边渐渐放宽海上贸易的限制条件，一边采取强大的军事力量驱逐海盗。随后，葡萄牙人开始被允许在澳门建立商贸基地。

自从葡萄牙殖民者来到东方，西方传教士也接踵而至，这些传教士多为耶稣会士，他们来到东方是有着一定的背景的。

万历二十八年（公元1600年），有一个叫利玛窦的耶稣会士，来到北京，向当时万历皇帝奉上了耶稣的天主像、圣母像、圣经、十字架、万国地图，以及自鸣钟和西洋琴等物品。万历当时比较高兴，就将利玛窦留在北京，并赐给其房屋居住，允许设教堂传布耶稣教，且利玛窦的日常生活所需由朝廷供给。此后，利玛窦居住在北京10余年，在万历三十八年（公元1610年）病死，葬于北京阜城门外藤公栅。

利玛窦在中国传教期间，与以往耶稣教传教士们不同，开创了新的传教方式。他除了与官僚士大夫交接，取得当时皇帝支持之外，最主要的是随从当时明朝的风尚，从而大大减轻了传教的阻力。

与此同时，利玛窦及其随从传教士介绍了大量西方先进的科学技术知识，以此作为传教门径。由于这些科学知识实用，取信了当时明朝的很多士大夫阶层的人物。因此，传教取得了很大成功。

至利玛窦死时，明朝当时的肇庆、韶州、南昌、南京、北京、上海、杭州等地，均有诸多教堂，教徒约有3 000人。在明末的时候，全国主要的城市及一些地方几乎都有教堂，教徒已经超过数万人之多，甚至到了清初，人数已经猛增至近20万。

海上丝绸之路的通畅，东西方之间的诸多交流不断广泛与深入。一方面，海外进口了大量白银、新的农作物和新奇动物品种；另一方面，这些新的物品在刺激当时明朝经济发展的同时，也使明朝获得了更多的新事物和新观念，尤其是当时欧洲的科学思想通过传教士传播至明代中国，对明王朝产生了重要影响。意大利耶稣教士利玛窦，他在传播基督教的同时，传播了西方的天文历法、数学、地理学、物理学、火器制造等科学技术等方面的知识，对明代中国的科学技术的发展起到了推动作用。

虽然有着悠久历史的航海技术优势，但是，在明中后期，尤其是清代，海上丝绸之路贸易并没有得到进一步发展和繁荣，而是急转直下，以至于销声匿迹。

古代丝路余晖

清王朝的疆域形成及其治理
《QINGWANGCHAODEJIANGYUXINGCHENGJIQIZHILI》

清王朝继承了中国历代王朝传统，在清代康、雍、乾三朝百余年来的时间里，清廷经过东北雅克萨战争后，中俄签订了界约《恰克图条约》，到漠北统一与出兵青藏，再到西北的平定准噶尔，以及西南地区的改土归流等一系列政治、军事、外交方面的策略运作和国家治理，最终形成了清代全盛时的辽阔疆域，并且实施了有效统治，建立了一个统一的多民族国家。

清朝全盛时疆域十分辽阔，北起漠北和外兴安岭，南至南海东沙、中沙、南沙及西沙诸群岛，西起巴尔喀什湖与葱岭，东至库页岛和台湾，整个疆域面积超过了1 300万平方千米。

作为统一的多民族国家，清王朝针对汉族和边疆各民族的历史文化传统之较大差异，在治理过程中，创建了管理边疆事务的机构及制度。

当时，管理边疆事务的机构称为"理藩院"，管理的主要地区包括北部、西北部和西南边疆，涉及边疆地区的行政建置、社会经济、民族立法、宗教文化，等等。

清王朝统治和管理边疆地区实行的制度，可以简要总结为两个特色：一是"分而治之"，即区域性立法，依法治理；二是"因俗而治"，即力求基本不改变当地原有生产生活方式和习惯。清廷以"分而治之""因俗而治"等策略，统治辽阔疆域与治理边疆地区，其收效颇大。

在统一稳定的空间格局背景下，传统的陆地丝绸之路上，中西方之间的政治经济文化交流，在有清一代尤其是清中叶，又开始了新的繁荣期。与此同时，明代形成的较大规模海洋丝绸之路上的中西方友好交往基础，在清中叶进一步被推向新的高潮。

清朝丝路贸易的全面发展
《QINGCHAOSILUMAOYIDEQUANMIANFAZHAN》

自清康熙中期以后，伴随西欧资本主义的全球性扩张，古代中国传统对外贸易格局开始发生了深刻的变化。当时，中国对外贸易主体的三个国家分别是荷兰、俄国和英国，主要表现为以南洋贸易为中心的中荷贸易、以恰克图为中心的中俄贸易、以广州为中心的中英贸易。持续数十年甚至百年之久的中西方大宗贸易交往，不仅对当时中国社会经济由传统向现代转型发展影响深刻，而且对西方诸多层面也产生了深远的影响。

海上丝绸之路商贸的大发展

清初海禁解除之前，明末的中外贸易，主要表现为沿海商人以丝绸、瓷器等手工业品，换取西班牙和葡萄牙商人从美洲殖民地运来的大量白银。

当时，双方交易的路线主要有三条。第一条，是西班牙人从墨西哥西海岸经由太平洋到吕宋岛，然后与中国沿海商人进行交易。第二条，是西班牙人从墨西哥、巴拿马到塞维利亚、里斯本，绕过好望角，经由马六甲，抵达澳门，购买中国货，然后辗转全球其他地方进行销售。第三条，是英国和荷兰商人将西班牙的白银通过交易方式运到东南亚，购买中国商人的大宗手工艺品。

清廷为加强对外贸易的管理，曾最先在厦门、广州、云台山（今江苏连云港）、宁波等地设立了四处海关，专向出入海上的船只抽税。

康熙中期，广州开始设立"金丝行"和"洋货行"。后来，清廷为了实现国家对进出口贸易的控制，防止内外商人直接接洽逃税漏税，将"金丝行"进一步发展成为专门经营国内贸易机构，称"福潮行"，"洋货行"则改为负责对外贸易，称为"外洋行"。

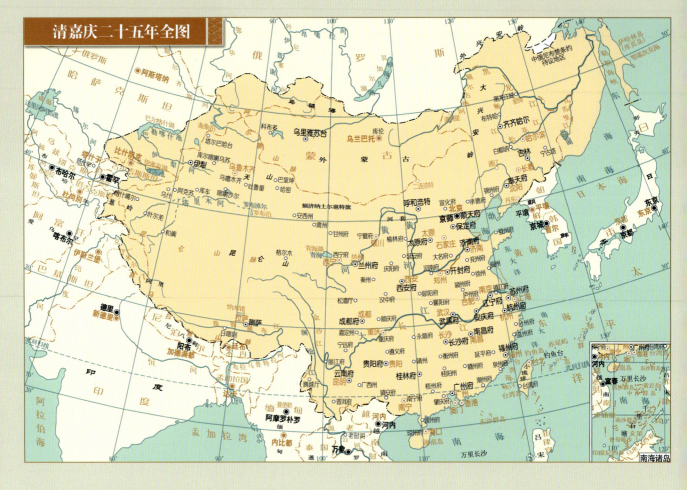

清嘉庆二十五年全图

图解 丝绸之路经济带 SICHOU ZHILU JINGJIDAI

　　清中叶全面解除海禁之后，东南亚各国、日本、琉球，以及欧洲荷兰等国的商船来华贸易者络绎不绝，输入清朝的域外商品种类空前繁多，主要包括东南亚的棉花、大米、香料、药材、金银、海参、玳瑁、珍珠、玛瑙、犀角、象牙、热带水果、珍稀禽兽等；英美等西方国家的毛料制品、洋布、玻璃镜、自鸣钟表、灯具、金属工艺品、火枪火炮等。在众多国家当时输往中国的商品中，主要是毛织品、金属器和印度棉花。清朝输出的商品种类也异常繁多，主要包括茶叶、丝绸、生丝、布匹、瓷器、漆器、陶器、铸器、铜器、锡器及其他诸多物品。在清朝出口的物品中，所占份额最大的是茶叶，其次是生丝。

　　然而，在当时中国市场上，西方国家出口的大宗毛料制品和金属制品，基本处于滞销境地，而清朝出口的商品又不断增加，致使西方国家对于清朝出现贸易逆差，其大量资本开始流入清朝，直到19世纪初，东印度公司将大量罪恶的鸦片输入中国之后，这种局势才开始出现反转。

　　清代中叶海洋丝绸之路上的中西商贸大发展，对当时中国尤其是沿江、沿海区域的传统经济格局产生

过积极影响，形成了如"蚕桑—丝织""植棉—棉织""植茶—制茶"等诸多代表性专业化生产区域，受到这些区域经济发展的带动效应，清朝内陆的一些区域，也开始出现了积极的商品经济景象。

　　然而，乾隆中后期开始，清朝启动了一系列如《防范外夷规条》等管制外商活动的制度，由此开始限制外贸，对内商出海贸易控制、对外商入华贸易的控制越来越违反经济规律，这通常称为闭关政策。此等对外贸易政策，背离了当时历史发展趋势与双方经济需求。

　　或许正因为清廷实施闭关锁国政策，致使清朝贻误了参与经济全球化的历史机遇，与西方诸多国家相比，其综合国力愈来愈弱，以至于后来无法抵御八国联军侵华，最终与大英帝国、美利坚合众国、日本帝国、俄罗斯帝国（沙俄）、法兰西第三共和国、德意志帝国、意大利王国、奥匈帝国、比利时王国、西班牙王国和尼德兰王国(荷兰）签订了赔款最多、签订方最多的丧权辱国的《辛丑条约》。

陆路丝绸之路商贸的大发展

　　在《尼布楚条约》签订之后，清廷与俄国双方之

间的贸易关系就正式确立了，这是当时最早与清廷有正式商业贸易关系的欧洲国家。在条约签订之后的三四十年时间里，清廷曾允准俄国商队每三年来北京一次贸易，还可以免税贸易80日，但每次人数不能超过200，然而，俄国商队每次的人数都多达近千人，且年年交易，致使走私商人猖獗。后来，清廷调整了贸易政策，只允许俄国的官方商队入华贸易。俄国商队当时以廉价购得毛皮绒等皮货高价出售给清廷，之后，再廉价购得清廷的丝绸、茶叶、药材等，转手之间获取巨额贸易利润。

在清朝雍正时期，清廷与俄国正式签订了《布连斯奇界约》和《恰克图条约》。此后，以恰克图为中心的中俄陆路贸易格局开始形成。当时，清廷从恰克图出口给俄国的物品主要包括丝绸、生丝、茶叶、棉布、烟草等，而茶叶的出口需求连年增加；而俄国通过恰克图出口的商品主要是毛皮。

据一些相关研究可知，此陆路通商以后，清廷与俄国之间的贸易发展迅猛，在公元1792年—公元1800年之间，贸易额增长了近70%。恰克图贸易所获

税收颇丰，曾被俄国列为八项财政预算之一。

清代中叶之后，在当时中亚、中国边疆地区与内地之间的经济需求推动下，清廷经由传统丝绸之路与中亚商贸往来甚为频繁，内地丝绸、布匹、茶叶及其他产品持续经由中国新疆，源源不断地运送至中亚。与此同时，中亚的农、畜产品及玉石等，亦被运往内地。清代中国边疆与内地的商贸活动，既加强了区域之间的联系，又促进了社会经济发展，为历史上西部边防巩固和多民族国家的统一做出了应有的贡献。

值得一提的是，在清代，新疆及内地与中亚国家之间的诸多农牧业产品贸易中，丝绸的官营贸易有着较为翔实的历史记录，彰显出当时中亚和中国之间贸易繁荣之景象。虽然在15世纪以后，伴随欧洲航海业的大发展，陆路丝绸之路古道逐渐失去了昔日的异常繁荣，但实际上，新疆地方与中亚及周围诸民族之间的经济文化交流仍然频繁往复，始终未有中断。这条在古代陆路交通史上占有重要地位的天山廊道段，仍然对东西方经济、文化交流起着重要作用。

图解
丝绸之路
经济带
TUJIE
SICHOU ZHILU
JINGJIDAI

061

世界是多元的，
文化是多样的。
丝绸之路经济带横跨的亚欧非几十个国家，
是世界上农林矿产资源丰富，古代文明彰显的重要区域。
各国历史文化背景不同，社会发展水平各异，资源环境禀赋有别，
在各自发展过程中异彩纷呈，便显出不同的优势和特色，
创造了多样的文明与辉煌，值得相互学习和借鉴。

过去，神奇而魅力无限的丝绸之路，
在促进沿线国家文化交流、经济繁荣、社会进步等方面起到了重要的促进作用。
未来，丝绸之路经济带将焕发出更大的生机和活力。

丝绸之路 _{经济带} 沿线国家

SICHOUZHILU JINGJIDAI YANXIANGUOJIA

丝绸之路经济带上的三条国际通道

草原丝绸之路

大漠丝绸之路

南方丝绸之路

① 阿拉伯联合酋长国	⑥ 阿塞拜疆
② 巴勒斯坦	⑦ 亚美尼亚
③ 以色列	⑧ 斯洛伐克
④ 黎巴嫩	⑨ 克罗地亚 ◉ 首都
⑤ 波斯尼亚和黑塞哥维那	⑩ 马其顿 ○ 重要城市

1：38 000 000

草原丝路
《CAOYUAN SILU》

古代，从中国北方出发，沿欧亚大草原西行，有一条直达欧洲的商贸大通道，这条主要由游牧民族掌控的东西交通要道，是古代东西方文明交往的重要纽带，被称为草原丝绸之路。

今天，从中国北方出发，新的中蒙俄经济走廊与新亚欧大陆桥沿着古老的草原丝绸之路向西延伸，直抵波罗的海。沿线的蒙古、俄罗斯、白俄罗斯等国积极响应，将中国的"丝绸之路经济带"战略与"草原丝绸之路（蒙古国）""欧亚经济联盟（俄罗斯）"战略对接，一条崭新的草原丝绸之路画卷已然在世人面前徐徐展开。

大漠丝路
《DAMO SILU》

古时，从中国汉唐的都城长安出发，有一条长7 000多千米，穿越欧亚大陆间广袤沙漠与崇山峻岭，最终抵达地中海沿岸国家的大通道，它是古代东西方交通贸易和文化交往的主动脉，称为沙漠绿洲丝绸之路，简称大漠丝路。

如今，"中国—中亚—西亚"经济走廊这条丝绸之路经济带的主干线，横贯中国东西，经过旧时的发源地洛阳、西安，沿河西走廊、天山廊道向西出境后，绕过里海与黑海，最终在土耳其抵达欧洲，是丝绸之路经济带中路线最长，未来参与国家最多、影响力最大的路线。

南方丝路
《NANFANG SILU》

南方丝路即古代从中国蜀地出发，经横断山脉前往身毒（近印度河流域）的古代中国与南亚、中南半岛文明间相互交往的交通要道，因多穿行于高山峡谷之间，也被称为高山峡谷丝路。

今天，我们沿着这条拥有2 000多年历史的南方丝路，勾画出中国至东南亚、南亚，南向印度洋的国际大通道，涉及中国—中南半岛、中巴和孟中缅印三条经济走廊，是丝绸之路经济带中海陆相接、人口最多、潜力最大的路线。

蒙古
■ MENGGU ■
──── 马 背 上 的 国 家 ────

历史沿革
《 LISHI YANGE 》

　　地处亚洲内陆的蒙古高原，在14世纪前，被绿汪汪的草原覆盖，喝马奶吃黄羊肉的游牧民族历来剽悍。

　　匈奴、鲜卑、柔然、突厥、契丹族的骑士，青锋出鞘，从蒙古高原直冲而下，势不可挡，成为历代中原王朝的心腹大患，中国古代的长城就是专为阻挡蒙古高原的铁骑所修建的。

　　公元13世纪，蒙古草原迎来了它新的主人。

　　蒙古乞颜部的铁木真率领他的黄金家族子孙于公元1206年统一了整个蒙古草原，建立了蒙古帝国。

　　继而在欧亚大陆上"猛虎狂啸，勇士挥刀"，纵横驰骋，先后击败西辽、花剌子模、西夏、金、南宋、俄罗斯等强国，建立起一个东起太平洋、西达黑海（鼎盛时达匈牙利）、北抵北冰洋、南至南海、面积超过2 200万平方千米的世界历史版图上的第一大帝国。

　　明朝建立后，元朝的残余势力退回塞外，史称北元，但仍然为一支不可忽视的力量。公元1388年，明太祖发起的第六次北伐，方将其彻底击败，成吉思汗的黄金部落对蒙古的统治，随着蒙古大草原的由盛而衰亦宣告结束。

　　瓦剌、鞑靼、兀良哈部相继独立，颇似蒙古大草原一块块沙漠秃斑。17世纪末，烽烟散尽，被铁蹄践踏的千疮百孔的蒙古高原被纳入清朝统治范围。

　　1911年，外蒙古在沙俄的保护下宣布"独立"，但一直未得到中国政府的认可。

　　1945年，中华民国政府与苏联签订了《中苏友好同盟条约》，按照条约，于当年10月20日进行了外蒙古的独立公投。1946年1月5日，中华民国政府承认外蒙古独立。中华人民共和国成立后，于1949年10月16日与蒙古国建立外交关系，承认"蒙古人民共和国"。

　　1992年2月"蒙古人民共和国"改国名为"蒙古国"。

国旗 呈长方形，长宽比例为2:1，由竖排的两块红色夹一块蓝色作为背景，象征着进步、繁荣与永恒的蓝天。
左边红色部分有一个黄色的"索永卜"，其中的火焰是"吉祥和兴旺的种子"，火舌、太阳和月亮三者结合代表国家昌盛，太极意味着国家和谐。
两个三角形的箭头代表着国家的武装力量，太极上下的两个长方形方块有坚持正义和忠实之意，两侧的长方形则代表了全民团结似坚不可摧的城墙。

国徽 近似圆形，宗教色彩浓厚。外环为"万字不到头"图案，头顶三宝。圆面为蓝色，中间是象征蒙古族的骏马，马上有索伦布，马下有法轮。圆周由褐色和金黄色的花纹装饰，下方配以莲花宝座。

1 : 9 700 000

草原丝路

上的中蒙俄大通道北方三国

【蒙古】
丝绸之路区位图

TUJIE
SICHOU ZHILU
JINGJIDAI

图解
丝绸之路
经济带

TUJIE
SICHOU ZHILU
JINGJIDAI

067

国家概况
《GUOJIAGAIKUANG》

　　蒙古国（英语：Mongolia），地处亚洲内陆的蒙古高原，东、南、西面与中国接壤，北面同俄罗斯为邻，陆地最西点到哈萨克斯坦的最东端只有38千米。国土面积156.65万平方千米，排名世界第19位，是仅次于哈萨克斯坦的第二大内陆国。西部、北部和中部多为山地，东部为丘陵高原，南部是面积超过国土1/3的戈壁。地势西高东低，西部阿尔泰山的辉腾峰（友谊峰）海拔4 374米，为全国海拔最高点，东部平原的呼和湖盆地海拔532米，为全国陆地最低点，全国平均海拔1 580米。降水量少，主要河流为色楞格河及其支流鄂尔浑河。

　　属于典型的温带大陆性气候，冬季漫长寒冷，夏季短暂炎热，季节变化明显。常为全球最强大的蒙古高气压所笼罩，为亚欧大陆冬季"寒潮"的发源地之一。温差较大，夏季最高气温26℃，冬季最低气温−35℃。

　　人口约312万，人口密度1.99人/平方千米，是世界人口密度最低的国家。蒙古族是国家民族构成的主体（占全国人口的95％）。其中，喀尔喀蒙古族约占全国人口的80％，少数民族主要是哈萨克、乌兹别克等突厥系民族，只占全国总人口的5％。

　　16世纪以前，蒙古人主要信仰萨满教，公元1578年，已皈依藏传佛教的蒙古草原统治者俺答汗与三世达赖喇嘛会面，邀请其派人前往蒙古传教，藏传

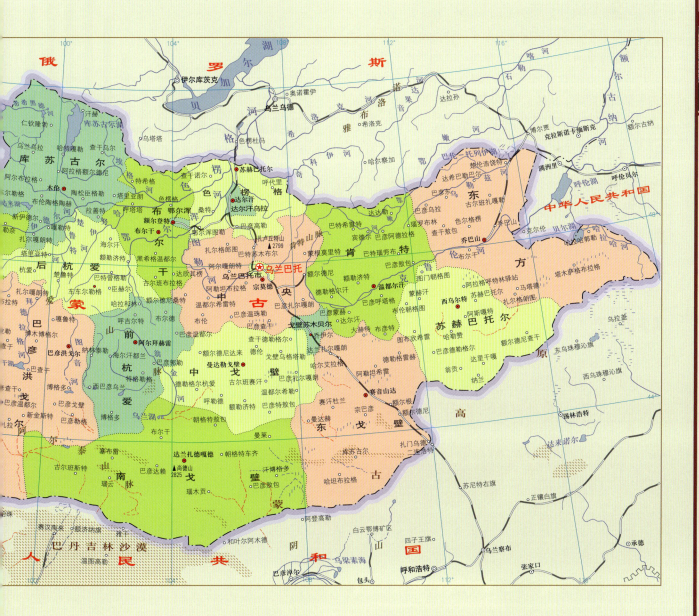

068

佛教始盛行于蒙古。如今，53%的蒙古人信仰藏传佛教，少数民族哈萨克人主要信仰伊斯兰教，还有少部分国民信仰萨满教和基督教。

行政区划上，蒙古国分为1市21省。乌兰巴托市位于北部图拉河北岸，最早是喀尔喀蒙古活佛哲布尊丹巴一世的驻地，现在是蒙古国的首都和最大的城市，居住了全国近一半的人口。其中，70%的居民低于30岁，因此，被称为"全球最年轻的城市"。

官方文字为西里尔蒙古文和回鹘式蒙古文，后者为传统蒙古文，也是中国境内蒙古族使用的主要文字。

蒙古国实行议会共和制，国家大呼拉尔（议会）是最高权力机关，总统为国家元首和武装力量统帅，政府为国家权力最高执行机关，成员由国家大呼拉尔任命。

国家实行多党制。目前，共有16个注册政党。中间偏左的蒙古人民党和中间偏右的蒙古民主党是主要政党。

资源与经济
ZIYUANYUJINGJI

畜牧业是蒙古国传统的经济支柱，素有"畜牧业王国"之称，主要饲养羊、牛、马、骆驼等，2016年的牲畜存栏数达到6 154万头，平均每个蒙古人有近20头牲畜。得益于丰富的铜、钼、锡、钨、黄金和煤炭等矿产资源，矿产采掘成为近年来蒙古国经济快速发展的主要驱动力。2011年，蒙古的经济增长率曾高达17.51%，位居世界第一。其他在GDP占比重较大的产业有服务贸易、运输、存储和地产等。2015年，蒙古国国内生产总值达到117.41亿美元，人均GDP为3967.83美元，属于中等较高收入国家。

在巩固和发展对俄、中两国关系的基础上，蒙古国政府积极发展同西方发达国家和亚洲其他国家的经贸合作，1997年加入世界贸易组织，2015年，外贸总额达到106.08亿美元。其主要出口商品为矿产品、纺织品和畜产品等，进口主要有矿产品、机器设备、食品等。主要贸易伙伴为中国、俄罗斯、欧盟、美国、韩国等。

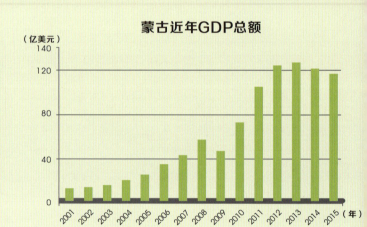

蒙古近年GDP总额
（亿美元）

■ 蒙古矿产

草原丝路 中蒙俄大通道上的北方三国

【蒙古】
丝绸之路区位图

TUJIE
SICHOU ZHILU
JINGJIDAI

与中国关系
YUZHONGGUOGUANXI

中蒙两国拥有长达4710千米的边界线，是依山傍水的友好邻邦。蒙古是最早承认中华人民共和国的国家之一，两国于1949年10月16日建立了外交关系。20世纪60年代初，两国签订了《中蒙友好互助条约》和有关边界问题的条约。60年代中后期开始，两国关系经历了一些曲折。1989年，两国和两国执政党实现了关系正常化，1994年修订《中蒙友好互助条约》，并在此基础上签订了《中蒙友好合作关系条约》，双方在政治、经济、文化、教育、军事等各个领域的合作不断得到巩固和发展。近年来，两国互利合作不断扩大，2016年前三季度,蒙古向中国出口27.41亿美元，占其出口总额的82.26%。自中国进口8.21亿美元，占其进口总额的33.52%。中国已连续多年成为蒙古国最大的贸易伙伴和投资国。

■ 商品出口贸易（2015）

■ 出口中国的商品占本国商品出口总额的8.6%　　■ 出口俄罗斯的商品占本国商品出口总额的3.9%

■ 出口欧盟的商品占本国商品出口总额的2.3%　　■ 出口瑞士的商品占本国商品出口总额的1.6%

■ 商品进口贸易（2015）

■ 进口中国的商品占本国商品进口总额的35.8%　　■ 进口俄罗斯的商品占本国商品进口总额的26.9%

■ 进口欧盟的商品占本国商品进口总额的9.8%　　■ 进口日本的商品占本国商品进口总额的7.2%

交通与旅游
◀ J I A O T O N G Y U L Ü Y O U ▶

蒙古国为内陆国，没有出海口，交通系统由铁路、公路、航空和河运网络组成。

铁路和公路构成了交通网络的核心。

铁路通车里程1 815千米，担负着90%以上的货物运输和近四成的客运任务。

从首都乌拉巴托出发，有前往莫斯科、北京、呼和浩特等城市的国际列车。

蒙古国铁轨使用与俄罗斯1 520毫米宽轨相同的标准，与中国1 435毫米的标准轨不同，所以来往中蒙两国的列车需在边境停留几个小时调整轨距。

公路总长约49 250千米。其中，很多草原和戈壁公路只有路基，没有铺设柏油。

蒙古国有44个机场。其中一些具备国际通航条件，最重要的国际机场是位于首都乌兰巴托中心20千米的成吉思汗国际机场，从这里出发有前往中国、韩国、泰国、日本、俄罗斯、德国、吉尔吉斯斯坦、土耳其等国的国际航线。

MIAT蒙古航空公司主要经营国际航线，其他一些小的航空公司如Hunnu和Aero则主要经营国内地方航线。

蒙古国草原风情独特，自然风光壮美，旅游资源丰富，境内有三处世界遗产，主要旅游点有哈尔和林古都、库苏古尔湖、特列尔吉旅游点、成吉思汗旅游点、南戈壁、东戈壁和阿尔泰狩猎区等。

但是，由于地处亚洲内陆，交通不便，入境旅游人数和收入不高，2013年入境旅游人数仅有41.8万人，入境旅游收入2.8亿美元。

大不儿罕合勒敦山及其周围的神圣景观

肯特山脉位于蒙古的东北部，辽阔的中亚草原和西伯利亚针叶林在此汇聚，形成了大不儿罕合勒敦山的独特风貌。

在蒙古人眼中，大不儿罕合勒敦山的山脉、河流和敖包（萨满石堆）是神圣的，当地的祭奠仪式融合了古老的萨满教和佛教的教义。

相传，这里还是成吉思汗出生和埋葬的地方，人们愿意相信大不儿罕合勒敦山见证着成吉思汗为统一民族而作出的巨大贡献。长久以来，蒙古人敬仰崇拜大不儿罕合勒敦山，使其成为民族统一精神的象征。

那达慕

蒙古族传统的体育竞技节日，由传统敖包祭拜发展而来，一般于每年七八月间举行。

早期的那达慕大会有摔跤、射箭和骑马三个项目，现在加入赛布鲁、套马等其他民族传统项目，以及蒙古长调、马头琴表演等文化活动，成为整个蒙古的狂欢节。

规模最大的那达慕大会为每年7月11—13日在乌兰巴托举行的国庆伊赫那达慕大会。此时也是每年前往蒙古旅游的黄金期。

草原丝路
上的中蒙俄大通道北方三国

【蒙古】
丝绸之路区位图
TUJIE SICHOU ZHILU JINGJIDAI

图解
丝绸之路
经济带
TUJIE SICHOU ZHILU JINGJIDAI

071▷

乌布苏盆地

横跨蒙古国乌布苏省、扎布汗省、库苏古尔省与俄罗斯图瓦共和国的乌布苏盆地，得名于乌布苏湖，面积1 068 853公顷，是中亚最北部的封闭性盆地。乌布苏盆地拥有亚欧大陆东部的主要生物群系，西伯利亚大草原生态系统为各种各样的鸟类提供了栖息地，沙漠地区里生活着许多珍稀动物。例如，沙鼠、跳鼠和石纹臭鼬。而山区地带则是一些世界濒危动物的避难所。比如，雪豹、高山山羊（盘羊）和亚洲野生山羊。因其多元的生态系统和众多的生物资源，2003年作为自然遗产列入《世界遗产名录》。

■ 世界遗产分布图

乌布苏盆地
阿尔泰山脉岩画群
科布多
自然保护区
阿尔泰
巴彦洪戈尔
乌兰固木
鄂尔浑河峡谷文化景观
木伦
鄂尔登特
布尔干
达尔汗
苏赫巴托尔
★乌兰巴托
乔巴山
贝尔湖
温都尔汗
西乌尔特
阿尔拜赫雷
曼达勒戈壁
赛音山达
达兰扎德嘎德
自然保护区

阿尔泰山脉岩画群 ▲

在蒙古国境内阿尔泰山脉三处遗址发现的大量石刻遗迹与随葬的纪念碑，展现了12000多年来人类文化在蒙古国的发展。最早的岩画表明这一时期（公元前11000—公元前6000年），该地区还部分覆盖着森林，此处的山谷为猎人提供了大型狩猎的场所。其后，阿尔泰山地景观，据推断，已经变为今天的山地草原，这一时期的岩画表明放牧逐渐成为主导的生活方式。最晚期的岩画作于公元前1000年早期及斯基泰时期与后突厥汗国时期（公元7—8世纪），展示了此处的生活方式向马上游牧生活的过渡。这些岩刻为我们了解北亚地区的史前社会提供了富有价值的史料。

鄂尔浑峡谷文化景观 ▲

曾经是13—14世纪蒙古帝国的首都所在的鄂尔浑峡谷见证了蒙古帝国几个重要的历史阶段，也清楚地反映出游牧生活、游牧民族社会与管理和宗教中心的共生关联性，展现出鄂尔浑峡谷在中亚历史上的重要性。该遗产占地121 967公顷，包括鄂尔浑河两岸辽阔的牧地，与可追溯到公元6世纪的考古遗迹群，这里至今仍是蒙古游牧民族的放牧地。

俄罗斯
■ELUOSI■
———— 领 土 之 王 ————

历史沿革
◀LISHI YANGE▶

彼得大帝

列宁

　　俄罗斯人的祖先是最先生活在俄罗斯草原的东斯拉夫人。公元8世纪，东欧平原上形成了两个东斯拉夫部落联盟——北方的洛夫哥罗德和南方的基辅。公元862年，洛夫哥罗德内乱，来自北欧瓦良格部落的首领留里克趁势而入，建立了俄罗斯历史上伟大的留里克王朝。公元882年，留里克的继任者奥列格沿第聂伯河南下，攻占基辅，并将国家的中心迁至基辅，建立了基辅罗斯国家。留里克王朝开疆拓土的历史一直持续到13世纪，挡住俄罗斯人前进步伐的是东方战斗力更强的成吉思汗和他所统治的蒙古帝国。公元1235年，蒙古人派出一支会集贵族长子的15万人的"长子军"西征，一路所向披靡，相继攻占弗拉基米尔、基辅，侵入波兰、捷克、匈牙利、克罗地亚，最终定都萨莱，开始了金帐汗国对俄罗斯200多年的统治。

　　公元14世纪，莫斯科公国崛起。此后的一个世纪，莫斯科公国陆续完成对周边公国的统一，并于1378年开始反抗金帐汗国的斗争。公元1547年1月16日，伊凡四世在克林姆宫举行隆重的加冕仪式，成为俄国第一任皇帝，自称为"沙皇"。伊凡四世在位期间，俄罗斯人发起了一系列对外扩张的战争，先后消灭了喀山汗国、大诺盖汗国和西伯利亚汗国，消除了鞑靼人对俄罗斯的威胁，也打开了俄罗斯向东扩张的大门。伊凡四世死后，俄罗斯陷入沙皇继承人的纷争中。公元1613年，米哈伊尔·诺曼罗夫在"缙绅会议"上被推选为新任沙皇，并于当年2月27日正式加冕，开始了诺曼罗夫王朝对俄国300年的统治。

　　17世纪上半叶，俄罗斯版图不断向东扩张，在控制了整个西伯利亚后，俄国人谢苗·杰日诺夫探险队首次穿越白令海峡，将俄国人带到北美洲阿拉斯加的土地上。向西，俄罗斯通过对波兰公元1654—公元1667年间的战争占有了乌克兰。公元1689年8月，俄罗斯历史上最伟大的帝王彼得一世亲政，他锐意改革，通过建立新式海军和陆军，大力发展工业，制定新的法律和制度，使俄国国力快速提升。公元1700年，彼得一世开始旨在获得波罗的海出海口的北方战争。为获取战争的胜利，他甚至将首都从莫斯科迁往更靠近战争前线的圣彼得堡，并最终在公元1721年取得决定性胜利，获得爱沙尼亚、拉脱维亚等波罗的海沿岸地区和里加、塔林两个港口。从此，俄罗斯由一个地处亚欧腹地的内陆大国一跃成为一个面向欧洲的海上强国。17—19世纪，俄国还在远东从腐朽的清王朝手中豪夺了100多万平方千米的领土，获得面向太平洋的出海口。

　　此后的叶卡捷琳娜女皇和亚历山大一世进一步提升了俄罗斯的实力和声望，特别是公元1812年获得对法卫国战争的胜利后，俄罗斯在欧洲的威望达到了顶点，成为维护欧洲秩序的宪兵。19世纪时，俄罗斯已发展成为一个南起黑海、北至北冰洋、西始波罗的海、东达阿拉斯加，横跨欧亚美三大洲，国土面积2 280万平方千米的世界帝国。

　　但迟缓的工业革命步伐和日俄战争、第一次世界大战中的失败，使得诺曼诺夫王朝逐渐走向灭亡。1917年3月2日，尼古拉二世签署退位诏书，具有资产阶级民主革命性质的二月革命取得了胜利，俄罗斯共和国成立。同年，列宁领导下的布尔什维克发动了著名的"十月革命"，建立了世界上第一个社会主义国家——俄罗斯苏维埃联邦社会主义共和国。1922年12月30日，俄罗斯联邦、乌克兰、白俄罗斯和外高加索联邦共同成立苏维埃社会主义共和国联盟，简称苏联，1956年扩充到15个联盟国。

　　苏联曾为第二次世界大战胜利做出巨大贡献，在经济、军事、科技、文化领域都曾取得重大成绩，一度成为能与美国抗衡的超级大国。但二十世纪七八十年代，苏联在一系列政策上的失误，最终导致国家于1991年12月26日解体，俄罗斯继承了苏联绝大部分遗产。1993年12月12日，俄罗斯宪法获全民投票通过，规定国家名称为"俄罗斯联邦"。

草原丝路

上的北方三国

中蒙俄大通道

TUJIE SICHOU ZHILU JINGJIDAI

【俄罗斯】
丝绸之路区位图

新西伯利亚 莫斯科【俄罗斯】 明斯克 阿斯塔纳 伊尔库茨克 赤塔 满洲里 哈尔滨 安卡拉 阿什哈巴德 比什凯克 霍尔果斯 乌鲁木齐 乌兰巴托 二连浩特 哈尔滨 符拉迪沃斯托克(海参崴) 大马士革 塔什干 塔什干 喀什 呼和浩特 北京 青岛 巴格达 德黑兰 喀布尔 伊斯兰堡 格尔木 西宁 兰州 西安 上海 瓜达尔港 加德满都 拉萨 昆明 南宁 广州 福州 卡拉奇 达卡 内比都 河内 万象 孟买 曼谷 金边 吉隆坡 新加坡

图解 丝绸之路 经济带

073

国家概况
‹GUOJIA GAIKUANG›

俄罗斯联邦（英语：The Russian Federation），简称俄罗斯。位于亚欧大陆北部，东西长9 000千米，横亘11个时区，南北宽4 000千米，跨越4个气候带，国土面积达到17 098 242平方千米，占地球陆地面积的1/9，是世界国土面积最大的国家。

俄罗斯有14个陆上邻国，西北面有挪威、芬兰，西面有爱沙尼亚、拉脱维亚、立陶宛、波兰、白俄罗斯，西南面是乌克兰，南面有格鲁吉亚、阿塞拜疆、哈萨克斯坦，东南面有中国、蒙古和朝鲜，另有两个只有俄罗斯承认的国家阿布哈兹和南奥塞梯。

东西北三个方向上分别濒临太平洋、大西洋、北冰洋，向南亦有通过黑海前往地中海的出海口，海岸线总长33 807千米。

地形以平原和高原为主，地势东南高，西北低。境内的乌拉尔山、乌拉尔河和高加索山脉是亚欧两大洲的分界线。

伏尔加河是欧洲第一长河；贝加尔湖是世界最深、储藏淡水量最大的湖泊，2015年总容积23 600立方千米，占全球淡水总量的1/5。

大部分地区处于北温带，以大陆性气候为主，北部部分国土处于北极圈之内，属寒带气候。温差较大，1月气温平均为–5℃~ –40℃，7月气温平均为11℃~27℃，年降水量平均为150~1 000毫米。

人口约1.46亿，人口总数位列世界第9，由于土地辽阔，每平方千米土地上只有8.5人，排名世界217位。

俄罗斯是一个多民族国家，共有194个民族。其中，俄罗斯族占人口总数的77.7%，构成了国家的主体民族，主要少数民族有鞑靼、乌克兰、巴什基尔、楚瓦什、车臣、亚美尼亚、阿瓦尔、摩尔多瓦、哈萨克、阿塞拜疆、白俄罗斯等。

主要宗教为东正教，约50%~53%的俄民众信奉；其他宗教有伊斯兰教、基督教和佛教。伊斯兰教在俄发展势头迅猛，以目前增长速度计算，2020年，

穆斯林人口将增加至总人口的20%。

俄语属于斯拉夫语族的东斯拉夫语支，是俄罗斯国家唯一的官方语言，主要在俄罗斯和独联体其他成员国中使用。

俄罗斯目前由85个不同的联邦主体构成，包括21个自治共和国、8个边疆区、48个州、4个民族自治区、1个自治州、3个联邦直辖市。

其中，由乌克兰危机产生的克里米亚共和国和塞瓦斯托波尔直辖市未得到国际社会普遍承认，很多国家仍将其视为乌克兰领土。

国家实行的是联邦民主制，总统是国家元首，拥有很大行政权。同时，也是国家武装部队首脑和国家安全会议的主席，可以不经议会通过直接颁布法令，任期六年，连任不可超过两次，现任总统为2012年选举胜出的普京。

俄罗斯联邦会议（议会）实行两院制，由联邦委员会（上院）和国家杜马（下院）组成，是俄罗斯联邦的代表与立法机关。

政府是最高国家执行权力机关，2012年5月8日普京签署总统令，任命梅德韦杰夫为政府总理。

实行多党制，普京领导的统一俄罗斯党在杜马中占绝对优势，其他政党包括俄罗斯共产党、俄罗斯自由民主党、公正俄罗斯党、亚博卢联盟、右翼力量联盟等。

俄罗斯是传统的军事强国，在苏联时期，军事力量达到巅峰，冷战时是唯一能与美国匹敌的超级军事大国。苏联解体后，俄罗斯继承了苏联80%的军事力量和60%的军事工业。其中包括世界最大的核武器库，1艘航母、5艘巡洋舰、18艘驱逐舰、64艘潜艇和1 400多架飞机在内的先进装备，以及苏霍伊和米格设计局、"红宝石"中央设计局、莫洛佐夫设计局和乌拉尔机车车辆厂等世界著名的武器设计机构和工厂，武器出口和整体军事实力依然仅次于美国，排名世界第二位。

图解
丝绸之路
经济带

①摩尔曼斯克州	⑪卡卢加州	㉑基洛夫州	㉛萨马拉州	北奥塞梯-阿兰共和国	㊶库尔干州
②列宁格勒州	⑫图拉州	㉒伊万诺沃州	㉜伏尔加格勒州	车臣共和国	鄂木斯克州
③加里宁格勒州	⑬梁赞州	㉓下诺夫哥罗德州	㉝阿斯特拉罕州	印古什共和国	新西伯利亚州
④普斯科夫州	⑭布良斯克州	㉔马里埃尔共和国	㉞卡尔梅克共和国	达吉斯坦共和国	克麦罗沃州
⑤诺夫哥罗德州	⑮奥廖尔州	㉕楚瓦什共和国	㉟阿迪格共和国	乌德穆尔特共和国	哈卡斯共和国
⑥特维尔州	⑯利佩茨克州	㉖莫尔多瓦共和国	㊱克拉斯诺达尔边疆区	鞑靼斯坦共和国	阿尔泰共和国
⑦雅罗斯拉夫尔州	⑰库尔斯克州	㉗乌里扬诺夫斯克州	㊲斯塔夫罗波尔边疆区	巴什科尔托斯坦共和国	犹太自治州
⑧莫斯科州	⑱别尔哥罗德州	㉘奔萨州	㊳阿迪格共和国	奥伦堡州	莫斯科直辖市
⑨弗拉基米尔州	⑲沃罗涅日州	㉙坦波夫州	㊴卡拉恰伊-切尔克斯共和国	斯维尔德洛夫斯克州	圣彼得堡直辖市
⑩斯摩棱斯克州	⑳科斯特罗马州	㉚萨拉托夫州	㊵卡巴尔达-巴尔卡尔共和国	车里雅宾斯克州	

草原丝路
中蒙俄大通道
上的北方三国

TUJIE
SICHOU ZHILU
JINGJIDAI

【俄罗斯】
丝绸之路区位图

图解
丝绸之路
经济带

SICHOU ZHILU
JINGJIDAI

075 ›

1 : 20 360 000

资源与经济
◀ Z I Y U A N Y U J I N G J I ▶

俄罗斯资源丰富，木材蓄积量821亿立方米，居世界第一位。天然气已探明蕴藏量为48万亿立方米，占世界探明储量的35%，居世界第一位。石油探明储量109亿吨，占世界探明储量的13%。煤蕴藏量2016亿吨，居世界第二位。铁蕴藏量556亿吨，居世界第一位，约占30%。铝蕴藏量4亿吨，居世界第二位。铀蕴藏量占世界探明储量的14%，黄金储量1.42万吨，分居世界第四和第五位。

此外，俄还拥有占世界探明储量65%的磷灰石和30%的镍、锡、锰、铜、铅、锌、钴、钒、钛、铬的储量，均名列世界前茅。已开采的矿物囊括了门捷列夫元素周期表上所列的全部元素，已经探明的资源储量约为30万亿美元，占世界资源总量的21%，所有自然资源总价值达到300万亿美元，是当之无愧的全球第一资源大国。

苏联曾经是世界第二经济强国，工业、科技基础雄厚。苏联解体后，俄罗斯继承了大部分苏联经济的遗产。但是，计划经济向市场经济的转型所带来的社会动荡、政权不稳和分配不公，使俄罗斯经济经历了连续五年的快速衰退。1998年的财政危机又导致卢布贬值、债务加剧，人民生活水平严重下滑。但是，凭借良好的工业基础和较高的资源价格，俄罗斯经济在1999年后复苏，2015年，经济总量达到13 659亿美元，人均GDP达到9 329美元，属于中高收入国家。俄罗斯经济十分依赖天然资源的出口，石油、天然气、金属，以及木材等自然资源占到总出口80%以上，国际市场资源价格的变化和金融体系动荡对俄罗斯经济影响巨大。2008年，全球金融危机和国际油价暴跌，2014年，国际原油价格下跌和西方制裁，都造成了卢布大幅贬值、资本加速外逃的局面。其主要进口商品是机械设备和交通工具、食品和农业原料产品、化工品和橡胶、金属和其制品、纺织服装类商品等。

俄罗斯工业发达，尤以重工业突出，机械、钢铁、冶金、石油、天然气、煤炭、森林工业及化工等为主，核工业和航空航天业占世界重要地位。但工业结构不合理，轻、重工业比例失调，轻工业发展缓慢。

■ 俄罗斯矿产

■ 圣彼得堡工业区：这里的石油化工、造船、电子、造纸和航空等工业十分发达，也是俄罗斯食品和纺织工业最发达的地区。

■ 莫斯科工业区：这里是俄罗斯工业最发达的地区，主要有钢铁、汽车、飞机、火箭和电子等工业部门。

■ 乌拉尔工业区：这里主要生产石油、钢铁、机械等产品。

■ 新西伯利亚工业区：这里主要生产煤炭、石油、天然气、电力、钢铁等产品。

俄罗斯近年GDP总额

（亿美元）

商品出口贸易（2015）

- 出口欧盟的商品占本国商品出口总额的39.8%
- 出口中国的商品占本国商品出口总额的8.2%
- 出口日本的商品占本国商品出口总额的4.2%
- 出口哈萨克斯坦的商品占本国商品出口总额的3.8%

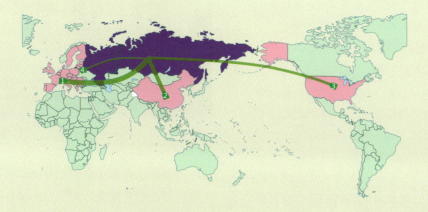

商品进口贸易（2015）

- 进口欧盟的商品占本国商品进口总额的35.8%
- 进口中国的商品占本国商品进口总额的19.3%
- 进口美国的商品占本国商品进口总额的6.3%
- 进口白俄罗斯的商品占本国商品进口总额的4.4%

与中国关系
《 YUZHONGGUOGUANXI 》

　　苏联解体后，俄罗斯继承了苏联与中国的外交关系，两国于1991年12月27日正式建交。两个曾经交恶的大国关系不断改善，从1992年两国"相互视为友好国家"，到1994年宣布建立"建设性伙伴关系"，再到1996年确立"战略协作伙伴关系"，直至2001年签署《中华人民共和国和俄罗斯联邦睦邻友好合作条约》，中俄关系连续上了四个台阶。

　　2008年，两国彻底解决了历史遗留的边界问题，为两国战略协作伙伴关系的深入发展奠定了良好的基础。俄罗斯还积极响应中国提出的丝绸之路经济带倡议，2015年5月8日，双方在莫斯科发表《中华人民共和国与俄罗斯联邦关于丝绸之路经济带建设和欧亚经济联盟建设对接合作的联合声明》，确认俄方愿与中方密切合作，推动落实丝绸之路经济带的倡议。

　　中俄两国互为最大邻国，经济互补性强，在两国关系稳步发展的背景下，双边经贸合作发展迅速，中国已连续多年保持俄罗斯第一大贸易伙伴国的地位。

　　2016年，双边贸易额达到695.3亿美元，能源、科技、通信、金融、交通是双方合作的重点领域。

交通与旅游
《JIAOTONGYULÜYOU》

俄罗斯的交通以铁路和航空为主，由于人口和经济分布的不均衡，交通网络呈现出西部稠密、中东部稀疏的格局。

铁路总长度居世界第二位，是铁路运输量最大的国家之一。电气化铁路里程曾长期居世界首位，直到2012年才被中国超越。第二大城市圣彼得堡与太平洋西岸港口苏维埃港间的铁路为世界上最长的铁路线。首都莫斯科是欧洲铁路的重要枢纽。

由于国土辽阔，航空成为俄罗斯重要的交通方式，全国主要城市间均有往返航班。首都莫斯科有三个国际机场，是世界重要的航空港，中国北京、上海、广州、乌鲁木齐、天津、杭州等城市都有直飞莫斯科的航班。

内河航运主要集中在世界第一大内流河伏尔加河上。海港则集中在大西洋和太平洋沿岸，包括圣彼得堡、加里宁格勒、摩尔曼斯克、符拉迪沃斯托克、苏维埃港等。近年来，随着全球气候不断变暖，北极航线开通时间越来越长，北冰洋沿岸港口的地位日趋重要。

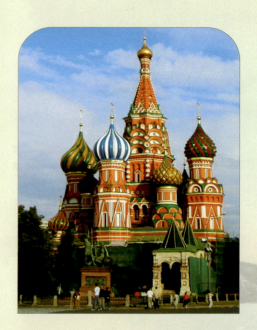

莫斯科克林姆林宫与红场 ▲

俄罗斯旅游资源丰富，拥有得天独厚的自然景观和底蕴丰富的文化遗存，境内有贝加尔湖、金山—阿尔泰山等景色壮美的世界自然遗产10处，莫斯科克林姆林宫与红场、圣彼得堡历史中心及其相关古迹群等世界文化遗产16处。普希金、列夫·托尔斯泰、高尔基、柴可夫斯基、列维坦、列宾等大师们在文学、音乐和绘画领域的成就，早已把俄罗斯美丽的形象传遍全球，20世纪红色革命的遗迹更是吸引着数以万计的游客前往旅游。在莫斯科红场上漫步，前往圣彼得堡看一场马林斯基剧院上演的《天鹅湖》，沿着贝加尔湖畔的步道在亚寒带针叶林中穿行，品尝最地道的俄罗斯大餐，在伊斯马伊洛沃市场购买俄罗斯套娃，成为不可或缺的俄罗斯旅游体验。

由俄罗斯和外国建筑家于14—17世纪共同修建的克里姆林宫，作为沙皇的住宅和宗教中心，与13世纪以来俄罗斯所有重要的历史事件和政治事件密不可分。在红场防御城墙下坐落着俄罗斯传统艺术的骄傲——圣瓦西里教堂。

【俄罗斯】
丝绸之路区位图

圣彼得堡历史中心 ▶

圣彼得堡以其无数的河道和400多座桥梁，被誉为"北方威尼斯"，是彼得大帝实施的宏大城市规划的重要成果。此地与十月革命密切相关，曾改名为列宁格勒。

其截然不同的巴洛克式建筑风格和纯古典式建筑风格极其和谐，经典建筑遗产为海军部、冬宫、大理石宫，以及爱尔米塔什博物馆等。

■ 世界遗产分布图

◀ 贝加尔湖

位于西伯利亚东南部，占地315万公顷，是世界历史最悠久（2500万年）且最深（1 700米）的湖泊。它拥有全球地表不冻淡水资源的20%，享有"俄国的加拉帕戈斯"之誉。由于年代久远和人迹罕至，贝加尔湖成为拥有世界上种类最多和最稀有的淡水动物群的地区之一，而这一动物群对于进化科学具有不可估量的价值。

白俄罗斯
■ BAIELUOSI ■
—— 东欧明珠 ——

历史沿革
《 LISHI YANGE 》

白俄罗斯人是东斯拉夫族的一支，最早可追溯到公元初居住在第聂伯河中游的维亚季奇人。公元862年，波洛茨克城堡在白俄罗斯土地上建成，随后的几个世纪中，以该城堡为中心逐渐形成波洛茨克公国。13世纪上半叶，白俄罗斯语言文字形成，公元1135年，白俄罗斯即"白色罗斯"一词始见于编年史。13世纪中期以后，白俄罗斯陷入立陶宛、波兰及俄国的影响及争夺之下，先后归属立陶宛大公国和立陶宛－波兰王国等，18世纪起并入俄罗斯帝国。1918年3月，亲德的白俄罗斯全体会议执行委员会在德占区宣布成立白俄罗斯人民共和国，但当德军撤退后，这个共和政体很快地就被推翻了。1919年1月，白俄罗斯苏维埃社会主义共和国成立，并于1922年12月30日与俄罗斯联邦、外高加索联邦、乌克兰一道成立苏维埃社会主义共和国联盟（苏联）。

1941年，苏德战争爆发，白俄罗斯被德国军队占领长达四年时间，国民经济遭受重大打击。1944年6月，苏军解放了白俄罗斯，白俄罗斯重归苏联大家庭，战后经济迅速恢复。第二次世界大战是白俄罗斯历史中浓墨重彩的一页，漫步于首都明斯克街头，随处可见二战的纪念建筑，整个国家的记忆是直接与战争相连的。但白俄罗斯人对于那场战争的记忆不完全是苦痛，还有付出巨大牺牲后获取胜利的荣耀和自豪，时至今日，年轻人结婚还保留有到纪念碑前献花的风俗。由于战后德国政府良好的认罪态度和两国长期稳定的双边关系，白俄罗斯人对德国态度友好，很多年轻人还渴望前往德国学习、工作，成为两国间战后关系处理的典范。

20世纪末，随着苏联的解体，白俄罗斯也逐步走上独立发展的道路。1990年7月27日，白俄罗斯最高苏维埃通过国家主权宣言。1991年12月8日，废除1922年加入苏联时签订的条约，12月19日，改名为白俄罗斯共和国，简称白俄罗斯。

国家概况
《 GUOJIA GAIKUANG 》

白俄罗斯共和国（英文：The Republic of Belarus），简称白俄罗斯，意为"纯的罗斯人"，显示比俄罗斯和乌克兰保留有更纯的古斯拉夫人的血统和特点。白俄罗斯地处东欧平原西部，欧洲中心位置，是一个内陆国家，东与俄罗斯相邻，北方与拉脱维亚和立陶宛交界，西面与波兰毗邻，南与乌克兰接壤，国土面积20.76万平方千米。境内地势低平、多湿地，平均海拔高度160米，全国海拔最高处达345米。全境大小河流2万多条，总长9.06万千米。主要河流有第聂伯河、普里皮亚季河、西德维纳河、涅曼河和索日河。湖泊1万个，总面积达2 000平方千米，最大的纳拉奇湖面积为79.6平方千米，享有"万湖之国"美誉。以距波罗的海的远近不同而分属大陆性和海洋性两种气候，境内温和较湿润，年降水量为550～700毫米，1月平均气温-6℃，7月平均气温18℃。

总人口950.5万，有100多个民族。其中，白俄罗斯族占81.2%，俄罗斯族占11.4%，波兰族占3.9%，乌克兰族占2.4%，犹太族占0.3%，其他民族占0.8%。白俄罗斯以俄语为国家官方语言。70%以上的民众信仰东正教，西北部一些地区信奉天主教及东正教与天主教的合并教派。

国家实行总统制和三权分立，总统为国家元首和武装力量总司令，议会称为国民会议，由共和国院（上院）和代表院（下院）组成。没有执政党，国民议会选举不按党派而按选区原则分配名额，因而在白议会中没有固定的议会党团，政党在社会政治生活中影响有限。总统卢卡申科自1994年上任以来，已连续执政20余年，成为世界连续执政时间最长的民选总统之一，保证了国家政治的长期稳定。

【白俄罗斯】
丝绸之路区位图

国旗 呈长方形，长宽比为2:1。旗面上半部为红色宽条，代表击败侵略者的白俄罗斯军团之旗帜，象征光荣的过去；下半部为绿色窄条，代表森林与田地，象征欣欣向荣的大地与美好的明天。旗面左侧的红白花纹竖条体现民族特色，左边绿色花纹代表民族的传统文化与精神的延续，以及人民的团结一致。

国徽 呈圆形，正中心是白俄罗斯的版图，被朝阳光芒包围，两侧被衬托着鲜花的小麦秸秆所包围，顶部是一颗红色五角星，萦绕着小麦秸秆的是一道长长的彩带，彩带正中用白俄罗斯文书写着"白俄罗斯共和国"国名。国徽象征白俄罗斯人辛勤劳动建设家园、正义的胜利以及傲立于世界民族之林的信心。

图解 丝绸之路经济带

081

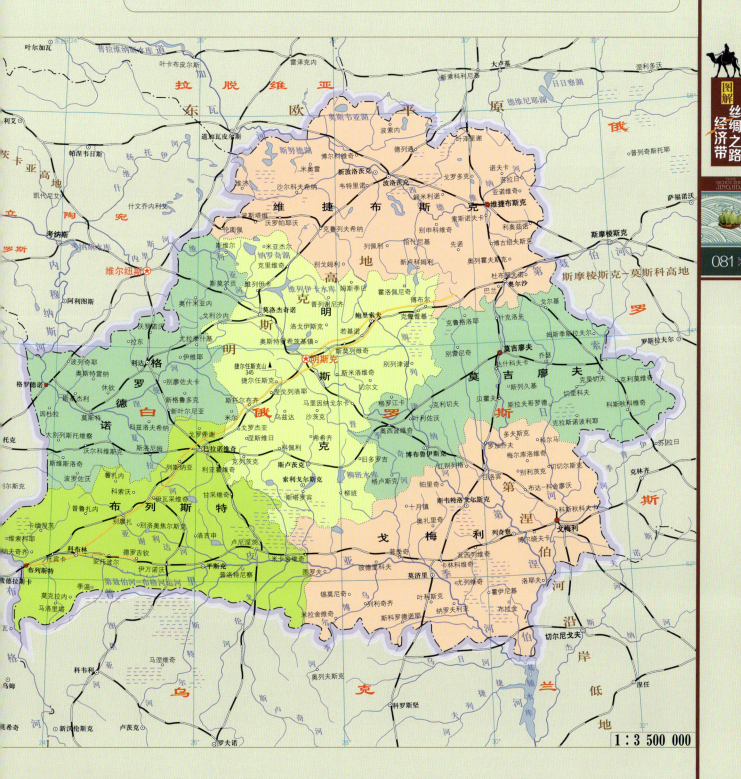

1:3 500 000

资源与经济
◆ZIYUANYUJINGJI▶

白俄罗斯自然资源种类较多，最重要的是石油，伴生天然气，泥炭、褐煤、易燃板岩、钾盐、石盐和各种建材原料，其中钾盐储量居世界前三，每年钾肥产量占到全球总产量的15%，出口超过全球总量的16%。

此外，还拥有近800万公顷的森林，覆盖率为39%，木材储量约10.93亿立方米。

白俄罗斯经济基础较好，机械制造业、冶金加工业、机床、电子及激光技术比较先进；农业和畜牧业较发达，马铃薯、甜菜和亚麻等产量在独联体国家中居于前列。但苏联解体和错误的经济政策对白俄罗斯经济冲击巨大，直至1996年，经济才恢复增长。2002年3月，卢卡申科提出"白俄罗斯发展模式"，推行渐进改革，摒弃全盘私有化和休克疗法，建立可调控的市场经济体系，加强社会保障。

此后10年，白俄罗斯经济保持高速增长势头。2016年，白俄罗斯国内生产总值达到546.09亿美元，人均GDP为5 754.6美元，属于中高等收入国家。

白俄罗斯主要贸易伙伴为俄罗斯、乌克兰、中国、哈萨克斯坦、美国，以及欧盟等。2015年，对外贸易额654.5亿美元，其中出口327.8亿，进口326.7亿美元。进出口产品的类型相似，主要为矿产品、机械设备和交通运输工具、化工产品和橡胶、黑色金属及制品、食品及农副产品等。

■ 商品出口贸易(2015)

- 出口俄罗斯的商品占本国商品出口总额的38.3%
- 出口欧盟的商品占本国商品出口总额的32.3%
- 出口乌克兰的商品占本国商品出口总额的9.5%
- 出口中国的商品占本国商品出口总额的2.9%

■ 商品进口贸易(2015)

- 进口俄罗斯的商品占本国商品进口总额的56.3%
- 进口欧盟的商品占本国商品进口总额的19.2%
- 进口中国的商品占本国商品进口总额的6.9%
- 进口乌克兰的商品占本国商品进口总额的3.2%

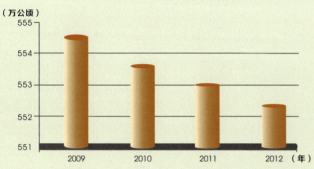

【白俄罗斯】
丝绸之路区位图

083

与中国关系

《YUZHONGGUOGUANXI》

中白两国于1992年1月20日建立外交关系，之后两国关系发展顺利，高层交往频繁。

2013年7月，白俄罗斯总统卢卡申科访华，两国元首签署联合声明，宣布中白建立全面战略伙伴关系。2016年，双边贸易额达到15.24亿美元，中国已发展成为白俄罗斯第三大贸易伙伴，也是其在亚洲最大的贸易伙伴。

2014年12月22日，中白两国签署了《中国商务部和白俄罗斯经济部关于共建"丝绸之路经济带"合作议定书》，双方还合作建设了中国最大的海外工业园区——占地90多平方千米的中国—白俄罗斯工业园，白俄罗斯已经成为丝绸之路经济带向欧洲延伸的桥头堡。

中国－白俄罗斯工业园（简称：中白工业园）位于白俄罗斯首都明斯克近郊的斯莫列维奇区，距市区仅25千米，是中国目前对外合作层次最高、占地面积最大、政策条件最为优越的园区。

中方股东为中工国际工程股份有限公司和哈尔滨投资集团有限责任公司，占60％股份；白方股东为明斯克州政府、明斯克市政府和白俄罗斯地平线控股集团公司，占40％股份。园区重点发展电子信息、生物医药、精细化工、高端制造、物流仓储等产业。工业园建成后，可以使白俄罗斯成为独联体国家、俄罗斯与欧洲的交通枢纽，同时，还为中国企业提供了产品免征关税销往拥有1.7亿人口的俄白哈关税同盟和统一经济体市场（俄罗斯、白俄罗斯、哈萨克斯坦）的机会。

白俄罗斯以国家最高立法的形式规定了入园企业享受"十免十减半"税收优惠和长达99年的土地使用权。这些优惠政策在世界范围内也是相当优越的。

白俄罗斯近年耕地面积

（万公顷）

年份	数值
2009	约554.2
2010	约553.5
2011	约553.0
2012	约552.3

白俄罗斯近年谷物产量

（万吨）

年份	数值
2009	约820
2010	约685
2011	约815
2012	约895
2013	约740

白俄罗斯近年GDP总额

（亿美元）

年份	数值
2001	约120
2002	约130
2003	约175
2004	约235
2005	约305
2006	约370
2007	约455
2008	约605
2009	约500
2010	约560
2011	约600
2012	约665
2013	约730
2014	约760
2015	约555

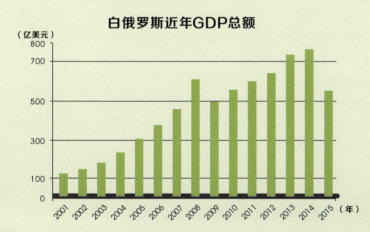

交通与旅游
‹JIAOTONGYULÜYOU›

　　白俄罗斯拥有较为发达的铁路和公路交通网，是欧洲交通走廊的组成部分，有"交通枢纽国"之称。长途运输以铁路为主，铁路总长5 600千米，其中894千米为电气化铁路，铁路货运量384.02亿吨千米。拥有8.36万千米的公路网络，密度达到400千米/千平方千米。白俄罗斯还是俄罗斯通过管道向其他欧洲国家输送石油和天然气的重要途经地，建有石油运输管道2 936千米，天然气运输管道6 301千米。建有人工运河200千米，串通了长达约2 000千米的国内水路客、货运输，并通过10个河港将旅客和货物运到沿河各居民点和货物加工点。建有明斯克国家机场等7个国际机场和通往周边国家的航空网络，随着丝绸之路经济带互联互通倡议的推进，今后中国旅客可从北京、兰州、乌鲁木齐等城市出发直飞白俄罗斯。

　　拥有"万湖之国"之称的白俄罗斯景色秀美，到大湖湖边度假，享受美景与游乐设施带来的快乐，是当地居民主要的休闲方式。白俄罗斯还是二战期间苏德战争的主战场，明斯克等城市在二战中被完全摧毁，白俄罗斯人对战争有着深刻的理解，喜欢军事的游客可以到伟大卫国战争纪念馆一探究竟。白俄罗斯的美食和美女也非常出名，品尝一份地道的罗宋汤和俄式松饼，看看大街上比比皆是的美女，白俄罗斯的美丽期待着与你约会。

◀ 斯特鲁维地理探测弧线

　　北起挪威北角附近的呼格兰尼斯，南至黑海旁乌克兰伊兹梅尔，全长2 820千米，是一个穿越白俄罗斯、爱沙尼亚、芬兰等10个国家的三角测量链，也是白俄罗斯与其他9个国家共同拥有的世界遗产。公元1 816年—公元1 855年，天文学家弗里德理西·格奥尔格·威廉·斯特鲁维在10个国家间实施了测量。

　　该弧线是人类首次对子午线长短精确测量的成果，它帮助人类掌握了地球的确切大小和形状，是地球科学和地形绘图学发展中的一个里程碑。

　　原始弧线包含258个主要三角形和265个测量站点，列入世界遗产名录的有34个测量站点，分别带有岩石钻孔、铁十字、堆石标或方尖石碑等不同标记。

◀ 拉济维乌家族城堡建筑群

　　坐落于白俄罗斯中部涅斯维日，从16世纪开始建造，到1939年完工。建筑群包括寝宫、基督圣体教堂及相应的环境景观，宫殿内有10座相连的建筑，形成一个六边形庭院建筑体系，显示了欧洲中部和俄罗斯的建筑发展历程。

明斯克
【白俄罗斯】
莫斯科
新西伯利亚
阿斯塔纳
伊尔库茨克
赤塔
满洲里
安卡拉
比什凯克
霍尔果斯
乌鲁木齐
乌兰巴托
二连浩特
哈尔滨
特拉迪沃斯托克(海参崴)
阿什哈巴德
塔什干
杜尚别
塔什
格尔木
伊斯兰堡
兰州
呼和浩特
北京
青岛
大马士革
巴格达
德黑兰
洛布尔
拉萨
西安
卡拉奇
达卡
昆明
南宁
广州
上海
福州
瓜达尔港
孟买
内比都
河内
万象
曼谷
金边
吉隆坡
新加坡

■ 世界遗产分布图

波洛茨克
维捷布斯克
奥尔沙
莫吉廖夫
莫洛杰奇诺
鲍里索夫
格罗德诺
斯特鲁维地理探测弧线
米尔城堡群
明斯克
涅斯维日的拉齐维乌
家族城堡建筑群
斯卢茨克
别洛韦日丛林
布列斯特
列奇察
戈梅利
莫济里

别洛韦日丛林 ▲

    位于白俄罗斯西部和波兰东部，是欧洲保存下来的最大原始混合林区之一，占地约1 250平方千米。同时，也是欧洲历史最悠久的自然保护区，内有种类繁多的东、西欧动植物群，有59种哺乳动物、253种鸟类。就动植物种类的多样性而言，别洛韦日丛林在欧洲独一无二。

米尔城堡群 ▶

    坐落于白俄罗斯首都明斯克米尔村附近，建于15世纪末，最早属于哥特式风格。后来，在文艺复兴时期及其后的巴洛克风格盛行时期不断扩建，因此，具有非凡的岁月痕迹，是中欧城堡建筑的光辉典范。曾被遗弃近百年，后又在拿破仑一世时期受到严重破坏，最终于19世纪末得到修复，可谓历经沧桑。

哈萨克斯坦

■ HASAKESITAN ■

———— 中亚魁首 ————

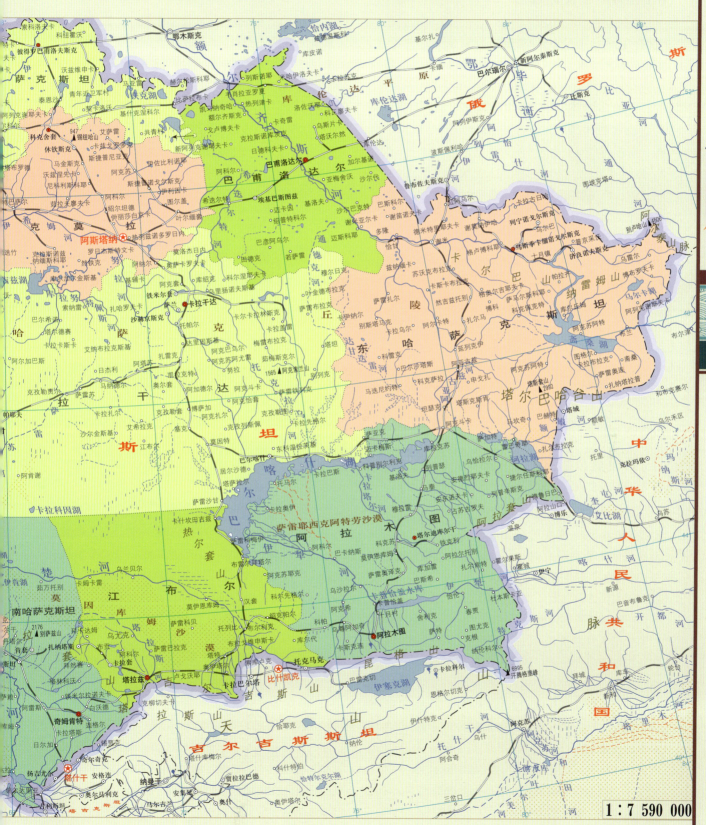

1 : 7 590 000

历史沿革
《LISHI YANGE》

哈萨克斯坦的历史可追朔到公元前3500年的波泰文明，那时生活在哈萨克斯坦北部欧亚大草原的人们最早驯服了野马。公元前138—公元前119年，当张骞出访西域时，占领这片土地上的是西域强国乌孙。

公元6—8世纪，先后出现了突厥汗国、突骑施、葛逻禄等封建国家。公元9—12世纪，西部和西南部、南部和东南部地区先后加入乌古斯、基马克和钦察等国。到13世纪初，被蒙古人征服，西北部并入金帐汗国，而东部和南部被并入察哈台汗国。

15世纪，由术赤系的苏丹克烈汗与贾尼别克前往蒙兀儿斯坦成立哈萨克汗国。16世纪初，哈萨克族基本形成，分为大玉兹、中玉兹和小玉兹三个汗国。17世纪，漠西蒙古建立的准噶尔汗国崛起，在其侵略下，大玉兹汗国被并入准噶尔汗国，小玉兹、中玉兹被俄国吞并。1757年，准噶尔汗国被清王朝所灭，大玉兹成为清帝国的藩属。19世纪后，清帝国衰落，俄国趁机于1864年强占了巴尔喀什湖以东以南的清帝国区域，哈萨克斯坦开始沦为俄罗斯帝国的殖民地。

1920年，成立吉尔吉斯苏维埃社会主义自治共和国，属于俄罗斯联邦。1925年，中亚各国按民族划界，改称为哈萨克苏维埃社会主义自治共和国。1936年，定名为哈萨克斯坦社会主义共和国，并加入苏联。1991年12月16日，努尔苏丹·纳扎尔巴耶夫宣布哈萨克斯坦独立，是苏联解体中最晚独立的加盟共和国。

复杂的历史沿革令哈萨克斯坦成为突厥文化、伊斯兰文化和斯拉夫文化等多元文化的结合体。

国旗 呈长方形，长与宽之比为2∶1。旗底为浅蓝色，旗面中间是一轮金色的太阳，太阳放射出32道光芒，其下有一只展翅飞翔的雄鹰。靠旗杆一侧有一垂直竖条，为哈萨克传统的金色花纹图案。浅蓝色是哈萨克人民喜爱的传统颜色，代表天空，也象征康乐、和平、宁静。

国徽 圆形，以蓝、金为主色，突出表现哈萨克人传统的金色毛毡圆顶帐篷；上部饰带上的凌空飞腾骏马，象征游牧生活，底部饰带上是哈萨克文国名"哈萨克斯坦"。

国家概况
《GUOJIA GAIKUANG》

哈萨克斯坦共和国（英文：The Republic of Kazakhstan），简称哈萨克斯坦或哈萨克。国名来自其主体民族哈萨克族，"哈萨克"代表着独立自主，"斯坦"译为土地或聚居地，哈萨克斯坦是指哈萨克族人民的聚居地。

哈萨克斯坦横跨欧亚两大洲，以乌拉尔河为界，以西属于东欧东南部，以东属于中亚北部。西部毗邻里海，与伊朗、阿塞拜疆隔海相望，向北同俄罗斯接壤，东南方向与中国相邻，南面接壤的国家有乌兹别克斯坦、吉尔吉斯斯坦和土库曼斯坦，国境线的总长度达到1.05万千米。西部的伏尔加河下游到东部的阿尔泰山长达3 000千米，北部的西西伯利亚平原到南部的天山山脉宽达1 700千米，国土面积多达272.49万平方千米，位居世界第九，同整个西欧国家面积之和相当，是世界上最大的内陆国。

境内地形复杂，整体而言，东南高、西北低，多平原和低地。西部里海沿岸低地地势最低，最低点为低于海平面132米的卡拉基耶盆地。东北部为图兰平原，中部逐渐向哈萨克丘陵过渡，再向东南部的天山山脉延伸。哈萨克斯坦的东部矗立着阿尔泰山、塔尔巴哈台山、准噶尔阿拉套山、天山等山脉。

天山山系位于哈萨克斯坦的东南端，为中哈吉三国的界山，山脉长年被冰川所覆盖，最高峰就是天山的汗腾格里峰，海拔6 995米。

哈萨克斯坦属温带大陆性气候，1月气温最低可达−19℃，7月的平均气温19℃~26℃。国土西南部有大片的荒漠和半荒漠，北部地区和里海均可接受来自海洋的暖湿气流，自然环境类似俄罗斯，较为湿润。

哈萨克斯坦人口总数为1 792.6万。其中，哈萨克族占66%，俄罗斯族占21%，乌兹别克族占3.0%，乌

大漠丝路 通往欧洲的中亚、西亚十国

【哈萨克斯坦】
丝绸之路区位图

大漠丝路
SICHOU ZHILU
JINGJIDAI

图解丝绸之路经济带

089

克兰族占1.9%，鞑靼族占1.2%，德意志族占1.1%，其他民族占4.5%。独立之后，哈萨克族所占比例明显上升，俄罗斯族等族不断减少，哈萨克斯坦正在经历一个哈萨克民族化过程。

哈萨克斯坦以哈萨克语为国语，哈萨克语和俄语都为官方语言。大多数居民信奉伊斯兰教，此外，还有东正教、基督教和佛教等。宪法规定，哈萨克斯坦是"民主的、非宗教的和统一的国家"。

1997年，哈国将政府迁往北部的新首都阿斯塔纳，原首都阿拉木图仍是经济中心。阿斯塔纳位于哈萨克斯坦中部，距阿拉木图有1 300多千米，伊希姆河绕城而过，生态环境良好，四季气候宜人。

哈萨克斯坦实行总统共和制，总统是国家元首，决定着国家大政方针，并在国际交往中代表哈萨克斯坦，任期七年。议会是国家最高代表机构，行使立法职能，推行两院制（上、下两院分别称为参议院和马利日斯），上、下院是国家最高行政机关，行使哈萨克斯坦共和国的行政权，议员任期分别为六年和五年。

哈萨克斯坦实行多党制，目前有9个政党，纳扎尔巴耶夫总统出任党主席的"祖国之光"人民民主党是第一大党，在议会下院和地方议会拥有绝对多数席位。哈共产人民党和"光明道路"民主党是主要反对党，尚不足以动摇人民民主党的统治地位，哈国政治保持着长期稳定。

资源与经济
‹ZIYUANYUJINGJI›

哈萨克自然资源丰富，已知的矿藏有90余种。其中，钨储量排名世界第一，磷矿石和铬位居世界第二，铜、铅、锌、钼和磷的储量排名亚洲第一。重要的核原料铀储量丰富，产量世界第一，有"世界铀库"之称。铁、煤、石油、天然气储量也较为丰富，已知石油储量100亿吨，煤39.4亿吨，天然气11 700万亿立方米，是名副其实的资源大国。

独立伊始，哈萨克斯坦经历了由公有制经济向私有制经济转变的阵痛期，20世纪90年代上半期，经济一直处在衰退的过程中。

1998—2008年，是哈萨克斯坦经济发展的黄金10年，得益于丰富的矿藏和持续攀升的大宗物资价格，GDP总量在10年内增长五倍，贸易额增长六倍，

经济实力占中亚地区的2/3以上。2008年的金融危机重创哈经济，经济增长率由前10年年均的10%骤降至2009年的1.2%。

2010—2013年，伴随着世界经济复苏、需求恢复，以及能源等大宗物资价格稳定的外围环境，以及政府采取的宏观调控、产业结构调整、大力发展非资源产业、振兴本国中小企业、积极引进外资等得力措施，哈萨克斯坦出口恢复增长，经济强劲反弹，重回发展快车道。

至2015年，哈萨克斯坦国内生产总值达到1 843.9亿美元，在独联体国家中排名第二；人均GDP达到10 510美元，属于中等偏上收入国家。国家收入的增长对低收入人群产生了积极的影响，处于贫

困线以下的人口由1997年的45%迅速下降到2015年的2.7%。

能源、矿产和农牧业构成了国家经济的主体。

独立初期,哈萨克斯坦继承了苏联在中亚的主要重工业基地,化学工业和航天工业尤为突出,轻工业相对薄弱。近年来,电子信息产业的发展较为迅速。虽然农业只占GDP的5%,但雇佣了近1/4的工作人口,一举解决了哈萨克斯坦贫困和粮食安全问题,并为经济多样化提供了一条重要途径。

2015年,哈萨克斯坦外贸额达到979.86亿美元,其中出口524.7亿美元,进口455.16亿美元。主要出口商品为石油(75.84%)、金属及其制品(9.36%)、化工产品(4.04%)、矿产品(3.93%)、动植物产品(2.68%);主要进口商品为机械电子产品(22.85%)、交通运输设备(13.29%)、金属及其制品(12.67%)、石油(11.12%)、化工产品(8.41%)。主要出口国为意大利、中国、挪威、俄罗斯和法国,主要进口国为俄罗斯、中国、德国、美国和乌克兰。

■ 哈萨克斯坦矿产

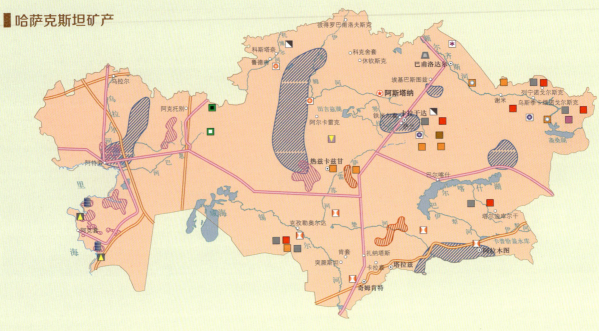

■ 哈萨克斯坦农业

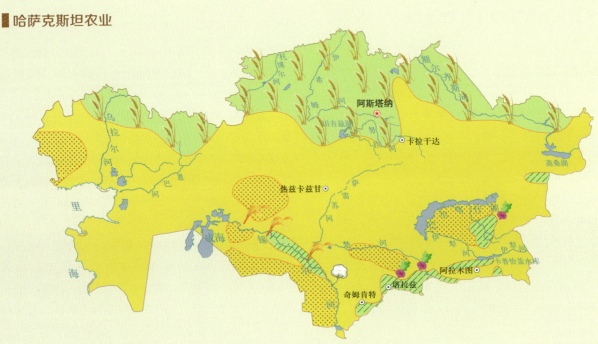

哈萨克斯坦近年GDP总额

（亿美元）

商品出口贸易（2015）

- 出口欧盟的商品占本国商品出口总额的58.4%
- 出口中国的商品占本国商品出口总额的13.1%
- 出口瑞士的商品占本国商品出口总额的6.4%
- 出口土耳其的商品占本国商品出口总额的4.6%

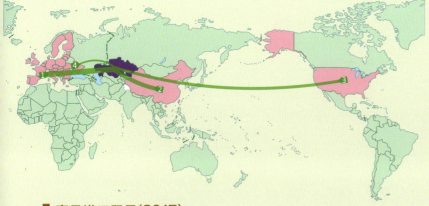

商品进口贸易（2015）

- 进口欧盟的商品占本国商品进口总额的35.4%
- 进口中国的商品占本国商品进口总额的26.2%
- 进口美国的商品占本国商品进口总额的7.3%
- 进口乌克兰的商品占本国商品进口总额的4.3%

与中国关系

《YUZHONGGUOGUANXI》

中国于1992年1月3日与哈萨克斯坦建交，双边关系一直稳步发展。1994年4月，双方签署中哈边界协定，解决了长达1 700多千米的边界问题。2005年7月，胡锦涛主席出访哈萨克斯坦，双方签署并发表《中哈关于建立和发展战略伙伴关系的联合声明》，关系更加紧密。2006年12月，两国签署《中哈21世纪合作战略》，涉及经贸、能源、铁路、文化、教育等11个领域。

2013年9月，国家主席习近平对哈萨克斯坦进行国事访问。两国元首签署了《中华人民共和国和哈萨克斯坦共和国关于进一步深化全面战略伙伴关系的联合宣言》，习主席还首次提出共建丝绸之路经济带的倡议。2014年12月，国务院总理李克强对哈萨克斯坦进行正式访问。访问期间，中哈两国达成依托"一带一路"开展产能合作的战略共识，双方签署了总额达140亿美元的30多个合作协议。2015年3月，哈总理马西莫夫对中国进行工作访问。访问期间，中哈签署了加强产能与投资合作备忘录，以及两国开展钢铁、有色金属、平板玻璃、炼油、水电、汽车等广泛领域产能合作的33份文件，项目总金额达236亿美元。

目前，中国已发展成为哈萨克斯坦的第二大贸易伙伴，2016年，商品贸易额达到225.2亿美元，其中，中方进口48.04亿美元，以工业原料为主，包括石油、天然气、金属及其制品、化工产品和矿产；出口82.9亿美元，包括机械电子产品、金属及其制品、交通设备、服装和塑料制品。双方经贸关系互补，哈方是中国重要的能源、矿产供应国，中哈原油管道和中亚天然气管道是中国能源战略安全的重要组成部分和能源走廊。

交通与旅游
〈 J I A O T O N G Y U L Ü Y O U 〉

尽管拥有独联体国家第二长的公路通车里程和第三长的铁路通车里程，但相对于广阔的国土面积，哈萨克斯坦的交通网络并不十分发达。公路是哈主要的运输方式，9.36万千米的公路里程承担了全国八成以上的运输量。境内有6条国际公路，承担了欧亚大陆之间过境货物运输的重要任务，意义非凡。

（1）塔什干—希姆肯特—塔拉兹—比什凯克—阿拉木图—霍尔果斯，长1 150千米。

（2）希姆肯特—克孜勒奥尔达—阿克托别—乌拉尔—萨马拉，长2 029千米。

（3）阿拉木图—卡拉干达—阿斯塔纳—彼得罗巴甫洛夫斯克，长1 724千米。

（4）阿斯特拉罕—阿特劳—阿克套—土库曼斯坦(边界)，长1 402千米。

（5）鄂木斯克—巴甫洛达尔—谢米—迈卡普沙盖，长1 094千米。

（6）阿斯塔纳—科斯塔奈—车里雅宾斯克，长891千米。

铁路干线里程1.51万千米，承担着全国约8%运输量，连接俄罗斯、中国和其他邻国的主要大城市。由于哈曾是苏联的15个加盟共和国之一，所以铁路多以与俄罗斯连接的南北走向为主，阿拉木图是全国铁路网络的中心。

由于地处中亚腹地，航空是进出哈萨克斯坦的最佳方式。从北京和乌鲁木齐出发，每周均有多架航班前往阿拉木图。如果仅在哈东南部旅行，巴士和出租车就可满足您的需求；如果您想完成一个穿越哈萨克斯坦的长途旅行，火车显然更为快捷。

■ 世界遗产分布图

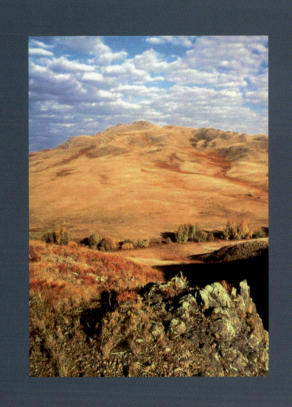

哈萨克斯坦是世界第九大国。在此旅行，您可以体验广袤无垠的欧亚大草原风貌，可以在天山或阿尔泰山未开发的山谷中徒步，探索曾经的世界第四大内陆湖咸海，拜访隐藏在曼吉斯套沙漠中的地下清真寺。您也可以在阿拉木图富丽堂皇的购物中心惬意购物，在极具民族风情的餐厅体验美味的马肉肠和马奶酒，或是前往阿斯塔纳欣赏有如艺术品般的城市建筑。一句话，哈萨克斯坦极具中亚风情的自然景色和人文景观，会让您不虚此行。

每年5—9月是前往哈萨克斯坦旅游的最佳季节。

如果您是观鸟爱好者，建议您在每年4—6月前往，此时，草原湿地花团锦簇，候鸟成群。每年的11月至次年3月，气候寒冷，但钦布拉克良好的滑雪设施，会让滑雪爱好者流连忘返。

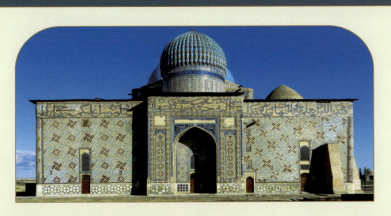

霍贾·艾哈迈德·亚萨维陵墓 ▲

位于哈萨克斯坦南部突厥斯坦，建造于帖木尔时期（公元1389—公元1405年）。它的主人霍贾·艾哈迈德·亚萨维是伊斯兰苏菲教派的创始人，他用优美的诗歌传达神谕，深受教众欢迎，流传至今，已成为世界文化瑰宝的一部分。整个陵墓建筑拥有无数入口和大量圆屋顶，更有多达35个房间围绕在中心寝室周围。陵墓大厅炼砖表面光洁，有如玻璃纯净，令人惊叹。陵墓的北面入口极其美丽，拱顶的门纯手工雕刻，并镶嵌有精致的象牙。该陵墓在对伊斯兰宗教建筑的发展作出巨大贡献的同时，也提供了中亚地区文化和建筑技术发展的独特见证，不愧为帖木尔时代建筑中的杰出代表。

泰姆格里考古景观岩刻 ▼

位于辽阔而干旱的楚河—伊犁河山脉中的泰姆格里大峡谷，现存有从公元前10世纪至公元20世纪初的5 000多个稀世岩刻。作品大多散布在远古人类居住的建筑和坟墓的遗址上，反映了当地人耕种、社会组织和宗教仪式等情况，也描绘出当年人类经济活动和社会生活的各个方面。

塔吉克斯坦
■ TAJIKESITAN ■
—— 世界屋脊 ——

历史沿革
《 LISHI YANGE 》

塔吉克斯坦的主体民族源于雅利安人，这一点，与中亚其他国家主体民族源自突厥人不同。

塔吉克斯坦故土长期处于周边大国的争夺中，亚历山大帝国、贵霜帝国、汉朝、西突厥汗国、唐朝，都曾是这片土地的主人，致使直到公元9世纪，塔吉克民族都未形成。公元9世纪，塔吉克人以布哈拉为首都建立了幅员辽阔、国力强盛的萨马尼德王朝，塔吉克民族文化、风俗习惯，也逐渐在萨马尼德王朝统治的一百年间形成。

公元10—13世纪，塔吉克先后被并入伽色尼王国和花剌子模王国。

13世纪，蒙古帝国君威此地。14世纪，塔吉克斯坦故土又成为横跨欧亚大陆的帖木尔帝国的一部分。

1868年，塔吉克北部费尔干纳州和撒马尔罕州部分地区并入俄国。南部的布哈拉汗为中国属国，随后也被俄国吞并。

1929年10月16日，塔吉克苏维埃社会主义共和国建立，并于同年加入苏联。1991年8月，更名为塔吉克斯坦共和国，并于同年9月9日宣布独立。

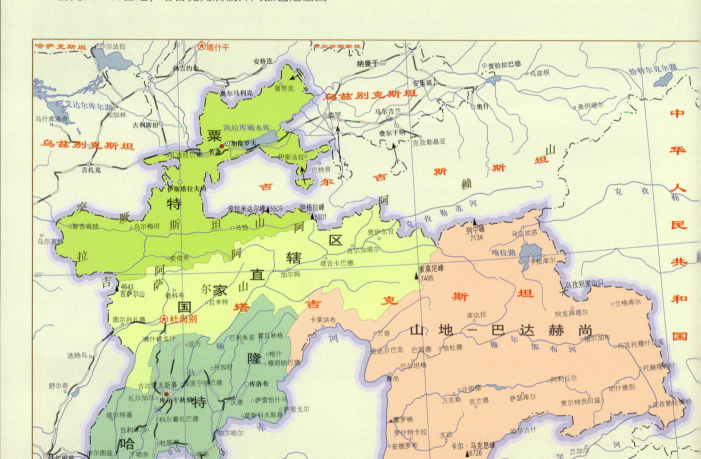

1:4 100 000

国旗 呈横长方形，长与宽为2:1。自上而下的红、白、绿三个长方形分别象征国家胜利、繁荣希望和宗教信仰。白色部分中的王冠和七颗五角星象征国家的独立和主权。

国徽 圆形。图案中间为旭日初升的帕米尔高原景象，配以象征主权和独立的王冠与七颗五角星，两侧为饰带扎束的棉桃和麦穗，下方为一本打开的书。

国家概况
◀GUOJIAGAIKUANG▶

塔吉克斯坦共和国（英语：The Republic of Tajikistan）简称塔吉克斯坦，国名来自其主体民族塔吉克族，"塔吉克"意为"高贵血统"。

塔吉克斯坦南接阿富汗，北靠吉尔吉斯斯坦，东与中国为邻，西和乌兹别克斯坦接壤，东西长700千米，南北宽350千米，是中亚东南部的内陆国。国土面积为14.31万平方千米，是中亚五国中面积最小的，相当于哈萨克斯坦的1/20。

多山，山地高原占国土面积逾九成，有一半国土的海拔超过3 000米，有"高山国"之称。东部的帕米尔高原，在塔吉克语中意为"世界屋脊"，海拔在4 000米到7 700米之间。

属温带大陆性气候，春、冬两季雨雪较多，夏、秋两季干燥少雨，年均降水量200毫米以下。1月平均气温0℃上下，7月平均气温25℃左右。

总人口870万人。其中，塔吉克族占80％，乌兹别克族占15.3％，俄罗斯族占1％。此外，还有帕米尔、塔塔尔、吉尔吉斯等民族。

居民多信奉伊斯兰教，多数属逊尼派，帕米尔一带属什叶派伊斯玛仪支派。波斯语为国家官方语言，俄语和乌兹别克语较为流行。

塔吉克斯坦独立后，政治、宗教、民族斗争激烈，不久爆发内战，政权几度更迭。1994年开始，联合国介入塔吉克斯坦问题。1997年6月27日，在联合国及俄罗斯等国斡旋下，拉赫蒙同联合反对派签署了实现和平与民族和解的总协定，塔吉克斯坦的经济和社会发展进入到新时期。

1999年9月26日，塔吉克斯坦以全民公决方式通过新宪法，规定塔吉克斯坦是一个世俗、民主、法制国家，实行总统制，总统为国家元首、政府首脑和武装部队的统帅，由全民直接选举产生，每届任期7年。议会实行两院制，有包括人民民主党、共产党、伊斯兰复兴党在内的8个政党。近年来，塔吉克斯坦国内政治局势比较稳定。

资源与经济
◀ZIYUANYUJINGJI▶

塔吉克斯坦水力、矿产资源丰富，石油、天然气资源匮乏。矿产以有色金属、铀、煤和岩盐为主。其中，铀储量居独联体首位，铅、锌矿储量居中亚首位。水电蕴藏量位居世界第八位，人均拥有量排名世界第一，但目前开发率不足10％。

塔吉克斯坦自身经济基础薄弱，发展受到山多地少、能源匮乏、交通闭塞、资金和人才短缺、产业结构单一等因素制约。1995年，塔政府开始以市场经济为导向，推行私

■ 塔吉克斯坦矿产

有化改制，经济逐渐复苏。

2000年以来，通过实施"保障粮食安全""水电兴国"和"摆脱交通困境"三大战略，经济保持了十余年8%以上的增长率。2016年，塔吉克斯坦国内生产总值为68.93亿美元，人均GDP 800美元，属于中等偏低收入国家。

采掘、纺织和水电生产是主要的工业部门，农业中植棉业较为突出，塔吉克斯坦优质的细纤维棉花举世闻名。

主要出口产品为非贵重金属及其制品，主要进口产品是交通工具、机械设备、矿产品及化工产品。俄罗斯、哈萨克斯坦、中国、土耳其和阿富汗是其主要贸易伙伴。

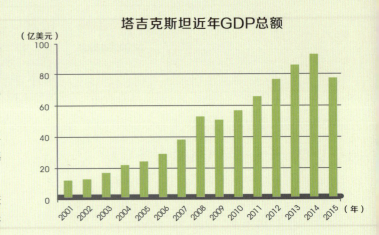

塔吉克斯坦近年GDP总额

与中国关系
◀ YUZHONGGUOGUANXI ▶

中塔两国于1992年1月4日建交。2010年4月27日，双方签署《中华人民共和国和塔吉克斯坦共和国政府关于中塔国界线的勘界议定书》，彻底解决了历史遗留的边界问题，塔方将实际控制的1158平方千米土地划归中方。2013年5月，双方建立战略伙伴关系。

中塔两国经济往来密切。2016年，双边贸易额达到17.56亿美元。其中，中方出口17.25亿美元，进口3100万美元。

中国是塔吉克斯坦第一大贸易伙伴和第二大投资来源国。目前，中国在塔投资项目主要包括建材生产、制造加工、商贸服务等行业，未来在电力能源和金融领域合作潜力巨大。

■ 商品出口贸易（2014）
- ■ 出口俄罗斯的商品占本国商品出口总额的37.4%
- ■ 出口欧盟的商品占本国商品出口总额的35.3%
- ■ 出口乌兹别克斯坦的商品占本国商品出口总额的14.1%
- ■ 出口瑞士的商品占本国商品出口总额的10.4%

■ 商品进口贸易（2014）
- ■ 进口乌兹别克斯坦的商品占本国商品出口总额的28.8%
- ■ 进口俄罗斯的商品占本国商品出口总额的16.2%
- ■ 进口乌克兰的商品占本国商品出口总额的13.1%
- ■ 进口哈萨克斯坦的商品占本国商品出口总额的12.8%

大漠丝路
通往欧洲的中、西亚十国

TUJIE
SICHOU ZHILU
JINGJIDAI
【塔吉克斯坦】
丝绸之路区位图

交通与旅游
◈ J I A O T O N G Y U L Ü Y O U ◈

　　塔吉克斯坦交通状况较差，主要以公路交通为主，公路总里程1.37万千米。铁路总长950.7千米，北、中、南三条铁路线互不相连，通过邻国乌兹别克斯坦与周边国家相连。

　　有杜尚别、胡占德、库利亚布等国际机场和前往周边主要城市的国际航班，中国游客可从乌鲁木齐直飞塔首都杜尚别国际机场。

　　近年来，塔吉克斯坦国际旅客人数保持在20万左右。在"世界屋脊"的帕米尔高原上旅游，欣赏帕米尔公路两侧的湖泊美景，造访热情好客的塔吉克牧民家庭；前往令人称奇的瓦罕山谷，游览神秘的丝路城堡，探索传说中束缚普罗米修斯的兴都库什山，塔吉克斯坦的高原美景是勇敢者的天堂。

■ 世界遗产分布图

凯拉库姆水库
加富罗夫
伊斯塔拉夫尚
萨拉子目
塔拉湖
杜尚别
索莫尼峰
塔吉克国家公园
杜尚别地质博物馆
古弥尼国家乐器博物馆
库尔干秋别
库洛布
穆尔加布河
虎谷自然保护区
喷赤

◀ **萨拉子目古城的原型城市遗址**

　　"萨拉子目"意为大地开始的地方，作为中亚地区最早的城市遗迹，时间可追溯到公元前4000至公元前3000年。古城还是中亚草原与土库曼、伊朗高原、印度河谷直至印度洋地区之间商贸往来与文化交流的见证，于2010年被列入世界文化遗产名录。

◀ **塔吉克国家公园（帕米尔山）**

　　位于塔吉克斯坦东北部、"世界屋脊"帕米尔高原中部，不乏海拔超过7 000米的高山，囊括1 085座冰川、170条河流，以及400多个湖泊，植物种类丰富，是马可·波罗盘羊、雪豹、西伯利亚野山羊等珍稀动物的天堂。

塔吉克国家公园（帕米尔山）

吉尔吉斯斯坦
■ JIERJISISITAN ■
———— 中亚山国、李白故里 ————

历史沿革
《 LISHI YANGE 》

公元前3世纪，吉尔吉斯斯坦已有人类遗迹。公元前104年，汉武帝派大将李广利征伐西域，将今天吉尔吉斯斯坦的大部分国土纳入了汉朝版图。

公元640年，唐太宗派军平定了高昌，并在此置西州统管安西四镇：于阗、龟兹、疏勒和碎叶（今吉尔吉斯斯坦托克马克），辖境包括新疆及中亚的大片地区，诗仙李白就出生在当时的碎叶城。

13世纪，吉尔吉斯斯坦领土为察合台汗国管辖。

15世纪后半叶，吉尔吉斯民族在叶尼塞河上游基本形成。16世纪，沙俄血腥东扩，吉尔吉斯先民被迫迁居至此。

17、18世纪，吉尔吉斯斯坦领土依然在中国版图内。其中，东部和南部属于新疆，西部属于清王朝的藩属浩罕汗国。

1864年，清王朝在沙俄军事威胁下签订《中俄勘分西北边界约记》，割让中亚和新疆西部的44万平方千米土地。1876年，浩罕汗国被沙俄吞并，吉尔吉斯全境成为沙俄领土。

十月革命后，吉尔吉斯斯坦建立了苏维埃政权。

1936年成立吉尔吉斯苏维埃社会主义共和国，加入苏联。1991年8月31日宣布独立，改国名为吉尔吉斯共和国，并于同年12月21日加入独联体。

国旗 呈横长方形，长与宽之比约为5：3。旗底为红色象征胜利，中间是姑娘的40条发辫环绕着毡房的顶。

国徽 圆形，以蓝色和金色为主色。上方为太阳在天山升起之景象，下为展翅雄鹰。外围书写"吉尔吉斯斯坦共和国"，并以麦穗和棉花装饰。

国家概况
《 GUOJIA GAIKUANG 》

吉尔吉斯共和国（英语：The Kyrgyz Republic），简称"吉尔吉斯斯坦"。国名来自于其主体民族吉尔吉斯，意为"草原游牧民"，首都为比什凯克。

位于欧亚大陆中心区域，是中亚东北部的内陆国。东与中国接壤，北与哈萨克斯坦相连，西界为乌兹别克斯坦，南界为塔吉克斯坦，地缘政治地位十分突出，是中亚重要的交通枢纽。国土面积较小，仅19.99万平方千米，在中亚五国中仅大于塔吉克斯坦。

境内多山地，超过九成国土的海拔超过1 500米，三成地区的海拔超过3 000米，主要山脉有天山山脉和帕米尔山脉，其间点缀着伊塞克湖盆地和楚河谷地等低地。伊塞克湖是世界高海拔湖泊中的第一深湖，海拔高度达1 600米，面积6 300平方千米。温带大陆性气候，气候干燥，夏天高温，冬季寒冷，境内山脉阻挡了部分暖湿气流，山地高原地区年降水量高于1 000毫米。

人口总数678万，有90多个民族。其中，吉尔吉斯族占68.4%，乌兹别克族占14.3%，俄罗斯族占9.5%，还有少量的乌克兰、东干、朝鲜、维吾尔、塔吉克族。吉尔吉斯斯坦是伊斯兰教居主要地位的多宗教国家，超过70%居民信仰伊斯兰教，多属逊尼派。其他，有东正教、天主教、犹太教和佛教。吉尔吉斯语为国语，俄语也是官方认可的语言。

属于政教分离的世俗国家，政治上推行民主改革并实行议会制，登记注册的政党有140个之多。故乡党、社会民主党、尊严党、共和国党和祖国党为吉尔吉斯主要政党。在中亚国家中政局较不稳定，2010年曾发生全国骚乱，对国民经济造成较大冲击。

1:5 100 000

资源与经济

◀ ZIYUANYUJINGJI ▶

　　吉尔吉斯斯坦自然资源丰富，黄金、锑、钨、锡、汞、铀等矿产资源储量居前。其中，锑产量排名世界第三，锡和汞的产量在独联体国家中位居第二。境内河流湖泊众多，水电资源丰富，潜在水力发电能力达到1 450亿千瓦时，目前开发利用仅10%左右。

　　国民经济以多种所有制为基础，工业基础薄弱。农业在国民经济中占主体地位，吸纳了60%的就业人口，产值也占到国内生产总值的一半以上，马和羊的存栏数，以及羊毛产量位居中亚第二，主要农作物有小麦、甜菜、玉米、烟草等，是中亚唯一产糖的地区。主要工业有采矿、电力、燃料、化工、有色金属、机器制造、木材加工、建材、轻工、食品等。

　　独立初期，由于同苏联其他加盟共和国的传统经济联系中断，加之改革措施激进，经济一度出现大滑坡。21世纪初，吉政府推行以私有化和非国有化改造为中心的经济体制改革，逐步向市场经济转轨，经济得以恢复。2015年，吉国内生产总值为66亿美元，人均1 154美元，属于人均中等较低收入国家。

　　吉尔吉斯斯坦的外贸依存度较高，1998年的亚洲金融危机和2008年的世界经济危机，都对其经济产生了重大影响。近年来，吉贸易额占GDP总值的比重保持在130%左右。主要贸易伙伴有俄罗斯、哈萨克斯坦、中国、阿联酋和瑞士等，主要出口产品是贵金属和农产品，主要进口包括石油产品、机械设备、化工产品和纺织品等。

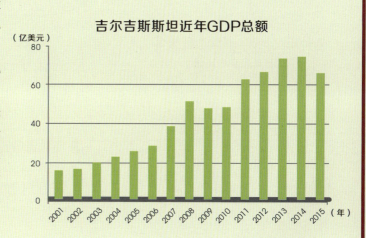

吉尔吉斯斯坦近年GDP总额
（亿美元）

吉尔吉斯斯坦农业

吉尔吉斯斯坦矿产

与中国关系
◀ YUZHONGGUOGUANXI ▶

中吉两国于1992年1月5日建交，一直保持着积极、健康、稳步发展的态势，并彻底解决了历史遗留的边界问题。中吉两国于2013年建立了战略伙伴关系。

两国经贸关系发展良好，在交通、农业、电信、基础设施建设等领域，合作不断扩大，双边贸易额连续增长。中国已成为吉尔吉斯坦第一大贸易伙伴和第二大投资来源国。

据中国海关总署统计，2016年，双边贸易额为56.76亿美元，同比增长30.8%。

吉主要向中国出口石油、皮革制品，进口主要为机械电子、纺织品和五金产品等。

商品出口贸易（2015）

■ 出口瑞士的商品占本国商品出口总额的39.0%　　■ 出口哈萨克斯坦的商品占本国商品出口总额的15.8%

■ 出口俄罗斯的商品占本国商品出口总额的10.9%　　■ 出口阿拉伯联合酋长国的商品占本国商品出口总额的6.9%

商品进口贸易（2015）

■ 进口俄罗斯的商品占本国商品进口总额的31.3%　　■ 进口中国的商品占本国商品进口总额的25.3%

■ 进口哈萨克斯坦的商品占本国商品进口总额的16.7%　　■ 进口欧盟的商品占本国商品进口总额的7.9%

交通与旅游
◀JIAOTONGYULÜYOU▶

　　吉尔吉斯斯坦是典型的内陆国家，公路交通是其最重要的交通方式，截至2014年9月，全国公路总里程3 4000千米。铁路和航空运输相对落后。其中，铁路总里程仅423.9千米，南北两条主要铁路干线互不相连；民用航线仅有19条，从乌鲁木齐出发有定期前往比什凯克和奥什的航班。

　　山是吉尔吉斯斯坦最具特色的旅游资源，素有"中亚山国"之称。白天，在天山野花盛开的夏季牧场和绿树覆盖的山谷中策马奔驰；晚上，借宿在吉尔吉斯牧民的毡房，聆听老猎人传唱《玛纳斯》。从拥有2000年历史的集市小镇奥什前往达塔斯拉巴美妙的商队旅馆，沿途探索丝路遗迹……吉尔吉斯斯坦丰富的旅游资源，一定使您不虚此行。

　　吉尔吉斯旅游成本较低。最佳旅游时间为每年5—9月上旬，比较麻烦的是，中国游客办理签证，必须得有对方的邀请函。从乌鲁木齐直飞比什凯克的玛纳斯机场，是出入吉尔吉斯斯坦最方便的选择。如果你想沿陆路进出，那么，有伊尔克什坦和吐尔尕特两条路线可供选择，后者的风景要更优美些。

苏莱曼——至圣之山 ▼

　　位于吉尔吉斯斯坦西南部的奥什城附近，是中亚丝绸之路重要的十字路口。苏莱曼标志性的五座山峰长期以来一直是旅行者的指示坐标，据说，先知穆罕穆德曾在此祈祷，所以一直被伊斯兰教徒视为圣山。五座山峰和山坡上散布着无数古代朝圣之地和镌刻着壁画的岩洞，以及两座16世纪建造的清真寺。这些遗产被认为是中亚地区圣山的最完整象征，2009年，世界遗产大会将苏莱曼圣山列入《世界遗产名录》。

■ 世界遗产分布图

丝绸之路起始地段长安—天山廊道的路网(布拉纳塔)

丝绸之路—长安至天山廊道的路网 ▼

　　吉尔吉斯斯坦境内的丝绸之路遗产点有三处，分别为碎叶城（阿克·贝希姆遗址）、巴拉沙衮城（布拉纳遗址）和新城（科拉斯纳亚·瑞希卡遗址）。其中，最为国人所熟知的是碎叶城。碎叶城于公元7世纪仿照唐长安城修建，13世纪时毁于蒙古西征，经过近千年风雨洗礼，现在只剩下残垣断壁。巴拉沙衮城是中世纪楚河流域最大的城市之一，古丝绸之路上重要的商贸中心。新城是公元6—12世纪楚河河谷和天山地区最重要的中心城镇之一，宗教遗址和民间建筑融合了突厥、印度、粟特和中国文化，展现了袄教、景教和佛教的传播，是见证丝绸之路发展轨迹的重要遗存。

乌兹别克斯坦

■ WUZIBIEKESITAN ■
—— 双重内陆国 ——

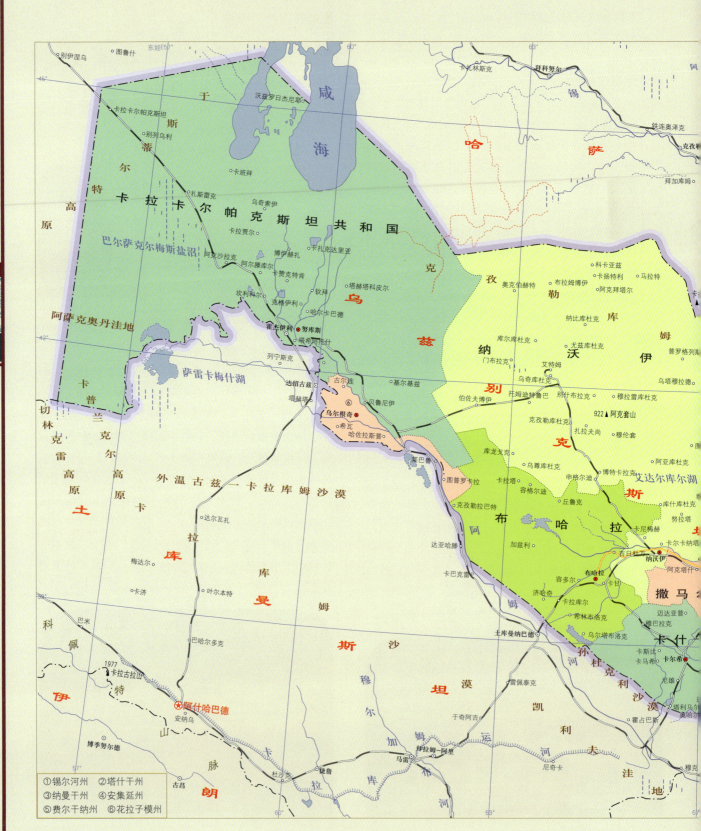

①锡尔河州　②塔什干州
③纳曼干州　④安集延州
⑤费尔干纳州　⑥花拉子模州

大漠丝路
通往欧洲的中亚、西亚十国

【乌兹别克斯坦】
丝绸之路区位图

图解丝绸之路经济带
TUJIE SICHOU ZHILU JINGJIDAI

103

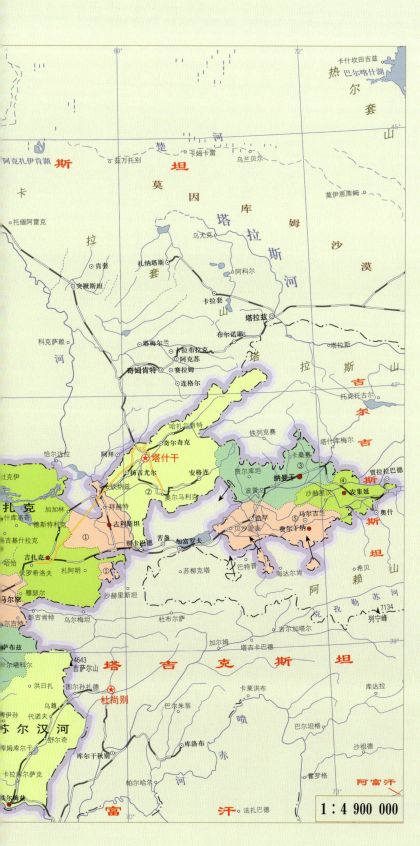

历史沿革
《LISHI YANGE》

中国古代将中亚锡尔河和阿姆河流域，以及泽拉夫尚河流域，包括今乌兹别克斯坦全境和哈萨克斯坦西南部称为"河中"地区。最早来到这一地区的是斯基泰人、马萨格泰人等早期伊朗游牧部落。公元前10世纪，他们从哈萨克北部的草原地区迁移到此并定居下来，布哈拉和撒马尔罕等城市逐渐形成。公元前5世纪，巴克特里亚、粟特、吐火罗等国家控制了这一地区，当中国人开始丝路贸易之际，粟特人的经商天赋便发挥出来，布哈拉与撒马尔罕迅速成为极富裕的城市。河中地区的富裕引起周边国家的觊觎，从公元前4世纪开始，亚历山大、大夏、贵霜、西突厥、大唐等帝国先后统治这一地区。

7世纪中期以后，阿拉伯人开始征讨河中地区，并强行推行伊斯兰教信仰，原有的祆教、摩尼教、佛教与基督教等逐渐衰弱，中亚地区伊斯兰化。

自9世纪起，波斯萨曼王朝逐渐强大，他们将传统的波斯文化与伊斯兰教结合，对锡尔河以北的突厥游牧民族产生了深刻的影响，中亚民族开始突厥化。公元10—12世纪，几个突厥王朝和契丹人建立的王朝交替掌控河中地区，直至公元1221年，蒙古西侵吞并了整个中亚。

14世纪，河中地区的突厥贵族帖木儿以乌兹别克斯坦疆域为中心建立了帖木儿帝国，在其全盛时期，伊斯兰—突厥—波斯多元文化交融并存和谐发展，粟特人和突厥人相互融合形成了乌兹别克民族，河中地区进入了一个文明高度繁荣的阶段。16—18世纪，布哈拉汗国、希瓦汗国和浩罕国相继建立。

1924年，乌兹别克苏维埃社会主义共和国成立并加入苏联。1991年8月31日宣布独立，并改名为乌兹别克斯坦共和国。

1 : 4 900 000

国家概况
《GUOJIAGAIKUANG》

乌兹别克斯坦共和国（英语：The Republic of Uzbekistan）简称乌兹别克斯坦。位于中亚中部，是世界两个双重内陆国之一（自身无出海口，邻国也均是内陆国）。

顺时针方向分别与哈萨克斯坦、吉尔吉斯斯坦、塔吉克斯坦、阿富汗和土库曼斯坦接壤，西北方向濒临咸海。

东西长1 400千米，南北宽925千米，国土面积44.74万平方千米，地势东高西低，80％土地属于平原低地。东部和南部属天山山系和吉萨尔—阿赖山系的西缘，内有著名的费尔干纳盆地和泽拉夫尚盆地，主要河流有阿姆河、锡尔河和泽拉夫尚河。

乌兹别克斯坦属于干旱少雨的大陆性气候。夏季漫长炎热，7月平均气温26℃~32℃，冬季寒冷短暂，1月平均气温在零度以下。

年均降水量，平原低地为80~200毫米，山区为1000毫米，大部分集中在冬春两季。

人口3212万，分为134个民族，其中，乌兹别克族是国家主体民族，占总人口的78.8％。其他民族有俄罗斯族（4.4％）、塔吉克族（4.9％）、哈萨克族（3％）等。

多数居民信奉伊斯兰教，属于逊尼派，其余多信奉东正教。乌兹别克语为官方语言，俄语为通用语言。

实行三权分立的总统共和制，总统为国家元首、武装部队最高统帅，任期五年。

实行两院制议会，现有人民民主党、自由民主党、"民族复兴"民主党和"公正"社会民主党四个政党，现任总统卡里莫夫执政地位稳固，国家秩序保持稳定。

■ 乌兹别克斯坦矿产

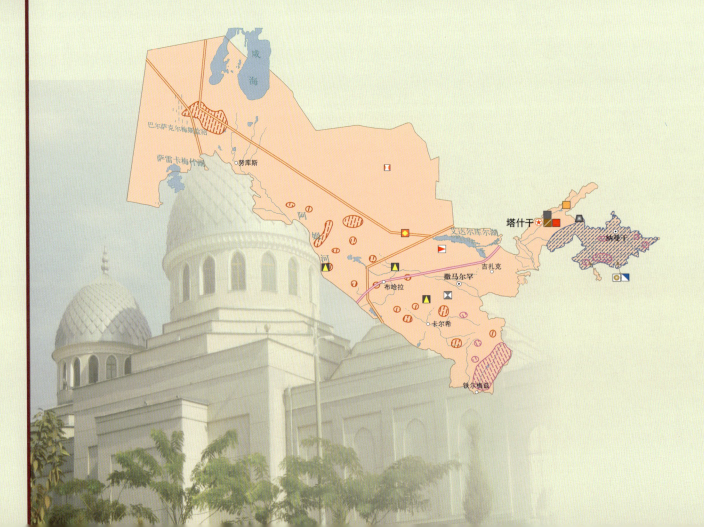

国旗

呈长方形，长宽2:1。自上而下为浅蓝、白、浅绿三色宽带，以两道红色细条相隔，蓝白绿三色分别象征突厥、和平与生命。旗帜上的白色新月和12颗白色五角星代表新生的共和国和黄道12宫，象征着国家自强不息。

国徽

呈圆形。主图是展翅的吉祥鸟站在广阔的乌兹别克大地上，一轮红日在背后冉冉升起。

上端的八角星内绘有一弯新月和一颗五角星，两侧为国旗颜色之饰带捆束的棉桃和麦穗。

资源与经济
◀ ZIYUANYUJINGJI ▶

乌兹别克斯坦矿产资源较丰富，储量总价值约为3.5万亿美元。其中，黄金探明储量5 300吨（世界第四），铀储量为18.58万吨（世界第七），石油、天然气、铜、钨等矿藏也较为丰富。截至目前，乌铀矿开采量居世界第五位，黄金开采量居世界第九位，天然气开采量居第十一位。

独立之初，乌兹别克斯坦与其他独联体国家一样，经历了经济衰退的阵痛。但是，丰富的资源储备和分阶段、稳步推进市场经济改革政策，保证了近20年来经济的持续增长。

2015年，乌国内生产总值达到667.33亿美元，在独联体中经济实力仅次于俄罗斯、乌克兰和哈萨克斯坦，人均GDP为2 132美元，属于中等较低收入国家。

黄金、"白金（棉花）""乌金（石油）""蓝金（天然气）"组成的"四金"是其国民经济的支柱。目前，乌是世界第六大棉花生产国和第二大棉花出口国，世界第七大黄金生产国。农业、畜牧业和采矿业发达，轻工业不发达，六成以上的生活用品需进口。主要进口产品有机械设备、食品、化学制品等，出口产品有石油、天然气、黄金、纺织品等。

与中国关系
◀ YUZHONGGUOGUANXI ▶

乌兹别克斯坦和中国于1992年1月2日建交，其后，两国在经贸、教育、科技、司法、文化、交通等领域广泛开展合作。2012年，双方升级为战略伙伴关系，2013年签署了《中乌友好合作关系条约》。目前，中国已成为乌兹别克斯坦第二大贸易伙伴，2016年，双边贸易额达到36.14亿美元。其中，乌兹别克斯坦出口16.07亿美元，进口20.07美元。

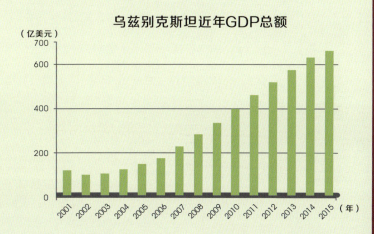

乌兹别克斯坦近年GDP总额
（亿美元）

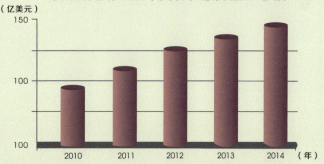

乌兹别克斯坦近年货物和服务进口总额
（亿美元）

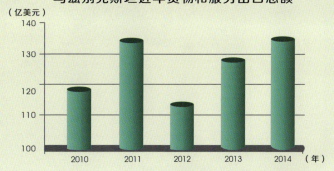

乌兹别克斯坦近年货物和服务出口总额
（亿美元）

交通与旅游
《JIAOTONGYULÜYOU》

乌兹别克斯坦航空业发达，是中亚地区唯一能够生产飞机的国家，在苏联时期享有"航空港"的称谓。有12个机场，塔什干机场最大，与美国、中国、俄罗斯、日本等世界主要国家都有定期航班往来，北京和乌鲁木齐均有前往塔什干的航线。

公路里程4.3万千米，与周围邻国路网相连，但无高速公路。

铁路总长6 000千米，其中电气化铁路930千米。近年来，乌方积极实施国际运输通道建设和电气化线路改造，连通阿富汗、巴基斯坦和伊朗的铁路建设已获得进展，电气化里程有望达到2 000千米。

乌兹别克斯坦拥有数千年的文明史，曾经的帖木儿帝国是丝绸之路上的辉煌。

在这里，你可以看到伊斯兰世界最宏伟的建筑，造访亚历山大、成吉思汗和帖木儿留下的痕迹，探索正在快速消失的咸海。

你也可以在撒马尔罕最具特色的茶馆品一壶茶，尝尝最正宗的中亚烤肉，对追求文化之旅、文明之路的游客来说，乌兹别克斯坦一定是中亚最值得前往的国家。

伊钱卡拉内城 ▼

坐落于阿姆河下游的希瓦绿洲，是昔日丝绸之路通往伊朗沙漠的最后一个驿站。城内的如德尤马清真寺、陵墓，和19世纪初由阿拉·库里可汗修建的两座气势辉煌的宫殿，是中亚保存完好的穆斯林建筑群典范，1990年，作为世界文化遗产被列入《世界遗产名录》。

■ 世界遗产分布图

处在文化十字路口的撒马尔罕城 ▶

处于波斯帝国、印度和中国三大帝国中间的撒马尔罕城，是多元文化交汇的大熔炉。成吉思汗攻占撒马尔罕城的经历，是蒙古西征最血腥的历史，帖木儿大帝重新把它带到亚洲之巅，现存的列吉斯坦伊斯兰教神学院、比比·哈内姆大清真寺、帖木儿家族陵墓和兀鲁伯天文台，都是伊斯兰世界的瑰宝。

布哈拉历史中心 ▶

布哈拉历史中心所在的布哈拉城，位于泽拉夫尚河谷地的一块绿洲之上，已有3000年的历史，古代丝绸之路途经此地。城内的伊斯梅尔·萨马尼墓碑，以及公元10世纪穆斯林建筑杰作和17世纪的一批建筑，是中世纪城市的典范，1993年作为文化遗产被列入《世界遗产名录》。

沙赫里萨布兹离市中心 ▶

距撒马尔罕以南约140千米，是撒马尔罕统治者帖木儿的故乡。其独特的文化、建筑风格及建筑学流派，都对周边地区影响巨大，白宫及帖木儿之墓，是这一时期建筑艺术的杰出代表。

土库曼斯坦
■ TUKUMANSITAN ■
———— 油 气 大 国 ————

历史沿革
‹LISHI YANGE›

土库曼斯坦历史悠久，仅在自己的土地上就先后建立过70多个国家，成为从印度文明到地中海古老文明不可分割的一部分。

早在旧石器时代，当地就生活着土库曼人的祖先。在西南部的低地平原地区，有印欧人种留下来的早期文明遗址，他们处在农耕和游牧混杂的原始社会阶段。

在公元前6000—公元前2000年前，使用着复杂打制工具的母系氏族公社在这一地区形成。土库曼民族的始祖奥古兹汗土是本阶段历史的化身，也是日后土库曼斯坦走向统一的根源。

自公元前6世纪开始，土库曼地区被纳入波斯系阿契美尼德王朝的版图。

公元前4世纪，亚历山大大帝击败波斯并征服了这一地区，继续向北进入中亚。亚历山大大帝在土库曼斯坦的穆尔加布河边建立了亚历山大市，从亚历山大帝国分裂出来的塞琉古王朝在此建立了许多城堡。

亚历山大之后，安息王又占领了这一地区，并将都城建立在在距今阿什哈巴德18千米的尼萨。凭借着位于中国和波斯之间的有利位置，尼萨成为丝绸之路上连接中国和欧洲的重要枢纽。

丝路贸易往来带来城市和商业文明的持续繁荣，土库曼境内出现了大大小小的绿洲城镇，整个地区的繁荣景象一直持续到中世纪。

公元3世纪上半叶，帕提亚王国灭亡，土库曼地区被波斯萨珊王朝占领。

公元4世纪初，贵霜贵族马尔卡成为此地匈奴人的领袖之后，逐渐将10个部落联合成早期突厥部落联盟。

在5世纪中叶，匈奴人的一支嚈哒人（白匈奴）出兵中亚，这一地区又被匈奴占领。与此同时，在土库曼斯坦南部农业持久发展和丝路繁荣的带动下，梅尔夫（今马雷）成为当时

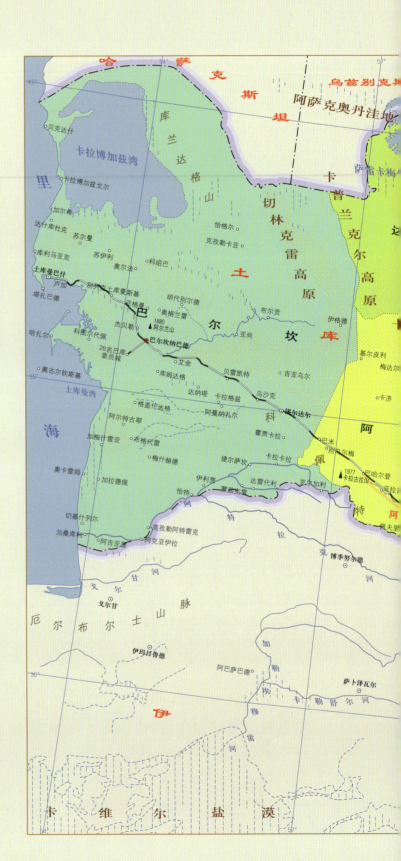

大漠丝路
通往欧洲的中
亚、西亚十国

【土库曼斯坦】
丝绸之路区位图

图解
丝绸之路
经济带

109

最大的国际贸易中心。

嚈哒在土库曼斯坦的统治维持到6世纪中叶，之后被崛起的突厥部落推翻。"突厥化"运动对土库曼民族的语言文化和民族习惯产生了极为深远的影响。

7世纪和8世纪，阿拉伯人对中亚地区进行了一连串的入侵，中亚最终被吞并，包括土库曼原住民在内的中亚诸多民族改信伊斯兰教。伊斯兰化是中亚民族历史发展进程中的重大事件，深刻地影响了整个中亚地区的历史走向。阿拉伯帝国于9世纪灭亡，土库曼分别被塔希尔王朝和萨曼帝国占领。

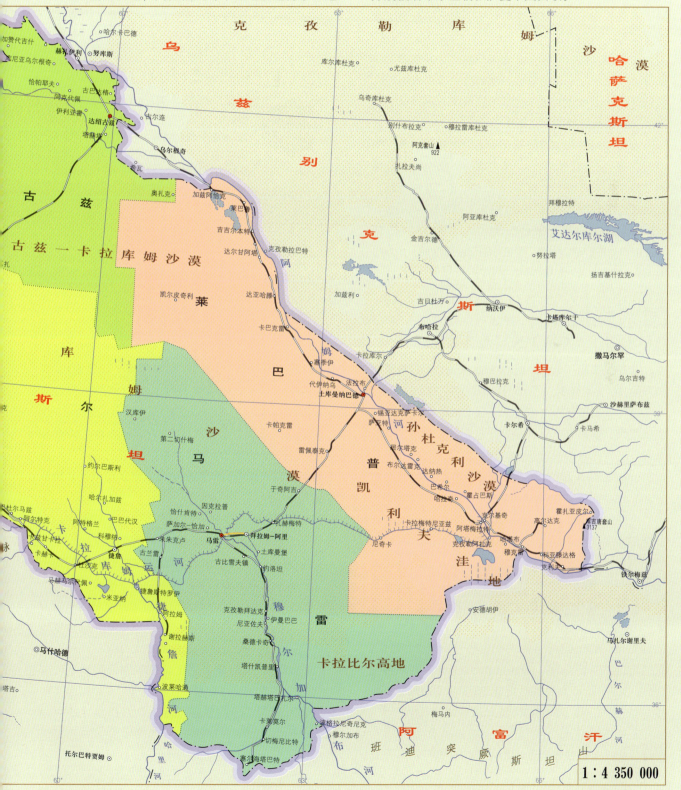

1:4 350 000

公元10—16世纪是土库曼精神的极盛时期。自10世纪晚期起，锡尔河和阿姆河流域，以及里海沿岸一带的突厥乌古斯人开始向南迁移，并建立了乌古斯叶护国，今天的土库曼人即是乌古斯的后裔。11世纪，乌古斯叶护国被另一突厥部落消灭，残存的部落随土库曼人南下，而留在中亚的部落则分别获得了花剌子模和呼罗珊地区。

土库曼人在公元1055年进入巴格达，并以此为中心建立了塞尔柱帝国。曾经的丝路重镇梅尔夫历经代代修葺，一度被作为塞尔柱帝国的首都，再次成为中亚地区的政治、经济、文化中心。

塞尔柱帝国在12世纪被花剌子模王朝所击败，领土大部分被占领。13世纪，蒙古崛起，整个中亚都遭到了蒙古人灾难性的入侵。14—16世纪，这片土地上先后建立了帖木儿帝国、布哈拉汗国和希瓦汗国。

19世纪初，沙俄击败波斯，到达了土库曼的边界。历经近百年的侵略至1886年，土库曼被俄罗斯吞并。1924年

国旗 可称为全世界最复杂的旗帜。国旗呈长方形，长宽比为3:2，底色为深绿色，上部中间有一弯白色新月和五颗白色五角星。

绿色是土库曼传统颜色，白色象征平静与仁慈；新月象征光明前途；五颗星则代表视、听、嗅、味、触五种感官功能，同时象征国家的五个地区：阿哈尔、巴尔坎、列巴普、马雷和达绍古兹。

五角星的五个角象征宇宙物质的五种状态：固态、液态、气态、晶态和等离子态。星与月也是伊斯兰教的标志。

国徽 呈八角星型，底色为绿色，中心由三个同心圆组成。

外圆周上绘有七颗带绿叶的白色棉桃、两束金色的麦穗、一弯白色新月和五颗白色五角星；中间圆周上绘有五种地毯图案：代表五个民族；内圆面上是土库曼人为之自豪的阿哈尔捷金马。

10月27日，土库曼苏维埃社会主义共和国成立并加入苏联。1991年10月27日，土库曼斯坦宣布独立。

国家概况
◀ GUOJIAGAIKUANG ▶

土库曼斯坦（英语：Turkmenistan），国名来自其主体民族土库曼族，"土库曼"原意为"突厥人"。

土库曼斯坦是一个中亚西南部的内陆国，向南同伊朗接壤，东南与阿富汗接壤，东北与乌兹别克斯坦交界，西北面是哈萨克斯坦，西面是世界上最大的咸水湖——里海。面积49.12万平方千米，世界排名第52位，在中亚国家中仅次于哈萨克斯坦。

全国的地势都较低，超过八成的国土被卡拉库姆沙漠所覆盖，境内的平原海拔多在200米以下。东部分布有阿姆河、捷詹河、穆尔加布河等几条河流，长达1 400千米的卡拉库姆运河横贯土东南部，流域灌溉面积可达30万公顷，是全球最大灌溉运河之一。

典型的温带大陆性气候，夏季炎热，冬季寒冷，昼夜温差大。夏季气温普遍在35℃以上，冬季在东南部山区气温也常低于−30℃。降水量从西北面沙漠向东南部递增，南部的科佩特山脉是全国降雨量最高的地区。雨季多在三至五月，但总体属于全球最干旱地区之一。

土库曼斯坦人口537万，土库曼族占总人口的94.7%，其次乌兹别克族占2%，俄罗斯族占1%，其他还有哈萨克、亚美尼亚、阿塞拜疆、鞑靼等120多个少数民族。人口分布极不平均，绝大部分人口聚居在城市和绿洲。

伊斯兰教为主要宗教，占总人口的89%，主要是逊尼派信徒，另有9%人口为东正教徒。近年来，土库曼斯坦大力提倡伊斯兰文化，信奉东正教的少数俄罗斯人逐渐移出。

官方语言为土库曼斯坦语，而俄语依然通用，另外，在边境聚居地区亦流行乌兹别克斯坦语。

名义上，土库曼斯坦实行三权分立的总统共和制，总统为国家元首和最高行政首脑，由全民直接选举产生。国民议会是国家立法机构，政府是国家权力执行机关，由总统直接领导。前总统萨帕尔穆拉特·尼亚佐夫统治期间，保持了长期的政治稳定。

2006年，尼亚佐夫去世，别尔德穆罕默多夫成为代总统并在之后的大选中顺利当选总统，延续了前任的基本政策。土库曼斯坦是被联合国承认的中立国，奉行中立国和全方位外交的策略，并同美俄都保持距离，于2005年退出独联体。

大漠丝路

通往欧洲的中、西亚十国

图解丝绸之路经济带

TUJIE
SICHOU ZHILU
JINGJIDAI

111

【土库曼斯坦】
丝绸之路区位图

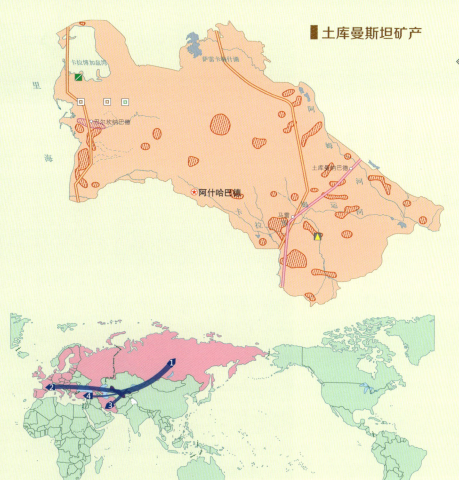

■ 土库曼斯坦矿产

阿什哈巴德

里海

卡拉

资源与经济

◀ ZIYUANYUJINGJI ▶

　　土库曼斯坦资源丰富，蕴藏着惊人的天然气和石油资源，天然气远景储量为24.6万亿立方米，居世界第四位，主要气田在东部和中部的阿姆达利亚油气区；石油远景储量为120亿吨，主要在西部的南里海油气区。芒硝、碘、有色及稀有金属等矿产资源储量大，位于里海沿岸的格拉波嘎兹—埃拉基（GarabogazAylagy）泻湖是世界上最大的化工原料基地之一。

　　土库曼斯坦独立后，制定发展经济的"十年稳定"纲领，成功度过了国家独立后的震荡期。1997年，制定并开始执行加速向市场经济过渡的"一千天计划"，分阶段进行以承包责任制为主的农村改革和企业私有化进程，逐步向市场经济过渡，国家经济进入快速成长期。截至2015年，土库曼斯坦国内生产总值达到358.55亿美元，是独立前的十余倍，人均GDP达到6 672美元，属于中等较高收入国家。石油和天然气是土库曼斯坦国民经济的支柱产业，石油和天然气的年产量约1 000万吨和700亿立方米，也是出口的主要商品。主要农产品是棉花、小麦和稻米，农业在GDP中的比重为14.5%，肉、奶、油等食品完全自给自足。值得一提的是，土库曼斯坦对其公民免费提供电力。

■ 商品出口贸易（2014）

■ 出口俄罗斯的商品占本国商品出口总额的41.1%　　■ 出口欧盟的商品占本国商品出口总额的19.3%

■ 出口伊朗的商品占本国商品出口总额的9.7%　　■ 出口土耳其的商品占本国商品出口总额的7.4%

■ 商品进口贸易（2014）

■ 进口俄罗斯的商品占本国商品进口总额的14.3%　　■ 进口土耳其的商品占本国商品进口总额的14.2%

■ 进口欧盟的商品占本国商品进口总额的13%　　■ 进口乌克兰的商品占本国商品进口总额的12%

土库曼斯坦近年GDP总额

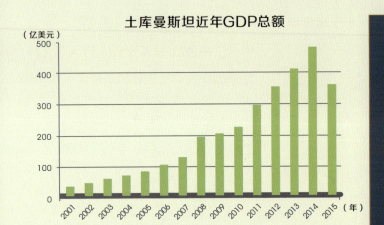

（亿美元）

与中国关系
‹ YUZHONGGUOGUANXI ›

中土两国于1992年1月6日建交，之后高层交往密切，签署了100多份双边合作文件，双方在政治、政党交往、经贸、能源、文化、卫生等领域进行着良好的合作。2013年9月，中土建立战略伙伴关系。2014年5月，双方签署中土友好合作条约。

建交以来，双方经贸合作发展迅速。

截至2016年，中国已成为土库曼斯坦重要贸易伙伴，双边贸易额达到59.02亿美元。

其中，中方出口3.39亿美元，主要包括机电和高新技术产品、金属制品、服装等；进口55.63亿美元，主要是天然气和棉花、棉纱等。

土库曼斯坦是中亚—中国天然气管线的主要供气国，ABCD四条线路的气源均由土库曼斯坦提供。

其中，ABC三条经乌兹别克斯坦和哈萨克斯坦抵达中国边境霍尔果斯入境，全长1833千米，北京使用的天然气都是来自土库曼斯坦。

D线路由乌兹别克斯坦、塔吉克斯坦和吉尔吉斯斯坦抵达中国边境乌恰入境。

交通与旅游
‹ JIAOTONGYULÜYOU ›

土库曼斯坦交通网络以铁路、公路和油气管线为主。

其中，铁路通车里程3 172千米，没有电气化铁路。

公路总长约14 000千米，没有高速公路，交通发展潜力巨大。在现任总统别尔德穆罕默多夫领导下，土库曼斯坦正在大力发展国际运输合作，重点发展沿"东西"和"北南"走廊经中亚和里海地区的过境运输，未来土有可能成为中亚地区最重要的交通枢纽。

土首都阿什哈巴德国际机场与北京间有定期往返的航班，可供游客进出。但是，前往土库曼斯坦旅游，可谓困难重重。

首先只有在持有过境签证的情况下才能独自旅行，但期限仅限于3-5天。持有旅游签证也需要一名当地导游自始至终陪同，且价格不菲。

土绝对称得上是中亚旅游成本最高的国家。每年前往土库曼斯坦旅游的国际游客不超过1万人。

由于80%的国土被沙漠覆盖，土库曼斯坦最知名的景点都在漫漫黄沙之中。

你可以前往东南部的梅尔夫探索当年花剌子模帝国的遗迹——古特鲁格帖木儿宣礼塔和王室陵墓。

也可以在中部的卡拉库姆沙漠探索有"地狱之门"之称的卡尔瓦扎天然气坑，它已经持续燃烧了44年。

或者仅在首都阿什哈巴德欣赏各式各样"黄金时代"的建筑，大理石宫殿、纪念碑和喷泉。

当然，最好的旅行方式是深入到牧民中去，体验土库曼斯坦人难以抗拒的热情。

丝绸之路区位图上的城市：莫斯科、明斯克、安卡拉、大马士革、巴格达、瓜达尔港、卡拉奇、孟买、吉隆坡、新加坡、新西伯利亚、阿斯塔纳、霍尔果斯、阿拉木图、比什凯克、塔什干、塔尔、撒马尔罕、杜尚别【塔古先项目】、喀什、伊斯兰堡、加德满都、达卡、内比都、曼谷、金边、伊尔库茨克、乌兰巴托、乌鲁木齐、格尔木、西宁、拉萨、昆明、阿内、万象、赤塔、满洲里、二连浩特、呼和浩特、北京、兰州、西安、成都、广州、哈巴罗夫斯克（伯力）、阿拉维沃斯托克（海参崴）、哈尔滨、绥芬河、青岛、上海、宁波、福州

世界遗产分布图

世界遗产分布图标注：库尼亚·乌尔根奇、苏丹·阿里陵墓、卡普兰克尔自然保护区、卡拉博加兹戈尔湾、巴尔坎纳巴德、里海、埃森古利自然保护区、尼萨城、地狱之门、土库曼巴希、阿什哈巴德地震纪念碑、阿什哈巴德、雷佩泰克自然保护区、梅尔夫历史与文化公园、马雷、卡拉库姆运河、梅尔夫古城、巴德赫兹自然保护区

尼萨帕提亚要塞 ▷

位于土库曼斯坦首都阿什哈巴德西15千米的巴杰尔村，2007年作为文化遗产被列入《世界遗产名录》。

要塞由新旧两组台形遗址构成，是古代帕提亚王国最早和最重要的城市遗址。在近两千年的历史中，要塞几乎未遭到破坏，古代文明被保存下来。要塞巧妙地将自身的传统文化元素和希腊及西罗马元素结合起来，生动地展现了中亚和地中海地区在大国文化影响下的互动，在充当东西方、南北方之间重要的通道和贸易中心的同时，阻挡了罗马的扩张，见证了帝国的重要性、财富和文化。

库尼亚—乌尔根奇 ▷

位于土库曼斯坦的西北部、阿姆河的南面，距离首都阿什哈巴德480千米。古称玉龙杰赤，是古代花剌子模王国的首都，丝绸之路在中亚地区的重要贸易都市之一。历史上乌尔根奇曾多次被毁又重建，今天游客能看到的遗迹面积约3.5平方千米，主要是一些由泥砖建筑而成的碉堡、宣礼塔和帝王陵墓。

梅尔夫历史与文化公园 ▷

梅尔夫位于土库曼斯坦马雷市附近，因城畔湍急的穆尔加布河得名。马雷古城在撒马尔罕和巴格达之间，是古代丝绸之路上的交通要道。在其鼎盛时期，这里曾与大马士革、巴格达和开罗一道被称为伊斯兰教的中心。现在的梅尔夫是中亚地区丝绸之路沿线最古老、保存最完好的绿洲城市，1999年，作为世界文化遗产被列入《世界遗产名录》。

地狱之门

在世界顶尖旅行者的目录中，土库曼斯坦的"地狱之门"是必须到访的经典景点。这个位于卡拉库姆沙漠中部官方名称为"达瓦札天然气火山口"，是当年苏联地质学家在进行天然气探测时坍塌形成的。当时，为防止有毒气体泄漏，专家引燃了坑内的气体，谁知这一烧就是44年之久。夜晚，"达瓦札天然气火山口"发出的火光染红了半个天空，在几十千米外都清晰可见，有如地狱在人间的大门，从未有人尝试进入。2015年，探险家乔治·康罗尼斯勇敢地跨入了"地狱之门"，他身穿防护装备，在1 000度高温的火焰坑面行走，采取了矿石和泥土样本。发现在如此高温下仍有细菌存活，看来，"地狱"中也是有生命存在的。

阿富汗

■ AFUHAN ■

—— 帝国终结者 ——

历史沿革

《 L I S H I Y A N G E 》

阿富汗历史悠久，最早可追溯到公元前6世纪波斯第一帝国统治时期，之后阿富汗就处于被周边大国交替占领、统治的阶段。希腊人、大月氏、嚈哒人、突厥人、阿拉伯人、蒙古人、乌兹别克人都曾是这片土地的主人，佛教、祆教、伊斯兰教也先后在此扎根。公元15世纪以前，阿富汗是欧洲、中东对印度和远东贸易、文化交流的中心。公元15世纪末，欧洲至印度的海路开辟后，阿富汗的重要性降低。1747年，阿富汗普什图族酋长艾哈迈德建立杜兰尼王朝，重新统一阿富汗地区，阿富汗民族国家雏形形成。

19世纪后，阿富汗国力日衰，成为英国和沙俄的角逐场，并一度沦为英国殖民地。1919年，摆脱英国

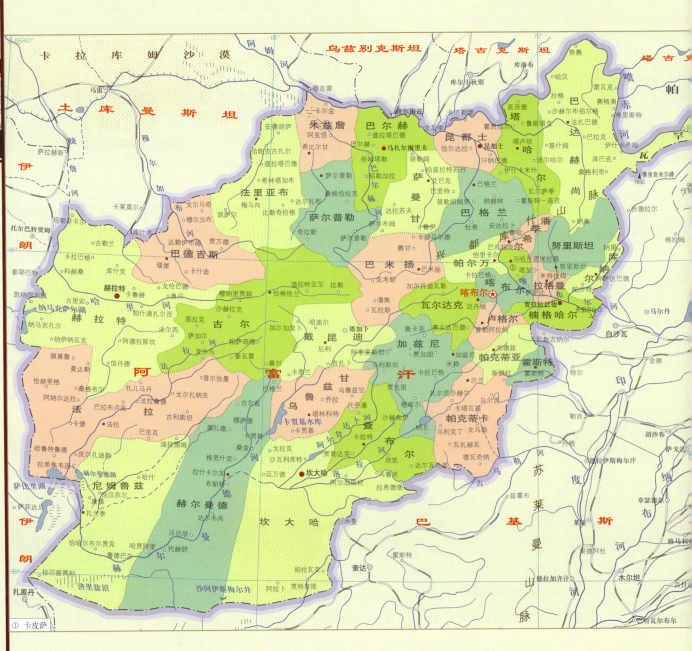

殖民统治获得独立。1933—1973年，在查希尔国王的统治期间，经济繁荣，社会稳定，阿富汗一度成为中亚国家发展的典范。20世纪50年代，阿富汗和巴基斯坦对普什图尼斯坦地区归属的争执激化，苏联为和美国争夺亚洲腹地的领导权，积极向阿富汗渗透，赫鲁晓夫在50年代公开表示支持阿富汗在"普什图尼斯坦"问题上的立场，最终使阿富汗彻底倒向苏联的怀抱，为民族和国家留下了祸根。

20世纪70年代，美苏争霸呈现苏攻美守态势。苏联继承彼得大帝的战略设想，试图以阿富汗为南下基地，打通陆上直下印度洋的通道，威胁中东产油区，迂回包围欧洲，最终称霸世界。

1973—1979年，苏联在阿富汗操纵了三次政变，并于1979年12月正式入侵阿富汗。但阿富汗这个"大国坟场"将苏联拉入长达10年的游击战泥潭，1989年2月，在国际社会的强烈谴责下，苏联从阿富汗撤军，双方在战争中均遭受巨大损失。

1994年，以学生为主体的伊斯兰原教旨主义运动组织塔利班兴起，并于1996年9月攻占喀布尔，建立政权。1997年10月改国名为"阿富汗伊斯兰酋长国"，在阿富汗实行伊斯兰统治，并支持同样持原教旨主义的基地组织。9·11事件后，塔利班政权在美军事打击下迅速垮台。在联合国主持下，阿富汗启动战后重建"波恩进程"。2002年6月，成立过渡政府。但是，塔利班残余势力反政府、反美零星战斗持续至今。2004年10月，卡尔扎伊当选总统。2014年，阿富汗举行新一轮总统选举，加尼获胜并宣誓就职阿富汗总统，阿卜杜拉被任命为首席执行官。

国家概况

◀ G U O J I A G A I K U A N G ▶

阿富汗斯坦伊斯兰共和国（英语：The Islamic Republic of Afghanistan），简称阿富汗。国名来自人口最多的族群普什图人，意为普什图人的土地。阿富汗是亚洲中西部的内陆国，地处南亚、西亚和中亚交汇处，北部同土库曼斯坦、乌兹别克斯坦和塔吉克斯坦接壤，东北部有一条突出的狭长地带——瓦罕走廊连接中国，东部和南部毗邻巴基斯坦，西与伊朗交界，战略位置十分重要。

国土面积64.75万平方千米，平均海拔1 000米，山地高原占全国面积的五分之四，兴都库什山脉自东北横贯西南，平原主要分布在北部和西南部地区。河流多为内陆河，最终注入沙漠和湖泊，主要河流有阿姆河、喀布尔河、赫尔曼德河和哈里鲁河等。

阿富汗属于温带大陆性气候，四季分明，昼夜温差大。冬季寒冷，东北部山区最低气温低至-30℃；夏季高温，东部地区贾拉拉巴德最高气温达49℃。全年少雨，年平均降水量仅为240毫米。

阿富汗总人口约为3 128万，其中普什图族占40%，塔吉克族占25%，还有哈扎拉、乌兹别克、土库曼等其他少数民族。主要宗教为伊斯兰教，其中80%为逊尼派，19%为什叶派。普什图语和达里语为阿富汗的官方语言，其他地区语言有乌兹别克、俾路支、土耳其语等。

阿富汗实行总统共和制，国民议会是国家最高立法机关，分上下两院。同时，阿富汗还不定期地举行支尔格大会，又称大国民会，讨论宪法、对外政策等重大问题。现有政党近百个，塔利班虽然没有加入阿政府，但事实上控制着阿富汗的广大地区，影响巨大。

国旗 长方形，长宽比为3：2，选用伊斯兰典型的黑红绿三色，分别象征过去、鲜血和未来，国徽图像置于国旗正中。

国徽 圆形，中间为具伊斯兰宗教色彩的清真寺图案，上端为阿文写的阿富汗国名，下端为伊斯兰教的一句名言："万物非主，唯有真主，穆罕默德是安拉的使者"。

资源与经济
◀ ZIYUANYUJINGJI ▶

阿富汗矿藏资源较为丰富，价值超过3万亿美元，但是，尚未得到充分开发。

已探明矿藏1 400余处，包括石油、天然气、煤、盐、铬、铁、铜、锂和宝石等。

其中，位于喀布尔南部的埃纳克铜矿已探明矿石总储量约7亿吨，铜金属总量达1 133万吨，是世界第三大铜矿带。

长达30多年的战争，对阿富汗交通、工业、教育、农业基础设施破坏严重，人民生活困苦。

2002年以来，阿国民经济呈现"低水平的快速增长"，经济逐步恢复发展。2016年，国内生产总值达到194亿美元，人均GDP为667美元，属于低收入国家。

农牧业是国民经济的主要支柱，农牧业人口占全国总人口的80%以上。主要农作物是小麦、棉花、甜菜、干果及各种水果，主要畜牧产品是肥尾羊和山羊。

阿富汗地处世界第一大毒源地"金新月"的中心，2013年，生产鸦片5 500吨，对地区的和平与安全构成了严重威胁。

阿富汗同60多个国家和地区有贸易往来，2016年，对外贸易总额约82.8亿美元，主要贸易伙伴有巴基斯坦、中国、印度、伊朗等。

出口商品有天然气、地毯、干鲜果品、羊毛、棉花等，进口商品有食品、机动车辆、石油产品和纺织品等。

■ 阿富汗矿产

■ 阿富汗农业

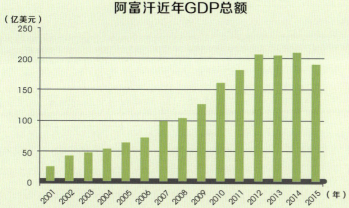

阿富汗近年GDP总额

（亿美元）

（年）

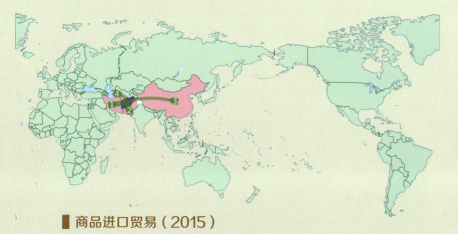

■ 商品出口贸易（2015）

- 出口巴基斯坦的商品占本国商品出口总额的39.7%
- 出口印度的商品占本国商品出口总额的33.1%
- 出口伊朗的商品占本国商品出口总额的5.1%
- 出口阿拉伯联合酋长国的商品占本国商品出口总额的4.3%

■ 商品进口贸易（2015）

- 进口伊朗商品占本国商品进口总额的23.4%
- 进口巴基斯坦的商品占本国商品进口总额的17.4%
- 进口中国的商品占本国商品进口总额的13.5%
- 进口土库曼斯坦的商品占本国商品进口总额的8.2%

与中国关系

◀ YUZHONGGUOGUANXI ▶

中国阿富汗两国友谊源远流长，公元前139年开始的张骞凿空西域之旅，最终抵达的就是位于今天阿富汗的大月氏，从此开辟了著名的"丝绸之路"。张骞回国带回原产于大月氏的胡麻、葡萄、胡萝卜、蚕豆等农产品，后来成为中国人饮食中的重要组成部分。

1955年1月20日，中阿两国建立外交关系。后因战乱多次中断交往。2002年，阿富汗启动和平重建进程以来，中阿关系掀开新的一页，2012年6月，两国建立中阿战略合作伙伴关系。2016年前三季度，双边贸易额为2.96亿美元。

其中，中国出口主要为机电、五金、纺织、日用品、轻工类等；进口主要是牛羊皮等。埃纳克铜矿项目和阿姆河盆地油田项目，是中阿合作的重点项目。目前，埃纳克铜矿项目由中冶公司负责落实，阿姆河盆地油田项目由中石油公司经营。

交通与旅游
‹ J I A O T O N G Y U L Ü Y O U ›

阿富汗是内陆国，无出海口，公路和航空是主要交通方式。公路通车里程17.79万千米，以首都喀布尔为核心展开。国内有46个机场，阿利亚纳和KAM两个航空公司，从首都喀布尔国际机场出发有前往周边主要国家的定期航线，中国旅客可从乌鲁木齐出发前往喀布尔。

作为世界上最危险的国度之一，在阿富汗旅游需要极大的勇气，主要城市以外的广大地区被不欢迎"客人"的塔利班所控制，就连首都喀布尔被铁丝网和水泥墩包围起来的使馆区也有人体炸弹的危险。2014年前往阿富汗的中国人总数不超过1000人，游客数量就更寥寥可数，所以"安全"是去阿富汗旅游的首要考虑因素。曾经的世界上最高的站佛巴米扬大佛和最美的湖泊班达米尔湖都已经被塔利班破坏，"神秘"变成了这个国家最具特色的旅游吸引物，大多数前往阿富汗的游客所能做的只是参观几个在战火中幸存的博物馆，感受一下喀布尔街头危机四伏的氛围。

巴米扬山谷的文化景观和考古遗迹

位于阿富汗中部巴米扬城北兴都库什山区河谷中的巴米扬山谷，向世人展示了公元1—13世纪期间巴克特里亚文化艺术与宗教的发展历程，其佛教遗址的艺术糅合了印度、波斯及保留希腊、罗马影响的犍陀罗风格，是中国佛教石窟艺术的原型。2001年，塔利班无情地摧毁了两座上千年历史的巴米扬大佛，震惊世界。目前，联合国正打算重建这一遗址。

查姆回教寺院尖塔和考古遗址

地处古尔省心脏位置的查姆尖塔，依山傍水，从狭窄河谷中拔地而起，庄严肃穆，高耸入云。这座建造于公元12世纪的宣礼塔由烧制精巧的砖石筑成，顶部蓝色釉面的琉璃瓦铭刻文华四射，美轮美奂，代表了该地区建筑和艺术的最高水平。

巴米扬山谷的文化景观和考古遗迹

大漠丝路
通往欧洲的中亚、西亚十国

SICHOU ZHILU
JINGJIDAI
TUJIE

【阿富汗】
丝绸之路区位图

图解 丝绸之路 经济带

119

世界遗产分布图

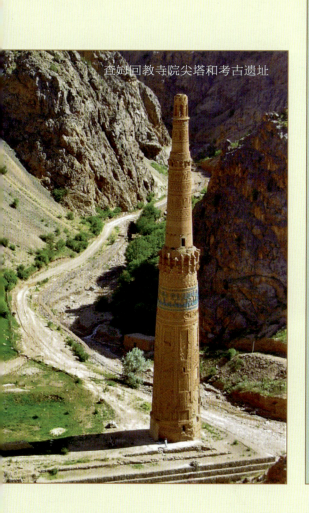

查姆回教寺院尖塔和考古遗址

专题：帝国终结者

　　地处南亚、西亚和中亚交会处的阿富汗，地缘价值突出，自古以来就是大国势力东进西出、南下北上的必经之地，历史上伟大的帝国希腊、波斯、阿拉伯、突厥、唐、蒙古都曾染指过这一方土地，但是，都不能长久。战无不胜的亚历山大大帝也为当地原住民族的游击战所困扰，最后只能通过联姻的方式来维护统治；最兴盛时期的唐王朝也仅仅维持了对阿富汗地区50年的统治。

　　近现代史上，首先陷入到阿富汗战争泥潭的是19世纪唯一的超级大国英国。

　　出于与沙俄争夺对中亚控制权的战略需要，英国在谋得印度和尼泊尔的控制权后，于1839—1842年、1879—1880年、1919年三次入侵阿富汗，但阿富汗人民不屈不挠的反抗，使英国每次在占领阿重要城市后就被迫仓促撤出。1921年11月22日，英阿签订和约，英国正式承认阿富汗独立，阿富汗人民抗英战争取得了彻底胜利。

　　20世纪70年代，苏联霸权主义急剧膨胀，当其代理人在阿富汗推行俄国化遭受武装反对时，苏联选择了直接出兵。1979年12月至1980年1月，苏军突袭阿富汗，占领主要城市和交通线。

　　但是接下来，苏联遇到了与英国人同样的问题，退守到山区的阿富汗游击队不断侵袭骚扰苏军驻地和交通线，势力也日渐壮大，双方形成相互对峙的局面。1988年，苏联在阿富汗战争胜利无望的情况下，签署日内瓦和平协议，在付出伤亡五万余人，耗费450亿卢布的惨重代价后撤离阿富汗。

　　2011年10月17日，以美国为首的联军在阿富汗发起了一场旨在为"9·11"事件复仇的战争，目的是逮捕本·拉登等基地组织成员，并惩罚塔利班对恐怖分子的支援。但与苏联和英国的遭遇相似，美国一直未能完成对基地武装和塔利班势力的彻底清剿，自身却已有约一万名士兵阵亡。这场阿富汗战争已持续了14年之久，并依然看不到尽头。阿富汗先后将全球势力最强大的三个帝国拖入战争的泥潭，并且都不能全身而退，"帝国终结者"可谓名副其实。

伊朗
■ YILANG ■

——— 力图重现波斯辉煌的地区大国 ———

历史沿革
《 L I S H I Y A N G E 》

　　地处亚洲西部伊朗高原上的伊朗，自古就是这一地区的大国。最早的历史可追溯到公元前3000年的埃兰王朝和在伊朗高原定居的雅利安人王国米底亚。

　　公元前6世纪，居鲁士大帝创建的波斯帝国横空出世，盛极一时。在波斯波利斯大流士一世（公元前522—公元前486年）统治时期，波斯帝国包括了70个民族，5 000万人口，近700万平方千米的土地，成为历史上第一个横跨欧亚非三大洲的帝国。

　　自公元前334年亚历山大征服波斯开始，希腊人、阿拉伯人、突厥人、蒙古人、阿富汗人先后入侵并统治伊朗。公元1779年，伊朗东北部的土库曼人恺伽部落统一了伊朗，建立恺伽王朝，并首次定都德黑兰。

　　19世纪后，西方列强加紧对伊朗的争夺，伊朗沦为英、俄的半殖民地，当下的屈辱与往昔波斯帝国的辉煌形成了鲜明对比，人民思变心情热切。

　　1921年2月，军官礼萨汗·巴列维发动政变，夺取政权，建立巴列维王朝。世俗化的伊朗政府在美英的支持下，经济迅速发展，人民生活水平和政治权利得到较大改善，但快速增长的人口所带来的就业压力和对宗教势力长期的打压，使巴列维国王逐渐失去了人民的支持。1979年，长期流亡海外的宗教领袖霍梅尼回国建立伊朗伊斯兰共和国，至此伊朗成为政教合一的国家。

　　此后发生的伊朗人质危机、两伊战争、伊朗核问题等，使伊朗与西方国家渐行渐远，经济发展也受到影响。但是，鲜明的政治主张、强大的综合国力，使伊朗仍不失为一个中东地区有影响力的大国。

国旗 呈长方形，长与宽之比约为7:4。由绿、白、红三色长条组成，分别象征生命和希望，神圣与纯洁，以及丰富的矿产资源。正中镶嵌着红色的伊朗国徽图案。

国徽 由四弯新月、一把宝剑和一本古兰经组成阿拉伯文"安拉"（真主）。新月象征伊斯兰教；古兰经位于顶端，象征伊斯兰教高于一切，是共和国行为准则的依据；宝剑象征坚定与强大的国家力量。

1 : 6 600 000

【伊朗】
丝绸之路区位图

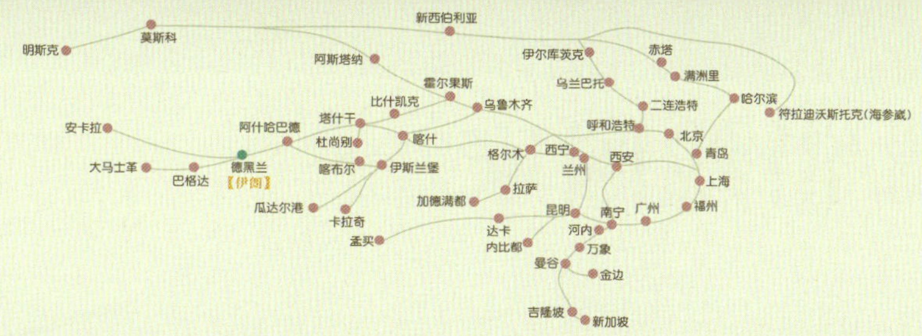

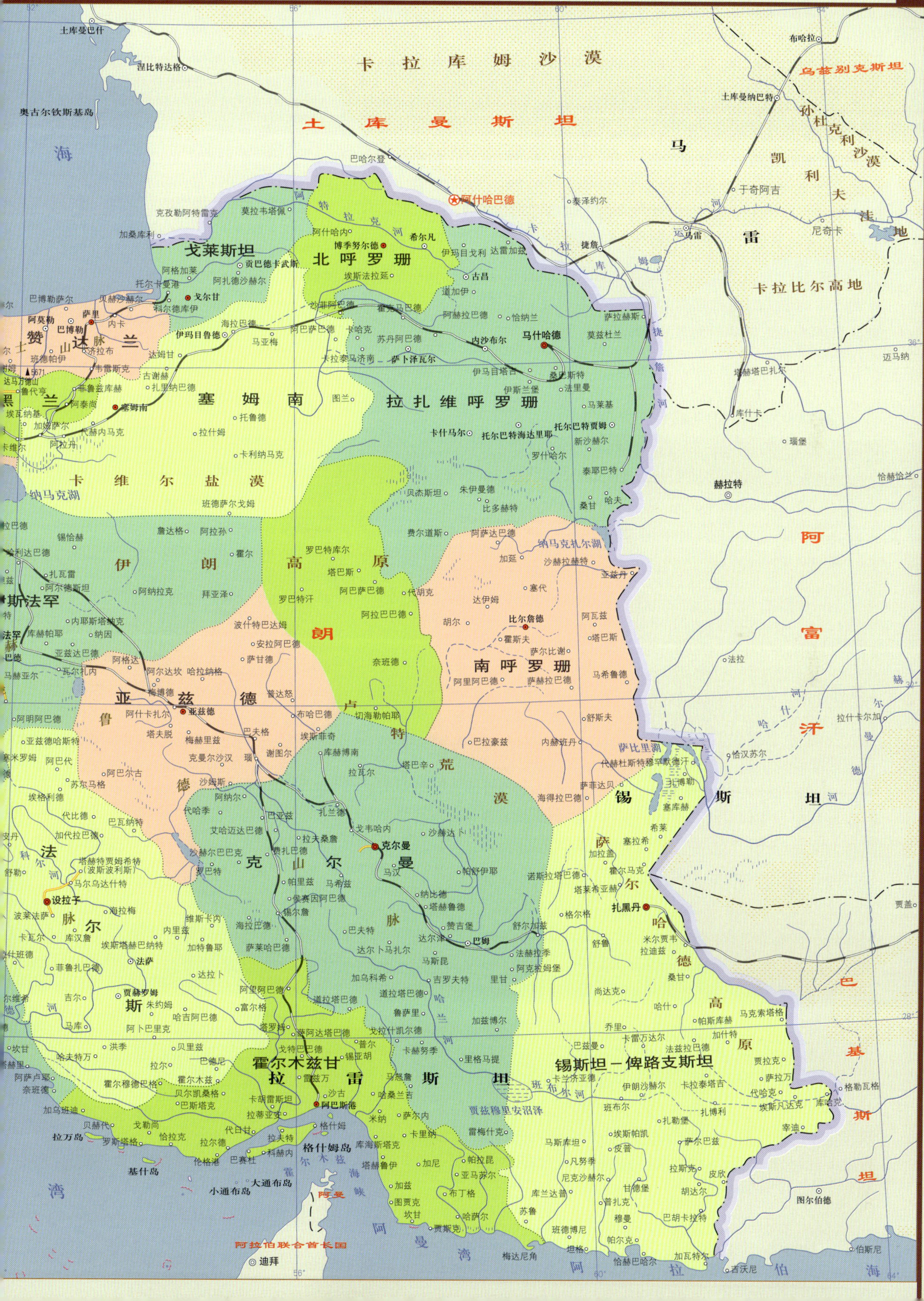

卡拉库姆沙漠

土库曼斯坦

乌兹别克斯坦

布哈拉

阿什哈巴德

马雷

卡拉比尔高地

戈莱斯坦

北呼罗珊

博季努尔德

赞詹

达兰

阿莫勒

马什哈德

塞姆南

拉扎维呼罗珊

赫拉特

卡维尔盐漠

阿富汗

伊朗高原

南呼罗珊

斯法罕

亚兹德

鲁德

卢特荒漠

锡斯坦

克尔曼

设拉子

法尔斯

克尔曼脉

锡斯坦－俾路支斯坦

巴基斯坦

霍尔木兹甘

拉雷斯坦

格什姆岛

阿曼

阿拉伯联合酋长国

迪拜

阿曼湾

阿拉伯海

国家概况
◀ GUOJIA GAIKUANG ▶

伊朗伊斯兰共和国（英语：Islamic Republic of Iran）位于亚洲西部，北靠里海，南临波斯湾和阿拉伯海，陆上与土库曼斯坦、阿富汗、巴基斯坦、伊拉克、土耳其、阿塞拜疆和亚美尼亚为邻，国土面积约164.5万平方千米，排名世界第18位。国土大部分位于伊朗高原，海拔在900~1500米之间，仅西南部波斯湾沿岸与北部里海沿岸有小面积的冲击平原。主要河流有卡流伦河与塞菲德河。气候四季分明，大部分地区属于沙漠性气候，冬季温暖湿润，夏季干热，干热季节长达7个月，年均降雨低于250毫米。

伊朗是世界上人口增长最快的国家之一。1968年伊朗人口仅为2700万，如今，已经增长到8000万。人口中波斯人占66%，阿塞拜疆人占25%，库尔德人占5%，还有巴赫蒂亚里人、卢尔人、俾路支人及土库曼人等少数民族。超过98.8%的居民信奉伊斯兰教，其中91%为什叶派，7.8%为逊尼派。波斯语是其官方语言。

国家实行总统内阁制，总统是国家元首，也是政府首脑。1989年，霍梅尼去世后，哈梅内伊继任国家领袖。现任总统哈桑·鲁哈尼于2013年上台。

伊斯兰议会是伊最高国家立法机构，实行一院制。同时，设有确定国家利益委员会、宪法监护委员会和专家会议等机构。

■ 伊朗矿产

资源与经济
◀ ZIYUANYUJINGJI ▶

能源储量丰富，已探明天然气储量33.8万亿立方米，石油储量216亿吨，是世界第一大天然气和第三大石油蕴藏国，其产量均列世界前五位。矿物资源储量同样巨大，矿藏总储量270亿吨。其中，锌矿储量2.3亿吨，居世界第一位；铜矿储量30亿吨，约占世界总储量的5%，居世界第三位；铁矿储量47亿吨；其他储量较大的有铬、金、锰、锑、铅、硼、重晶石、大理石等，每年矿产品开采量占全球的1.2%。

伊朗是亚洲重要的经济体，近年来，经济总体保持低速增长。但由于近年来能源价格持续下跌和伊朗大幅下调里拉尔对美元汇率，其国内生产总值相对2011年顶峰时期的5766亿美元，大幅降低至2016年的4123亿美元。目前，人均GDP为5124美元，属于中等较高收入国家。农业在国民经济中占有重要地位，可耕地面积超过国土面积的30%，农业人口占总人口的43%，粮食生产能够满足国内需要的90%。

■ 伊朗农业

【伊朗】
丝绸之路区位图

大漠丝路
通往欧洲的中
亚、西亚十国

图解 丝绸之路
经济带

出口商品为油气、金属矿石、皮革、地毯、水果等，主要进口产品有食品、药品、运输工具、机械设备等。

伊朗是OPEC第二大原油输出国和世界第五大原油生产国，对世界能源市场影响巨大。主要贸易伙伴为中国、伊拉克、阿拉伯联合酋长国和欧盟等。

伊朗近年GDP总额

商品出口贸易（2011）

- 出口中国的商品占本国商品出口总额的4.1%
- 出口伊拉克的商品占本国商品出口总额的3.6%
- 出口阿联酋的商品占本国商品出口总额的3.3%
- 出口印度的商品占本国商品出口总额的2.0%

商品进口贸易（2011）

- 进口阿联酋的商品占本国商品进口总额的26.6%
- 进口欧盟的商品占本国商品进口总额的18.8%
- 进口中国的商品占本国商品进口总额的10.3%
- 进口韩国的商品占本国商品进口总额的6.6%

与中国关系
YUZHONGGUOGUANXI

中国与伊朗的交往可追溯至公元前2世纪，张骞在凿空西域的旅途中，就得知安息的存在。

公元97年，东汉甘英奉西域都护班超之命出使大秦，最远曾抵达安息西界的西海（今波斯湾），是中国到访伊朗的第一人。

此后，两国来往不断，丝绸之路的作用日益凸显，互利沿途各国，到了沿途诸国、诸邦和周边邻邦、邻国纷纷来贺的唐朝，唐高宗顺势利导，帮助波斯萨珊王朝末代王子俾路斯复国，建立了波斯都护府。

1971年8月16日，中国与伊朗正式建交。1979年，伊朗伊斯兰共和国建立后，两国高层互访增多，各领域友好合作关系不断发展。

2016年前三季度双边贸易额达338.42亿美元。其中，自伊朗进口51.97亿美元，以原油、矿石、初级塑材、钢材和农副产品等为主；向伊朗出口59.53亿美元，主要包括机电、纺织、化工、钢铁制品等。

交通与旅游

〈JIAOTONGYULÜYOU〉

伊朗交通发达，公路总长15.8万千米，铁路总长9 508千米，在波斯湾和里海建有多个大型港口，是中东和波斯湾地区最大的油轮拥有国。建有通往中东、亚洲及欧洲地区的国际航空网络和六个国际机场，但主要出入境航班都从德黑兰的迈赫尔阿巴德机场出发，中国游客可从北京、乌鲁木齐和上海出发前往德黑兰。

伊朗拥有5000年的文明史，自然风光和文化遗存丰富，吸引着大量的国际游客。伊斯兰革命和两伊战争使旅游业遭到极大破坏，国际游客人数一度不到10万人。

1991年以来，在政府不断努力下，旅游业逐渐复苏，2013年入境游客人数达到480万。在伊朗旅游，你可以欣赏到《一千零一夜》里描述的美轮美奂的波斯园林，你可以在舒什塔尔公元3世纪修建的水利系统里感叹古代劳动人民的聪明智慧，在波斯波利斯大流士一世的宫殿感受万邦来朝的帝王气势，也可以在大不里士的集市里痛快淋漓地购物。

总之，丰富多彩的波斯和伊斯兰文化，会使你的伊朗之旅充满浓郁的异域特色。值得一提的是，方便游客在德黑兰各个景点穿梭的地铁系统，是由中国建设的。

舒什塔尔古代水利系统 ▶

建于公元3世纪，该系统通过一系列精巧的设计，将克鲁恩河水引入舒什塔尔市，是伊朗古代最伟大的水利工程，见证了依拉密特人和美索不达米亚人的聪明才智。

波斯园林 ▼

由分布在9个省份的9座园林共同组成，体现了自公元前6世纪居鲁士大帝时期以来形成的波斯园林设计原则，展现着由适应各种气候条件而发展来的多样园林风格。所有园林设计理念都突出对伊甸园及琐罗亚斯德教四大元素——天空、水、大地、植物的象征意象的体现，对后世的印度及西班牙园林艺术产生了重要影响。

■ 世界遗产分布图

图解
丝绸之路
经济带
TUJIE
SICHOU ZHILU
JINGJIDAI

125

◀ 波斯波利斯

　　位于扎格罗斯山区盆地，修建于大流士王时期，是波斯阿基美尼德王朝的第二座都城，原址规模宏大，波斯人用了60年才将其建成，后被亚历山大大帝攻占后焚毁，现存有大流士王的接见厅与百柱宫，是中亚古代文明的一个独特的证明，于1979年入选《世界文化遗产名录》。

◀ 大不里士的集市区

　　位于东阿塞拜疆省的大不里士，自古以来就是中东地区各种文化的交流之地和丝绸之路上的一个重要贸易中心。公元13世纪，这里成为萨法维王国的首都，由一系列相互连接、顶部覆盖、砖石结构的建筑，以及功能各异的封闭空间所构成的集市区随之建立起来，并维持了600年的繁荣。如今，此地依然是伊朗传统商业与文化体系保存最完整的骄傲，闪耀着昔日丝绸之路的辉煌，昭示着未来"一带一路"的光明前途。

伊拉克
■ YILAKE ■
———— 人类文明的重要发源地 ————

历史沿革
《LISHI YANGE》

　　伊拉克所处的幼发拉底河、底格里斯河两河流域，是人类文明的发源地。这里曾诞生人类历史上最早的文字和城市，以及世界四大文明古国之一的古巴比伦王国。自公元前2000年开始，亚述帝国、后巴比伦王国、波斯、塞琉西（条支）、安息、波斯萨珊王朝先后统治这一地区。

　　公元7世纪，阿拉伯帝国兴起并占领两河流域，阿拔斯王朝（中国人称之黑衣大食）定都巴格达。公元1258年，成吉思汗之孙旭烈兀攻占巴格达，以波斯和小亚细亚为中心，建立了伊利汗国，辖区包括今伊拉克。公元1534年，奥斯曼帝国开始统治两河流域，直到第一次世界大战。

　　一战中，阿拉伯人民协助英国战胜了奥斯曼帝国，但英法两国却违背了战前支持麦加圣裔建立统一阿拉伯的构想，将这一地区划分为伊拉克、叙利亚、黎巴嫩、约旦等四个国家。麦加哈希姆王室费萨尔在英国的支持下在巴格达建立费萨尔王朝。1958年，以卡塞姆为首的自由军官集团发动军事政变，推翻费萨尔王朝，宣布成立伊拉克共和国。1968年，复兴党政变上台。1979年，萨达姆全面掌权，将伊拉克带入两伊战争、海湾战争和伊拉克战争三场战争。

　　2003年，萨达姆政权被推翻后，伊拉克临时政府成立。但是，深刻的民族、宗教矛盾使新生政权举步维艰，极端势力"伊斯兰国"的扩张更是雪上加霜，现在的伊拉克仍是世界上最危险的国家之一。

国家概况
《GUOJIA GAIKUANG》

　　伊拉克共和国（英语：the Republic of Iraq）位于亚洲西南部，阿拉伯半岛东北部，陆上有土耳其、伊朗、科威特、沙特、约旦和叙利亚六个邻国，东南部有狭小出海口与波斯湾相连，国土面积43.83万平方千米。东北部是库尔德山地，西南部为阿拉伯高原，中间是占国土大部分的美索不达米亚平原，绝大部分国土海拔不足百米。幼发拉底河和底格里斯河自西北向东南贯穿全境，并注入波斯湾。东北山区属地中海式气候，其他地区属热带沙漠气候，夏季最高气温可在50℃以上，冬季在0℃左右，年平均降雨量由南至北100~500毫米。

　　2015年，人口3 600万。其中，阿拉伯族约占78%，库尔德族约占15%，其余少数民族有土库曼族、亚美尼亚族等。官方语言为阿拉伯语和库尔德语。居民95%以上信奉伊斯兰教，什叶派穆斯林略多于逊尼派，少数人信奉基督教等宗教。

　　根据2005年10月伊全民公决通过的永久宪法，伊拉克是拥有独立主权的联邦制国家，实行议会代表制，主要有什叶派政党全国联盟、逊尼派政党全国力量联盟、库尔德族政党库尔德联盟和跨教派政治联盟爱国联盟四个政党。

1 : 3 786 000

【伊拉克】
丝绸之路区位图

国旗 呈长方形，长宽比为3∶2，由红白黑3个长方形组成，分别象征勇猛与革命、宏大与和平、圣战胜利和石油，中间是阿拉伯文书写的"真主至上"。

国徽 显赫的萨拉丁雄鹰是12世纪伊斯兰圣战中领导穆斯林抗击十字军东征的库尔德族领袖的纪念物，在阿拉伯世界中代表了崇高、勇敢和坚强。雄鹰胸部国旗图案的盾徽，寓意祖国永在伊拉克人心中。基部绿色饰圈上是阿拉伯文书写的"伊拉克共和国"。

图解 丝绸之路经济带

资源与经济
◀ZIYUANYUJINGJI▶

　　萨达姆政权倒台后，国际社会对伊拉克的经济制裁取消，伊经济开始重建。

　　但是，由于安全局势不稳，基础设施严重损毁，进展缓慢。至2015年，伊拉克国内生产总值达到1 686亿美元，人均GDP为4 464美元，属于中等较高收入国家，但还未达到战前标准。

　　能源产业是伊国民经济的命脉。伊拉克战争结束后，石油生产逐渐恢复。

　　2014年，原油日产量达到350万桶，石油日均出口量约290万桶，石油出口收入占到国内生产总值的45％和政府财政收入的90％。

　　农业生产主要集中在两河流域的美索不达米亚平原，可耕地面积占国土总面积的27.6％，农业人口占全国人口的三分之一。但是，粮食生产不能自给，主要农作物有小麦、大麦和椰枣等。

　　伊战结束后，政府实行开放的外贸政策，对大部分进口商品免征关税，对外贸易发展迅速。

　　2015年，伊拉克出口额达到627亿美元，主要出口产品为原油、天然气、椰枣、化肥等。进口额达到396亿美元，进口产品包括生产资料、粮食等生活必需品，主要贸易伙伴为土耳其、美国、约旦、叙利亚、中国、伊朗等。

■ 商品出口贸易（2015）

■ 出口阿拉伯联合酋长国的商品占本国商品出口总额的0.15%　　■ 出口叙利亚的商品占本国商品出口总额的0.04%

■ 出口土耳其的商品占本国商品出口总额的0.02%　　■ 出口约旦的商品占本国商品出口总额的0.02%

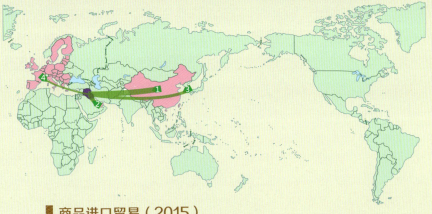

■ 商品进口贸易（2015）

■ 进口中国的商品占本国商品进口总额的28.3%　　■ 进口阿拉伯联合酋长国的商品占本国商品进口总额的14.9%

■ 进口韩国的商品占本国商品进口总额的7.8%　　■ 进口欧盟的商品占本国商品进口总额的7.5%

■ 伊拉克矿产

■ 世界遗产分布图

与中国关系
◀ YUZHONGGUOGUANXI ▶

　　中国与伊拉克于1958年8月25日建交，其后双边关系发展顺利。

　　1990年海湾危机爆发后，中国根据联合国决议，中止了与伊拉克的经贸、军事往来。直至2004年，伊拉克战争结束后，双方才正式恢复大使级外交关系。

　　经过十年来不断深入的经贸合作，伊拉克已成为中国在阿拉伯国家的第三大贸易伙伴。2015年，双边贸易额达206亿美元，同比下降27.7%。伊拉克也是中国石油重要进口国之一，2015年，中国从伊拉克进口原油3211万吨，同比增长12.3%。

交通与旅游
◀ J I A O T O N G Y U L Ü Y O U ▶

　　国内交通运输以公路为主。公路网总长3.7万千米。其中，高速公路约2 000千米，多数建于海湾战争之前。铁路总长约2 370千米，主要包括以首都巴格达为中心的三条干线。内河航线总长1 015千米，主要港口有乌姆盖斯尔港和贝克尔港。

　　伊拉克有巴格达、巴士拉、埃尔比勒、苏莱曼尼亚、纳杰夫和摩苏尔等六个国际机场。

　　战后，伊拉克航空公司陆续开通了巴格达与周边国家的国际航线。2014年8月，中国广州至巴格达的直航航线开通，中国旅客可直飞伊拉克。

　　悠久的历史为伊拉克留下了大量的历史遗存：公元前5000年埃尔比勒城塞、世界上第一座城市乌尔城遗址（公元前2060年）、亚述帝国的都城亚述古城遗迹（公元前910年），以及融汇了希腊罗马建筑风格及东方装饰特色的帕提亚帝国的要塞重镇哈特拉，等等。来到伊拉克，你可以触摸到人类文明最早的历史。但是，考虑到时局险恶，加之基础设施匮乏，建议在伊拉克局势稳定之前，不要前往。

129 ＞

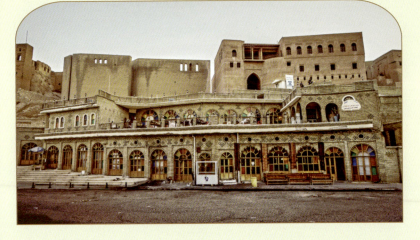

◀ 埃尔比勒城堡

坐落于埃尔比勒省，是伊拉克北部最优秀的古迹。目前的遗存是由巴比伦人与亚述人建成的，曾为亚述人的政治和宗教中心，经历了波斯王朝、希腊王朝、萨珊王朝，终止于伊斯兰帝国。如今，残旧的城堡依然高高在上，俯瞰着埃尔比勒古城的兴衰。

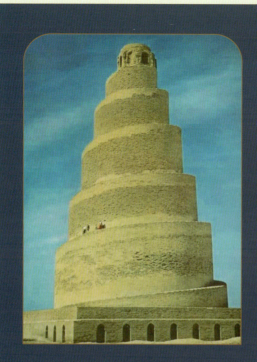

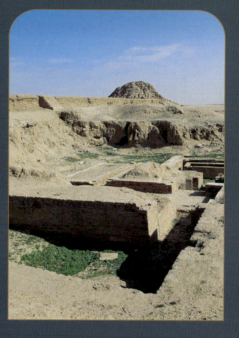

萨迈拉古城

位于巴格达以北130千米的底格里斯河岸边，是公元9世纪强大的伊斯兰帝国阿巴斯王朝的都城。

同期建造的萨迈拉大清真寺，为伊斯兰世界最大的清真寺之一；萨迈拉螺旋金字塔高50多米，融合了亚述庙塔的建筑风格，造型独特。

萨迈拉古城在建筑艺术上极具创新性，是"丝绸之路"上的重要遗迹，在人类文明史上意义重大。

亚述古城

位于摩苏尔之南150千米，现名谢尔卡特堡，是亚述王国的第一个都城，当年的重要国际文化和贸易交流平台。

由于常年战乱，亚述古城的很多遗迹还没有发掘。

但是，已发掘部分在2015年被"伊斯兰国"破坏，亚述古城在沉睡千年后又一次遭遇浩劫，着实令人扼腕叹息。

◀ 哈特拉古城

位于摩苏尔西南50千米，是伊拉克北部古代帕提亚王国的军事重镇。凭借高大坚厚的城墙和城堡，它于公元116年和公元198年抵挡住了罗马人的多次进攻。

古城中融合希腊、罗马及东方装饰手法的神庙遗迹群，见证着古代帕提亚王国辉煌的文明，神庙中蛇发女怪美杜莎的石雕头像和供奉着的"神鹰"，令每位到访的游客赞不绝口。

可惜这处世界文化遗产于2015年3月7日被"伊斯兰国"彻底摧毁。

叙利亚
■ XULIYA ■

————— 战 火 中 的 国 度 —————

历史沿革
《LISHI YANGE》

叙利亚是一个拥有悠久历史和古老文明的国度。公元前4000年，就有人们在地中海东岸的这片土地上定居，并使用铜器。公元前3000年到前1000年，阿拉伯半岛的塞姆人向叙利亚及其附近地区完成了三次大的迁徙，史称塞姆文明。先来的是塞姆人中的阿莫雷，他们在公元前3000年的最后几个世纪进入今天的叙利亚，建立了一些奴隶制的城邦。第二批到来的是迦南人，他们于公元前2000年前后进入今天的叙利亚、黎巴嫩和巴勒斯坦地区。其中，地中海东部的一支迦南人，即腓尼基人，在地中海地区进行航海贸易，促进了当地的经济文化交流，特别是他们创造的拥有22个辅音字母的腓尼基文字，是现代所有字母文字的始祖，对世界文明尤其是西方文明作出了巨大贡献。

公元前2000—公元前1000年间，最后一支进入叙利亚的塞姆人是阿拉米人，他们建造了大马士革、哈马等城市。其所创造的阿拉米语言和文字，据说是基督耶稣布道所用的语言和旧约后期书写所使用的文字，至今还在叙利亚和黎巴嫩部分地区使用，是世界上极少数存活了数千年的古老语言。

公元前20世纪到公元前6世纪，除塞姆人以外，喜克索人、胡里安人、埃及人、赫梯人、亚述人、迦勒底人和波斯人，都曾加入到古代叙利亚地区的争夺。

公元前333年，亚历山大大帝击败波斯军队，开启叙利亚希腊化时代。至塞琉西王国时代（公元前312—公元前64年），希腊文化与塞姆人文化相互融合，形成希腊化的叙利亚文化，成为日后阿拉伯文化的重要来源之一。

公元前64年，叙利亚被罗马吞并。罗马统治期间曾出现了一个由帕尔米拉人建立的阿拉伯国家，是公元2—公元3世纪东西方贸易的重要中介。

公元636年，哈里发欧麦尔一世率领阿拉伯人在雅穆克河畔击败拜庭帝国的5万大军，并迅速占领大马士革。阿拉伯人对叙利亚的统治权的确立，成为叙利亚历史最重要的转折，开启了其后1500年叙利亚阿拉伯化和伊斯兰化的历程。

阿拉伯帝国倭马亚王朝（公元661—公元750年）和阿拔斯王朝时期（公元750—公元1258年），叙利亚都是阿拉伯—伊斯兰文化的中心地区。

公元9世纪后期，随着阿拔斯王朝的衰弱，土伦王朝、伊赫什德王朝、哈姆丹王朝、法蒂玛王朝、塞尔柱帝国、十字军、赞吉王朝、阿尤布王朝、马木留克王朝和伊利汗王朝先后侵占或统治叙利亚。

公元1516年，土耳其人征服叙利亚，叙利亚被并入奥斯曼帝国版图，直至第一次世界大战结束。

奥斯曼帝国统治时期，对叙利亚及其他阿拉伯国家的无情掠夺，在阿拉伯人心中埋下了仇恨的种子。一战期间，阿拉伯人民大起义，配合英军对盘踞在西亚的奥斯曼帝国发起攻击，冲入大马士革，成立了独立的阿拉伯政府。但一战后，有帝国主义分赃会议之称的"巴黎和会"没有承认新生的叙利亚政权，而是将其交给法国统治。

二战中叙利亚曾被德国短暂占领。

1946年4月17日，英法军队撤离，叙利亚获得独立，成立阿拉伯叙利亚共和国。1958—1961年，叙利亚曾与埃及联合成立阿拉伯联合共和国。

1963年，阿拉伯复兴社会党发动政变，组成新政府。1970年，哈菲兹·阿萨德发动"纠正运动"，改组复兴社会党和政府，担任国家领导人至2000年6月去世。阿萨德次子巴沙尔·阿萨德于同年7月10日继任总统。

自2011年3月起，叙局势发生动荡，境内武装暴力冲突不断，反对派武装在国外势力的支持下，与政府军的冲突不断升级，国家经济濒临崩溃，人民生活陷入艰难，大量难民拥入周边国家。更加险恶的是，宗教极端势力趁乱而起，残酷杀害异教徒，对地区乃至世界安全构成极大威胁。古老的叙利亚再次陷入无边的战争苦海之中。

国家概况

《GUOJIA GAIKUANG》

阿拉伯叙利亚共和国（英语：The Syrian Arab Republic）简称为叙利亚。位于亚洲大陆西部，地中海东岸，自北方开始顺时针与土耳其、伊拉克、约旦、以色列、黎巴嫩为邻，西面濒临地中海。

国土面积185 180平方千米，大部分是西北向东南倾斜的高原，西南部的谢赫山为全国最高峰，幼发拉底河流经东部经伊拉克注入波斯湾，阿西河纵贯西部经土耳其注入地中海。沿海和北部地区属亚热带地中海气候，年平均降水量1 000毫米以上，南部地区属热带沙漠气候，年均降水量仅100毫米。

人口总数1 980万，其中，阿拉伯人占80％以上，少数民族有库尔德族、亚美尼亚族和土库曼族等。

阿拉伯语是官方指定语言。居民中85％信奉伊斯兰教，14％信奉基督教。穆斯林人口中，逊尼派占80％，以阿拉维派为主的什叶派占20％。

叙利亚原先是人民民主社会主义国家，实行复兴社会党一党制和社会主义经济制度。

2012年，叙利亚通过并实行新宪法，改一党制为多党制，实行总统制，总统是国家元首和武装部队最高统帅，领导政府。议会行使立法权。

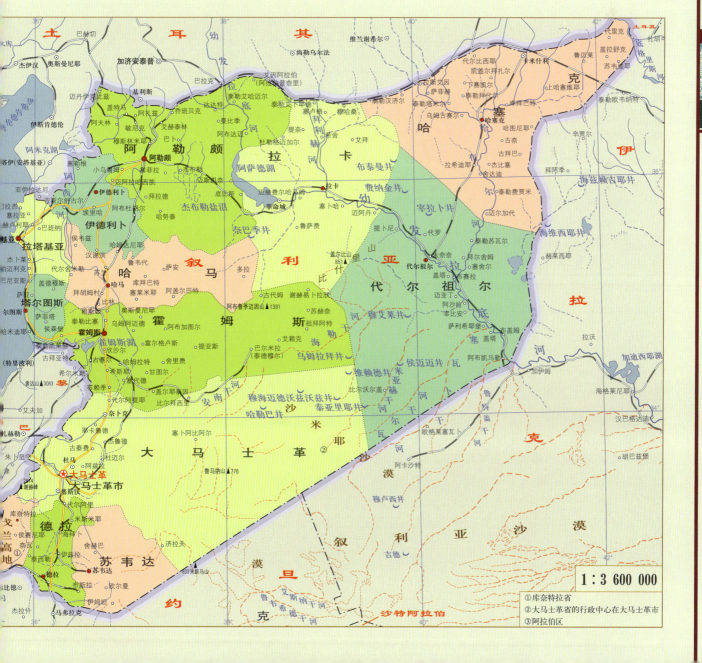

1：3 600 000

①库奈特拉省
②大马士革省的行政中心在大马士革市
③阿拉伯区

国旗 呈长方形，长与宽为3:2。由红、白、黑三个长方形拼成，分别象征勇敢、纯洁宽容和胜利，在白色部分中有两个绿色五角星，代表叙利亚是阿拉伯联合共和国的第二个加盟国。

国徽 为一只昂首展翅的阿拉伯雄鹰，胸前的盾徽绘以国旗图案。基部是象征农业的两穗稻谷，饰带上用阿拉伯文书写国名。

资源与经济
‹ZIYUANYUJINGJI›

石油和天然气是国家主要资源，已探明石油储量25亿桶，天然气储量6 500亿立方米。其他储量较多的资源有磷酸盐、岩盐、沥青、磷灰石，以及铜、铁等。工业基础较差，主要为采掘、加工和水电工业。农业在国民经济中占据重要位置，是中东地区重要的农业大国，"绿色金子"橄榄、"黄色金子"小麦和"白色金子"棉花，并称叙利亚三大农作物。

2011年前，叙政府力图通过"十一五计划（2011—2015年）"逐步推动经济向社会市场经济过渡，但进展缓慢。局势动荡后，西方国家和阿盟对叙利亚的制裁，以及持续不断的军事冲突，使叙石油出口中断、工农业生产停滞，经济几近崩溃。2014年，叙利亚国内生产总值为330亿美元，人均1666美元，属于中等偏低收入国家。2013年叙出口额为26.75亿美元，进口额为89.17亿美元。主要出口产品为石油、棉花、磷酸盐、香料、皮革等，主要进口产品有机械、钢材、纺织品、化工原料、文教用品、医药、木材等，欧盟、伊拉克、土耳其、中国、沙特、俄罗斯是其主要贸易国。

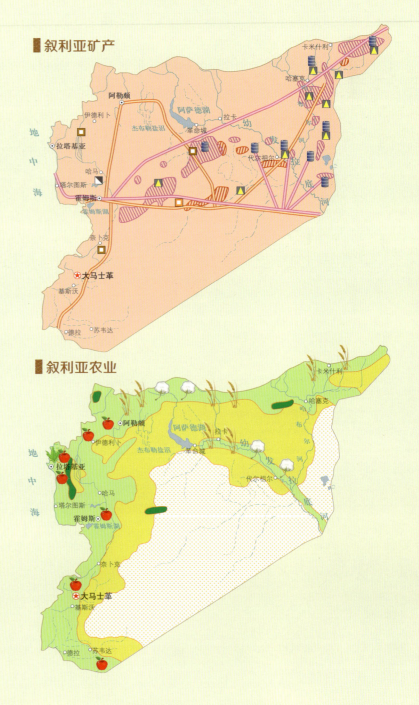

■ 叙利亚矿产

■ 叙利亚农业

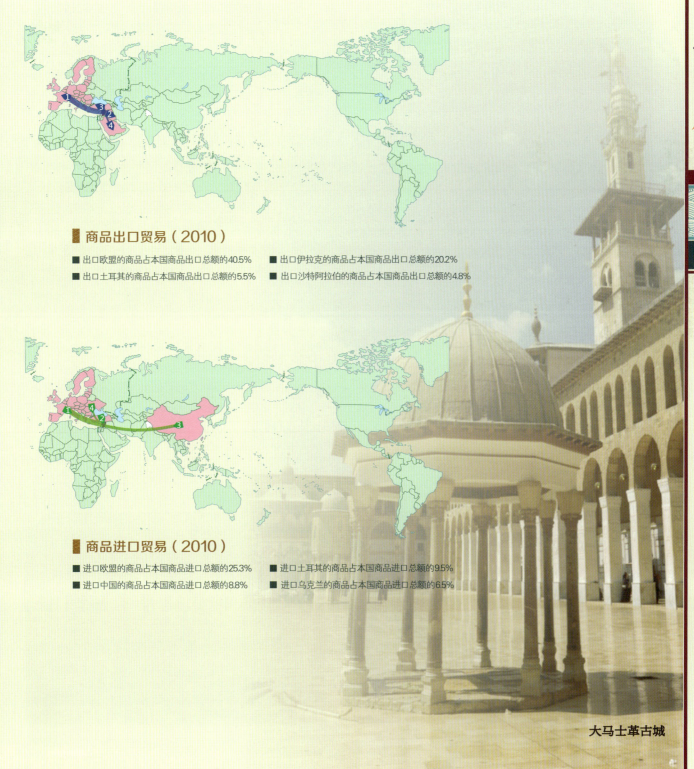

与中国关系

◀ YUZHONGGUOGUANXI ▶

　　中国与叙利亚于1956年8月1日正式建立外交关系，此后两国交往不断，双边关系稳步发展。2016年前三季度贸易额为6.9亿美元。其中，中方出口6.88亿美元，进口0.02亿美元。

■ **商品出口贸易（2010）**

- 出口欧盟的商品占本国商品出口总额的40.5%
- 出口土耳其的商品占本国商品出口总额的5.5%
- 出口伊拉克的商品占本国商品出口总额的20.2%
- 出口沙特阿拉伯的商品占本国商品出口总额的4.8%

■ **商品进口贸易（2010）**

- 进口欧盟的商品占本国商品进口总额的25.3%
- 进口中国的商品占本国商品进口总额的8.8%
- 进口土耳其的商品占本国商品进口总额的9.5%
- 进口乌克兰的商品占本国商品进口总额的6.5%

大马士革古城

136

交通与旅游
〈 *JIAOTONGYULÜYOU* 〉

交通网络发达，国内以公路交通为主，公路总长45 860千米，可通往土耳其、伊拉克、约旦和黎巴嫩等周边邻国。铁路里程2 798千米，有拉塔基亚和塔尔图斯两个主要海港，首都大马士革国际机场是唯一的国际机场，国难以来对外航线锐减。目前，中国无直飞叙利亚的航班，如需前往，必须在叙周边国家转机。

叙利亚地处中东核心地带，地理位置和自然条件优越，加之民族文化源远流长，极富特色，旅游资源得天独厚。首都大马士革曾是阿拉伯帝国的倭马亚王朝的都城，被誉为"天国里的城市"。大马士革东北245千米处的台德木尔城遗址，被誉为"沙漠中的新娘"，是古代联结中国与西亚、欧洲商道的古代丝绸之路重镇。21世纪初，政府在经济转型中，把旅游作为优先发展产业，旅游业发展迅速，一度成为国家重要产业和外汇收入的主要来源之一，但近年来旅游业遭受重创，在叙局势稳定前，不鼓励中国游客前往旅游。

武士堡和萨拉丁堡 ▶

两座堡垒记载了十字军东征时期伊斯兰与基督教势力的相互影响和防御工事的演变过程。

武士堡建于公元1142年—公元1271年期间，是迄今保存最完好的十字军东征堡垒之一，堪称军界堡垒典范。萨拉丁堡保留了10世纪拜占庭建筑的早期特征、12世纪晚期法兰克人建筑风格，以及13世纪艾优卜王朝的建筑特点。

大马士革古城

阿拉米人建造的大马士革是中东最古老的城市之一。阿拉伯帝国的都城，也是繁荣的手工业中心，不同历史时期的125个纪念性建筑物中散布在城市各处，尤以倭马亚大清真寺、阿拉伯医学博物馆、努尔丁浴池，以及基督教徒心目中的圣物凯桑门和圣保罗教堂为胜。

阿勒颇古城 ▼

公元前2000年起，这里就是商道的汇集处，希泰人、亚述人、阿拉伯人、蒙古人、马穆鲁克人和土耳其人先后统治过这座古城。古城内现存的12世纪大清真寺、13世纪城堡和17世纪穆斯林学校、宫殿、沙漠旅店及浴室，构成了独特的城市建筑结构。

巴尔米拉古城遗迹 ▼

位于大马士革东北方的巴尔米拉古城是古代叙利亚最重要的文化中心之一。公元1—2世纪，巴尔米拉处于几种文明的交汇中，文化多元化，其建筑将古希腊罗马的技艺与本地的传统及波斯的影响巧妙地融合在一起，令人叹为观止。城内还保存有许多纪念性建筑。

【叙利亚】
丝绸之路区位图

TUJIE
SICHOU ZHILU
JINGJIDAI

图解
丝绸
之路
经济带

TUJIE
SICHOU ZHILU
JINGJIDAI

137

世界遗产分布图

叙利亚北部古村落群 ▽

位于叙利亚西北部，由8座公园中的约40多个村庄组成，是古罗马帝国晚期至拜占庭时期乡村生活的不可多得的见证。今天，这里的景观保存完好，民居、寺庙、教堂、蓄水池、澡堂等建筑遗存依旧宛然眼前，甚至可以看到当时的防护墙，感受到当年居民使用过的水利技术，以及古罗马农业规划的手段。

布斯拉古城 ▽

曾是古罗马阿拉伯省首府，是通往麦加沙漠商路上的重要驿站。现存的遗迹有一座建于公元2世纪的古罗马剧场、早期基督教的遗迹和几座清真寺。

历史沿革
《LISHI YANGE》

138

注：图中的一级行政区名均与一级行政中心同名。

大漠丝路
通往欧洲的中亚、西亚十国

【土耳其】
丝绸之路区位图

图解
丝绸之路
经济带
TUJIE
SICHOU ZHILU
JINGJIDAI

139

土耳其历史悠久，从亚伯拉罕到诺亚方舟所停泊的亚拉拉特山，在圣经时代就是人类文明的中心。亚述、苏美尔和赫梯等文明在这里兴衰更迭，波斯国王居鲁士大帝、大流士一世和马其顿国王亚历山大大帝也都在这里留下了印记。公元前129年，罗马人占领安纳托利亚，称其为小亚细亚，客观上使其成为丝绸之路连接欧洲大陆的桥头堡。

公元330年，康斯坦丁大帝在拜占庭建立罗马帝国的东部首都，更名为君士坦丁堡。公元395年，东、西罗马帝国彻底分裂，东罗马帝国改称拜占庭帝

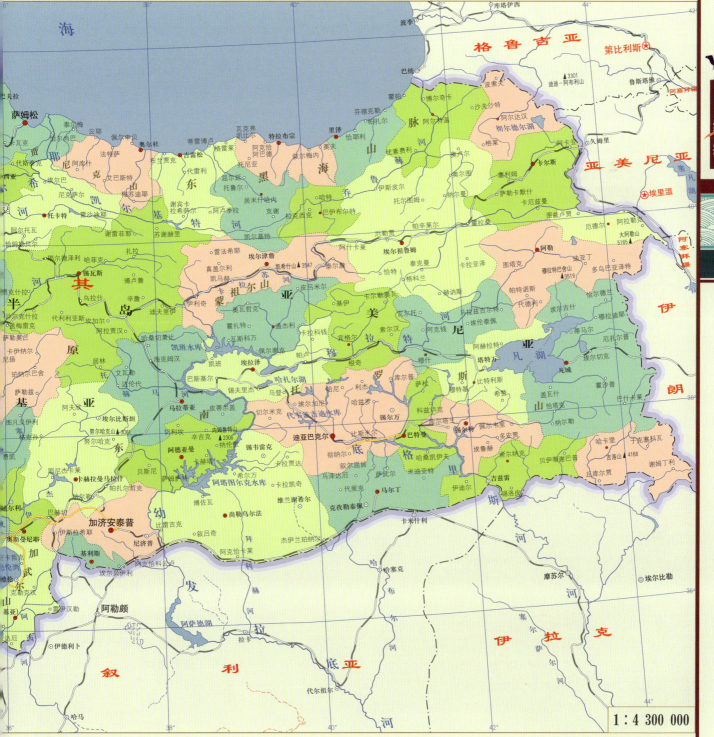

1 : 4 300 000

国。公元527年–公元565年查士丁尼在世时，帝国统治达到顶点，著名的圣索菲亚大教堂就建于此时。

其后，由中亚而来的突厥人和蒙古人先后统治过安纳托利亚。土耳其最辉煌的时期莫过于奥斯曼帝国时期。公元1281年，奥斯曼贝伊建国时，奥斯曼还只是塞尔柱帝国西北边疆的一个小诸侯国。但此后几个世纪，迈赫迈特、塞利姆一世、苏莱曼大帝的所作所为，使得奥斯曼帝国成为文艺复兴以来欧洲最伟大的帝国之一。

17世纪鼎盛时期，其领土北面从奥地利边界直至俄国，南境一直伸入非洲内地，东迄亚洲高加索和波斯湾，西界为非洲的摩洛哥，囊括今欧、亚、非近40个国家和地区的土地，面积约600万平方千米，黑海、红海和半个地中海都成为奥斯曼帝国的内湖。

苏莱曼一世去世后的两个世纪，奥斯曼帝国逐渐衰落。西欧强国的挤压和境内阿拉伯和巴尔干地区的民族运动加速了帝国的消亡。第一次世界大战错误加入同盟国成为压倒帝国的最后一根稻草。

一战后，协约国瓜分了土耳其大部分领土。关键时刻，爱国军官穆斯塔法凯末尔挺身而出，领导土耳其人民开展反对帝国主义和奥斯曼封建王朝的民族解放斗争。先是取得独立战争的胜利，于1923年10月29日成立土耳其共和国；后废除哈里发制，实行政教分离，采用资产阶级的民法、刑法和商法，进行文字改革，努力发展民族经济。土耳其在社会经济方面进步明显，成为伊斯兰世界中最发达的国家。

国旗 呈长方形，长宽比为3：2。旗面为红色，象征鲜血和胜利；左侧有一弯白色新月和一颗白色五角星，是伊斯兰教的标志，也象征光明与幸福。

国徽 土耳其没有官方国徽，由一个外交部使用的标志所代替。新月和星是国家信仰的标志，象征吉祥和幸福。新月抱星表示人民的团结与独立。

国家概况
◄GUOJIA GAIKUANG►

土耳其共和国（英语：Republic of Turkey）简称土耳其。地跨亚、欧两大洲，陆上与格鲁吉亚、亚美尼亚、阿塞拜疆、伊朗、伊拉克、叙利亚、希腊和保加利亚相邻，海上濒临地中海、马尔马拉海和黑海，地理位置十分重要，是连接欧亚的十字路口。

领土面积78.36万平方千米，其中，97%位于亚洲的小亚细亚半岛，大部分是安纳托利亚高原，3%位于欧洲的巴尔干半岛。南部沿海地区属亚热带地中海式气候，较干旱；内陆为大陆性气候，较为凉爽。

人口7 981万，其中土耳其族占80%以上，主要的少数民族库尔德族约占15%。土耳其语为官方语言。99%的居民信奉伊斯兰教，其中85%属逊尼派，其余为什叶派中的阿拉维派；少数居民信仰基督教和犹太教。

现行宪法于1982年11月7日生效，规定土耳其为民族、民主、政教分离和实行法制的国家，实行议会共和制。大国民议会是最高立法机构。

正义与发展党自2002年11月上台以来，已连续单独执政15年，政绩较为突出，执政地位相对稳固，党主席埃尔多安为土耳其第12任总统。

与中国关系
◄YUZHONGGUOGUANXI►

中国和土耳其直接贸易始于1965年，1971年8月4日正式建交。

20世纪80年代以来，两国高层互访增多，双边关系发展较快，经贸合作稳步开展，土耳其已成为中国贸易和工程承包战略要地。

2016年，两国双边贸易额达到195亿美元。其中，中国出口167亿美元，进口28亿美元。

交通、电力、冶金、电信是双方合作的重点。

连接土耳其首都安卡拉和最大城市伊斯坦布尔的高速铁路二期工程是中土合作的典范。

铁路全长533千米，设计时速250千米，已于2014年7月25日建成通车。

安伊高铁是中国企业在境外组织承揽实施的第一个电气化高速铁路项目，是"一带一路"建设的重要成果，对提升中国企业的海外影响力意义重大，为中土未来的经贸合作奠定了坚实基础。

资源与经济

‹ Z I Y U A N Y U J I N G J I ›

　　土耳其特殊的地质结构下蕴含着丰富的矿产，使其成为世界上为数不多的几个能够满足自身原材料供应需求的国家之一。矿产总产量位居全球第28位，而矿产多样性则跻身全球第10位，总值超过2万亿美元，主要有大理石、硼矿、铬、钍和煤等。其中，大理石储量占世界40%，品种数量均居世界第一。三氧化二硼储量7 000万吨，价值3 560亿美元；钍储量占全球总储量的22%；铬矿储量1亿吨，居世界前列。贝帕扎里天然碱矿区拥有全球第二大的纯碱储量，区内设立的加工厂每年生产100万吨纯碱，以及10万吨碳酸钠，满足全球总需求的2.5%。

　　土耳其位于世界上石油和天然气储藏最丰富的地区——里海和海湾地区的正中央，但其自身的能源储量和开发不足，绝大多数石油、天然气需要从伊朗和俄罗斯进口。境内的输油管线长达1 738千米，其中，巴库—第比利斯为世界第二长输油管道，每天将里海盆地的石油送至地中海沿岸的杰伊汉港。长达842千米的俄罗斯—土耳其天然气管线和2 577千米的大布里士—安卡拉天然气管线为土耳其提供了大部分天然气。

　　土耳其是世界第17大经济体，是经合组织创始成员国和20国集团主要经济体。2016年国内生产总值达到7 357亿美元，人均GDP为9 316美元，属于中等较高收入国家。

　　工农业基础好，主要的工业部门有钢铁、水泥、机电产品和汽车等，家电制造技术领先，Beko及Vestel为欧洲最大家用电子产品与电器制造商。主要农产品有烟草、棉花、稻谷、橄榄、甜菜、柑橘、牲畜等，基本实现自给自足。

　　1995年，土耳其与欧盟缔结了关税联盟，关税税率相对自由化，对外贸易增速加快。2016年，外贸总额3412亿美元。其中，进口1986亿美元，出口1426亿美元。欧盟、俄罗斯、中国、美国、伊朗等是其主要贸易伙伴。

■ 商品出口贸易（2015）

- 出口欧盟的商品占本国商品出口总额的44.5%
- 出口伊拉克的商品占本国商品出口总额的20.2%
- 出口美国的商品占本国商品出口总额的4.4%
- 出口瑞士的商品占本国商品出口总额的3.9%

■ 商品进口贸易（2015）

- 进口欧盟的商品占本国商品进口总额的38.0%
- 进口中国的商品占本国商品进口总额的12.0%
- 进口俄罗斯的商品占本国商品进口总额的9.8%
- 进口美国的商品占本国商品进口总额的5.4%

土耳其近年GDP总额

（亿美元）

土耳其矿产

交通与旅游
《JIAOTONGYULÜYOU》

土耳其是亚欧大陆的交通枢纽，拥有便捷立体的水陆空交通网络。其中，国际机场主要集中在经济发达的西部地区的伊斯坦布尔、安卡拉等城市。

世界主要城市都有航班定期前往土耳其，伊斯坦布尔是土耳其全国的重要交通枢纽，同时，也是亚欧大陆的中转站，北京、上海、广州、香港、乌鲁木齐均有直达伊斯坦布尔的航班。

铁路交通总体水平不高，平均车速较慢。目前，从中国无法直接乘火车到达土耳其。但是，从欧洲主要城市出发，可以前往伊斯坦布尔，最为著名的是从巴黎前往伊斯坦布尔的东方快车。

目前，威尼斯—辛普伦是唯一保留下来的东方快车，它行走于伦敦—巴黎—苏黎世—茵斯布鲁克—威尼斯之间，每年3—11月每星期一班。

土耳其拥有广泛且维修很好的公路网，连接着各乡镇和观光地。其中，E80和E90是从欧洲经土耳其前往亚洲的主要公路。而三面环海的地形使其水路交通发达，从地中海主要港口出发，均有前往土耳其沿海城市的航线。

近年来，土耳其旅游业发展迅速，对土耳其经济贡献巨大。2016年，土耳其在全球最受欢迎的旅游目的地上排名前十，共有2 535万人次外国游客抵达土耳其，旅游收入220亿美元。入境客源国主要集中在欧洲的德国、俄国、英国、保加利亚等国家。

特洛伊考古遗址 ▲

荷马史诗《伊利亚特》中的木马屠城记在西方家喻户晓。但是，这座公元前16世纪建造的伟大城市却沉寂地下长达3 000年之久，直到1870年，著名的考古学家海因里希·谢里找到并发掘这一遗迹为止。

如今，该遗址成为世界上最著名的考古遗址之一，每年吸引着大量游客前来观光。

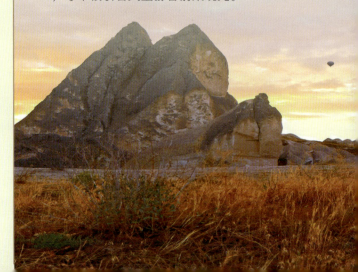

世界遗产分布图

伊斯坦布尔历史区 ▲

位于巴尔干与安纳托利亚、黑海与地中海之间，多年来总是与一些重要的政治、宗教和艺术事件联系在一起，留下了包括公元4世纪时的君士坦丁堡竞技场、6世纪时的哈吉亚索菲亚教堂和公元16世纪时的苏莱曼清真寺。在这里，你可以在一个城市中游览到亚、欧两个大陆，领会到基督教与伊斯兰教两种宗教的灿烂文化。

希耶拉波利斯和帕穆克卡莱 ▲

位于土耳其西南代尼兹利省，距首都安卡拉420千米，是公元前2世纪罗马建造的一处边防要塞城镇。

目前，遗存有阿波罗神殿、剧院、纪念门等具有希腊风格的建筑遗迹。但是，真正吸引世人目光的是令人称奇的帕穆克卡莱（土耳其语意为"棉花城堡"），富含碳酸钙的温泉水从山顶涌出，跌宕落下，形成一片片阶梯状的钙化堤，远远望去宛如白色纯洁的城邦，让人不得不感慨大自然的鬼斧神工。

◀ 卡帕多西亚的格莱姆

位于安纳托利亚高原中部，拥有地球上最像月球的地貌，被美国《国家地理》评为全球最神奇的十大美景之一，也是世界公认的最适合体验热气球之旅的地方。在500米的高空迎着朝阳俯瞰变幻莫测的景观，会使你留下一生最难忘的记忆。

印度
■ YINDU ■
——————— 未来的人口"首富" ———————

历史沿革
《LISHI YANGE》

印度是世界四大文明古国之一。公元前2500—公元前1500年的印度河文明，其在城市规划和建设等方面的卓越成就，至今都令人称奇。但印度河文明却在辉煌之际骤然衰亡消失，留下了一个千古谜团。

公元前1500年左右，中亚雅利安人中的一支进入南亚次大陆，建立了一些奴隶制国家并确立了种姓制度，婆罗门教得以兴起。其后，波斯和希腊人先后征服印度，带来了西方的先进文化。公元前4世纪，孔雀王朝崛起，并在阿育王时期达到鼎盛。阿育王前半生戎马生涯，统一了整个南次亚大陆，但也杀戮无数，仅谋杀的兄弟姐妹就有99人，被称为"黑阿育王"时代；后半生幡然悔过，放下屠刀，在各地兴建84 000座阿育王塔，促进了佛教繁荣，他本人被称为"无忧法王"，是佛教的护法明王，这一阶段史称"白阿育王"时代。

公元前2世纪孔雀王朝灭亡，大夏希腊人、塞人和安息人先后侵入印度，最成功的当属张骞曾经出使的大月氏国在北印度建立的贵霜帝国，是当时与中国的汉朝、西方的古罗马帝国和帕提亚帝国齐名的世界四大帝国之一。公元4世纪建立的笈多王朝，是印度人建立的最后一个帝国政权，前后统治200多年。

中世纪，印度小国林立，印度教兴起。11世纪起，伊斯兰教开启了征服印度的历程，中亚突厥人先后侵入印度建立了德里苏丹和莫卧儿两个帝国。

新航路开辟后，葡萄牙、荷兰、法国、英国先后在印度建立殖民地，经过多番争斗，英国于1849年占领印度全境，获得印度的统治权。在英国统治期间，印度人民要求独立的呼声从未停息，1857年爆发的印度民族大起义和20世纪初甘地领导的非暴力不合作运动，撼动了英帝国统治的根基。1947年6月，英国通过"蒙巴顿方案"，将印度分为印度和巴基斯坦两个自治领。同年8月15日，印巴分治，印度独立。1950年1月26日，印度共和国成立，并为英联邦成员国。

国旗 呈长方形，长宽比为3：2，由橙、白、绿三个长方形组成，分别象征勇敢的自我牺牲精神、纯洁的真理和信心。中心绘有24根轴条的蓝色法轮，是孔雀王朝阿育王时代佛教圣地石柱柱头的狮首图案，对于印度人而言，它是神圣之轮、真理之轮，以及永远轮回的苍穹之轮。

国徽 圆形台基上站立着三只金色的狮子，象征信心、勇气和力量。台基四周有四个守卫四方的守兽：东方象、南方马、西方牛与北方狮，守兽之间雕有法轮。图案来源于孔雀王朝阿育王石柱顶端的石刻。下部用梵文书写着古印度圣书格言"唯有真理得胜"。

国家概况
《GUOJIA GAIKUANG》

印度共和国（英文：The Republic of India），简称印度。国名得名于印度河，梵文中河称为"信度"，中文名称源自唐代高僧玄奘所著《大唐西域记》中的译法，称为"天竺"或"身毒"。印度地处南亚次大陆，北依喜马拉雅山脉，南临印度洋，与中国、尼泊尔、不丹、孟加拉国、缅甸、巴基斯坦陆地接壤，与斯里兰卡和马尔代夫等国隔海相望，国土面积约298万平方千米（不包括克什米尔印度实际控制区），居世界第7位。属热带季风气候，一年分为凉季（10月至翌年3月）、暑季（4—6月）和雨季（7—9月）三季。

总人口12.95亿，排名世界第二。国家由十几个大民族和几十个小民族组成，其中，印度斯坦族30%，居大族之首，其他族为泰卢固族8.6%、孟加拉族7.7%、马拉地族7.6%，等等。官方语言为英语和印地语。几乎全民信教，其中，信奉印度教的居民约有80.5%，其余为伊斯兰教（13.4%）、基督教（2.3%）、锡克教（1.9%）、佛教（0.8%）和耆那

南方丝路
南亚、中南半
岛上的十个国

【印度】
丝绸之路区位图

图解
丝绸之路

145

1 : 16 600 000

①昌迪加尔中央直辖区
②旁遮普邦、哈里亚纳邦行政中心在昌迪加尔
③德里国家首都区
④达曼、第乌中央直辖区
⑤达德拉—纳加尔哈维利中央直辖区
⑥本地治里中央直辖区(包括：本地治里、加里卡尔、亚南和马埃)

教（0.4%）等。

　　印度采取英国式的议会民主制，为联邦制国家，是主权的、社会主义的、世俗的民主共和国。由于国大党在印度独立中发挥的重要作用和甘地、尼赫鲁等领袖的巨大号召力，独立后的大半个世纪中，印度政权长期被国大党统治。

　　但是，在2014年举行的第十六届人民院选举中，印度人民党赢得人民院过半数席位，党首纳兰德拉·莫迪出任总理。其他的主要政党为印度共产党（马克思主义）。

与中国关系
《 YUZHONGGUOGUANXI 》

　　中国与印度的交往史长达2000年。据《史记》记载，公元前2世纪，中国的布和竹杖就已经到了印度；东汉时，班固也多次提到克什米尔。世界性宗教——佛教在印度生根，在中国长成参天大树，见证了中印两国千年的金玉良缘。

　　1950年4月1日，中印建交，其后两国领导人共同倡导和平共处五项原则，关系亲密。1959年，西藏发生叛乱，两国关系恶化，乃至于1962年10月在边境地区发生大规模武装冲突。1976年，坚冰融化，双方互派大使，关系逐步改善。

　　2005年4月，温家宝总理访印，双方宣布建立面向和平与繁荣的战略合作伙伴关系。两国在重大国际和地区事务中有着广泛的共识，在中印俄三方合作、发展中五国、"金砖国家""基础四国""多哈回合谈判"中，保持密切沟通与配合，共同维护着广大发展中国家的权益。

　　双边贸易健康发展，双方已完成中印区域贸易联合可行性研究，经济合作领域不断拓展。

　　2015年，双边贸易额为716.2亿美元。其中，中国出口额582.4亿美元，主要有机电产品、化工产品、纺织品、塑料及橡胶、陶瓷及玻璃制品等；进口133.8亿美元，主要有铁矿砂、铬矿石、宝石及贵金属、植物油、纺织品等。

印度近年GDP总额

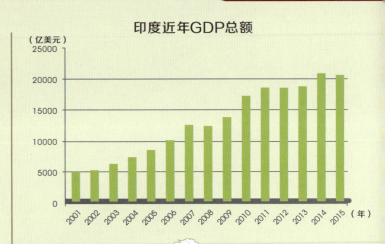

印度工业

印度农业

丝绸之路区位图

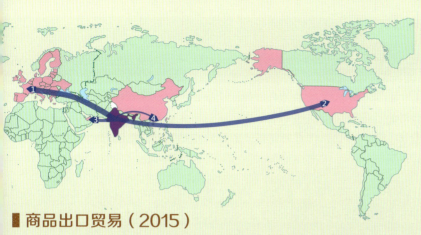

商品出口贸易（2015）

■ 出口欧盟的商品占本国商品出口总额的16.9% ■ 出口美国的商品占本国商品出口总额的15.2%

■ 出口阿拉伯联合酋长国的商品占本国商品出口总额的11.3%

■ 出口中国香港的商品占本国商品出口总额的4.6%

商品进口贸易（2015）

■ 进口中国的商品占本国商品进口总额的15.8% ■ 进口欧盟的商品占本国商品进口总额的11.2%

■ 进口沙特阿拉伯的商品占本国商品进口总额的5.5% ■ 进口瑞士的商品占本国商品进口总额的4.4%

■ 印度矿产

资源与经济
◆ Z I Y U A N Y U J I N G J I ◆

印度各类资源丰富，有矿藏近百种。其中，云母产量世界第一，煤和重晶石产量居世界第三。储量较大的资源还包括煤2 533.01亿吨、铁矿石134.6亿吨、铝土24.62亿吨、铬铁矿9 700万吨、锰矿石1.67亿吨、锌970万吨、铜529.7万吨、铅238.1万吨、石灰石756.79亿吨、磷酸盐1.42亿吨、黄金68吨、石油7.56亿吨和天然气10 750亿立方米，以及石膏、钻石及钛、钍、铀等。森林67.83万平方千米，覆盖率为20.64%。

独立后，印度经济获得较大发展，农业从严重缺粮到基本自给，形成较为完整的工业体系，20世纪90年代以来，服务业发展迅速，已成为全球软件、金融等服务业重要出口国。2015年，印度国内生产总值达到19 900亿美元，但庞大的人口基数使其人均GDP仅为1 371美元，仍处于中等较低收入国家。

印度拥有世界十分之一的可耕地，是世界上最大的粮食生产国之一。农业经济和农村人口占比巨大，但由于投资乏力、化肥使用不合理等因素，近年来，农业发展缓慢。主要工业部门包括纺织、食品加工、化工、制药、钢铁、水泥、采矿、石油和机械等，汽车、电子产品制造、航空和空间等新兴工业，近年来发展较快。服务业发展迅速，以酒店贸易服务业、金融类服务业、社会服务业，以及建筑业为代表的服务业在GDP增速中的比重超过半数。近年来，受世界经济形势动荡、卢比贬值等因素影响，印度对外贸易增长缓慢，贸易赤字不断扩大，主要贸易伙伴有美国、中国、阿拉伯联合酋长国、新加坡、瑞士，以及欧盟等。进口产品包括石油及其制品、建筑材料、机械和交通设备等，出口纺织品、化学制品和钢铁等。

交通与旅游
〈JIAOTONGYULÜYOU〉

印度交通较发达，拥有世界第二大公路网和第四大铁路网，海运能力居世界第18位。铁路和公路里程分别达到6.54万千米和486.54万千米；7500多千米的海岸线上分布有孟买、加尔各答、金奈、科钦、果阿等12个主要港口，承担了全国四分之三的水运量。共有机场345个，其中新德里、孟买、加尔各答、金奈和特里凡特琅为国际机场，航线通达各大洲主要城市，北京、上海、广州、成都等城市均有直达印度的航线。

旅游业是印度政府重点发展的产业部门，每年有来自全球的700万游客入境，带来的旅游收入超过190亿美元，为印度提供了两千多万个就业岗位，是印度国民经济的重要支柱。

从印度北部一路南下，从高耸入云的喜马拉雅山脉出发，品尝避暑胜地大吉岭独特的红茶，是许多游客所爱。在新德里拥有400年历史的市集购物，见证象征爱情的泰姬陵；在神圣的恒河里沐浴，欣赏散落在神秘巨石中的亨比遗迹；或是优哉游哉地在阿拉伯海边的金色果阿海滩漫步等，都令游客乐不思蜀。悠久的历史、灿烂的文化、瑰丽的自然景观和独特的美食体验，让来自世界各地游客浓烈地品味着印度。

◀ 阿旃陀石窟群

坐落在马哈拉施特拉邦瓦古尔纳河谷悬崖峭壁上，总长500多米，距崖底80米，由29个洞窟构成，在崖壁上呈镰刀形展开。其中一些石窟的建造日期可以追溯到公元前2世纪，营建时间700余年，有石雕佛像、藻井图案和壁画等，主要表现佛的生平故事和印度古代的宫廷生活，是印度佛教艺术的杰作。一代又一代佛教徒将阿旃陀石窟群视为礼拜圣地将近9个世纪，后忽然被放弃，就一直沉睡在撒哈丹山脉中，直到1819年被一群英国官员猎虎无意唤醒。中国高僧玄奘在《大唐西域记》中，详细记载了第17窟里的佛在兜率天宫说法一画，与现存文物完全相同。

◀ 印度山区铁路

印度最经典的旅行方式首推火车旅行，从清涧纵流的峡谷到茂密的原始森林，再到碧绿的田野风景。在火车上，你可以聊天，可以品茗，可以闭目养神……小火车带给你的不仅仅是对往日的怀念，更有对明天的美好期许。

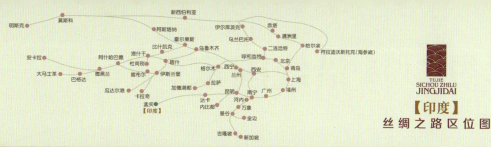

泰姬陵▶

坐落于北方邦的阿格拉城东南，亚穆纳河南侧，距新德里200多千米。泰姬陵全称为"泰姬·玛哈尔陵"，是莫卧儿帝国皇帝沙贾汗为纪念他第二任妻子穆塔兹·玛哈尔，于1631—1648年修建的巨大的陵墓清真寺。整个建筑由殿堂、钟楼、尖塔、水池等构成，全部用纯白色大理石建筑，镶嵌着玻璃、玛瑙，具有极高的艺术价值，是伊斯兰教和印度建筑的代表作，有"完美建筑"之誉。它与埃及的金字塔、中国的万里长城、巴比伦的空中花园、罗马的大斗兽场、亚历山大墓和索菲亚大教堂一起被称为"世界七大建筑奇迹"。

凯奥拉德奥国家公园 ▼

位于印度拉贾斯坦邦东部，距阿格拉50千米处，占地2 873公顷，主要由一个内河湿地构成。这个曾经的印度王公打野鸭的狩猎场，如今硝烟散尽、休养生息，恢复为阿富汗、土库曼斯坦、中国和西伯利亚水鸟过冬的主要栖息地之一，据统计，这里生活着364种鸟类，被认为是世界上鸟类品种最珍贵和最丰富的地区之一，喜欢自然风光和野生动物的读者看到这里"心动不如行动"。

▌世界遗产分布图

巴基斯坦

■ BAJISITAN ■

—— 中国最铁的伙伴 ——

历史沿革

《LISHI YANGE》

巴基斯坦的历史就是一部印度河的开拓史。全长3 200千米的印度河始于青藏高原，流入阿拉伯海，是世界早期文明的重要发源地。世界四大文明之一的印度文明于公元前3000年从这里起航，一步步走向印度次大陆，对亚洲诸国包括中国都产生了深刻的影响。

公元前2000年，中亚的雅利安人顺印度河谷南下，进入印度次大陆，开启"吠陀时代"。公元前530年至公元前317年，波斯帝国、亚历山大帝国先后占领这一地区。

其后，这里一直处于孔雀王朝、犍陀罗国、贵霜帝国、笈多王朝等信奉佛教的王朝统治之下，佛教得以兴盛发展。

自公元7世纪起，穆斯林阿拉伯人进入印度河流域，伊斯兰教传入，建立了德里苏丹、莫卧儿等伊斯兰帝国，伊斯兰教在印度次大陆的发展进入鼎盛时期。莫卧儿帝国全盛时，领土几乎囊括整个南亚次大陆，以及阿富汗、伊朗等地。

18世纪初，莫卧儿帝国陷入内外交困的境地，旁遮普锡克人起义和北方阿富汗人的入侵让国家衰弱不堪，西方列强乘虚而入，逐渐获得国家的统治权。

1858年，跟随印度沦为英国殖民地。英国统治者为维持其在印度的长期统治，采取扶持印度教限制伊斯兰教的政策，刻意制造民族宗教矛盾。1947年6月公布"蒙巴顿方案"，宣布实行印巴分治，最终导致巴基斯坦与印度分裂，悬而未决的克什米尔问题，更是造成了两国间的三次战争。

1947年8月14日，巴基斯坦宣告独立，成为英联邦的一个自治省，包括巴基斯坦东、西两部分。1956年3月23日，巴基斯坦伊斯兰共和国成立。

1971年3月，在第三次印巴战争中失利的巴基斯坦再受打击，其东部宣布成立孟加拉人民共和国，并于同年12月独立。

1 : 6 500 000

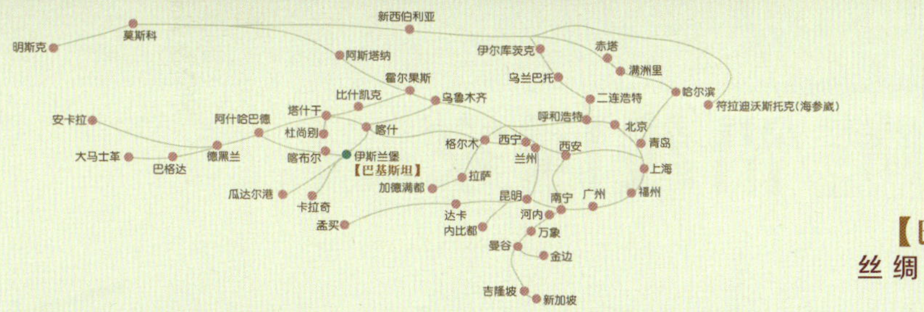

【巴基斯坦】
丝绸之路区位图

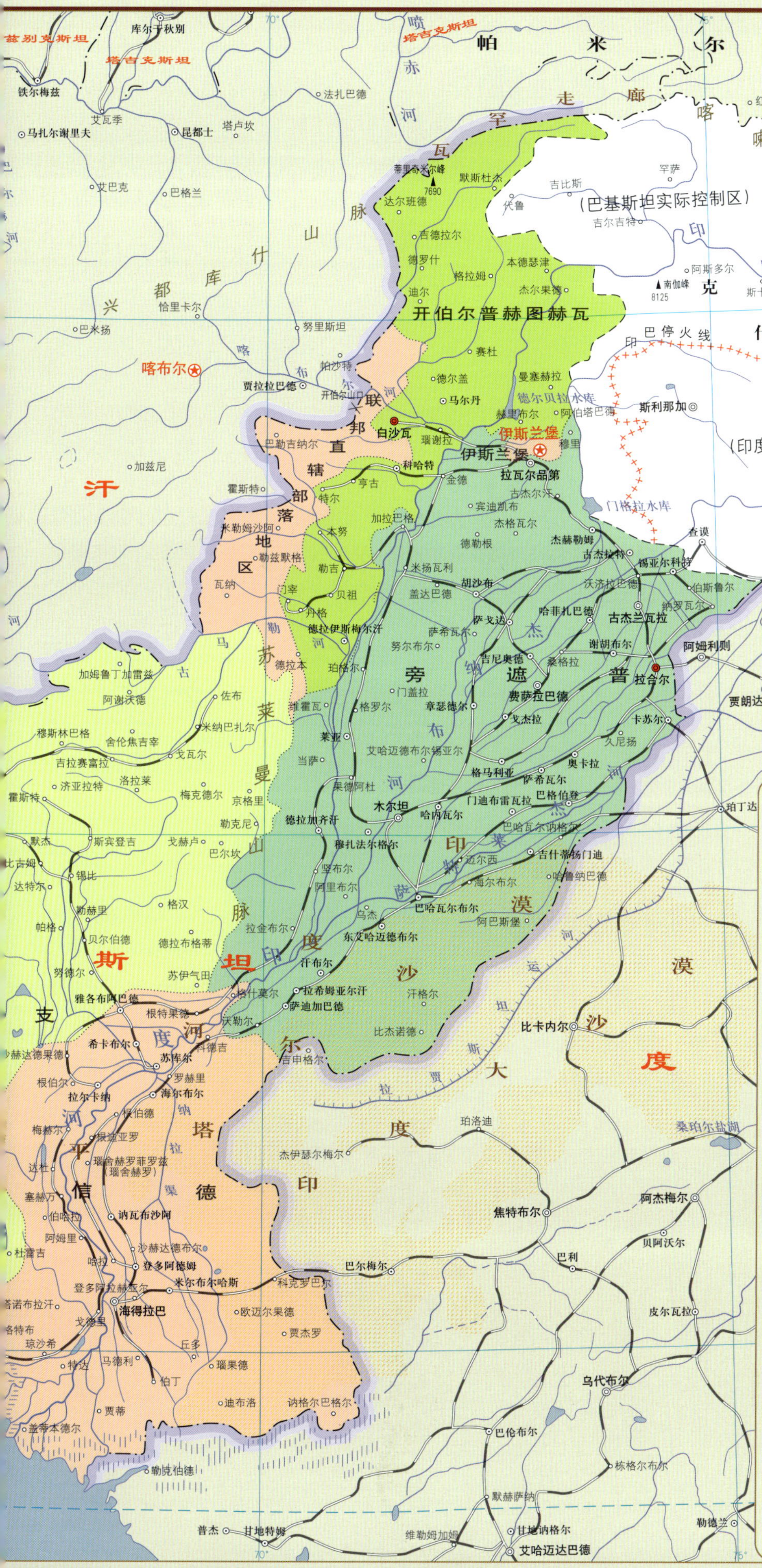

TUJIE SICHOU ZHILU JINGJIDAI

图解 丝绸之路经济带

151

主要地名与注记

巴基斯坦实际控制区
印度实际控制区
印巴停火线

帕米尔
瓦罕走廊
喀喇昆仑山脉
中华人民共和国
克什米尔
喀布尔★
开伯尔普赫图赫瓦
联邦直辖部落地区
白沙瓦
伊斯兰堡 ★
旁遮普
拉合尔
俾路支斯坦
印度河
信德
海得拉巴
喜马拉雅山脉
印度
印度大沙漠
塔尔沙漠
戈温德湖
汗

国旗

国旗 呈长方形，长宽比为3:2。旗面由两块大小不等的白色和深绿色长方形组成，白色象征和平与信仰印度教、佛教等的少数民族，绿色象征伊斯兰教。中央有一颗白色五角星和一弯白色新月，既代表伊斯兰教信仰，又象征进步与光明。

国徽

国徽 顶端的五角星和新月象征对伊斯兰教的信仰，以及光明与进步；中间的盾徽绘有棉花、小麦、茶、黄麻四种农作物，象征立国之本；两侧饰以鲜花、绿叶，象征和平；下端的绿色饰带上用乌尔都语写着"虔诚、统一、戒律"。

国家概况
◀ GUOJIA GAIKUANG ▶

巴基斯坦伊斯兰共和国（英语：Islamic Republic of Pakistan），简称巴基斯坦。国名源自波斯文，意为"圣洁的土地"或"清真之国"。巴基斯坦地处南亚次大陆西北部，南濒阿拉伯海，东接印度，北靠中国和阿富汗，西邻伊朗，国土面积79.6万平方千米。

境内多山地丘陵，从北向南海拔逐渐降低，喜马拉雅山、喀喇昆仑山和兴都库什山三大山脉在西北部汇聚，中巴边界的乔戈里峰海拔8 611米，是世界第二高峰。南部沿海一带为沙漠，属热带气候，其余属亚热带气候。

人口1.97亿，排名世界第六。属于多民族国家。其中，旁遮普族占63％，信德族占18％，帕坦族占11％，俾路支族占4％。乌尔都语为国语，英语为通用语言，亦流行旁遮普语、信德语、普什图语和俾路支语等民族语言。

信奉伊斯兰教为国教，95％以上居民为伊斯兰教教徒，少数居民信奉基督教、印度教和锡克教。

巴基斯坦建国后曾于1956年、1962年和1973年先后颁布过三部宪法，目前实行两院制的议会体制和多党制，有200多个合法政党，主要政党为人民党、穆斯林联盟（领袖派）和穆斯林联盟（谢里夫派）。现任总理为穆斯林联盟（谢里夫派）领导人纳瓦兹·谢里夫。

由于与印度长期的紧张关系和北部伊斯兰极端势力的威胁，巴基斯坦保持了世界第七大现役武装部队，军队对政权影响力巨大，经常出现军政府统治的局面。当前，国内局势相对稳定，社会安定。

资源与经济
◀ ZIYUANYUJINGJI ▶

巴基斯坦矿产资源较为丰富，已探明的矿藏主要有天然气4 920亿立方米、石油1.84亿桶、煤1 850亿吨、铁4.3亿吨、铝土7 400万吨，此外，铬矿、大理石和宝石储量也较多。

巴经济以农业为主，农业产值占国内生产总值24％，农业人口占就业人口的66.5％，主要农产品有小麦、大米、棉花、甘蔗等。纺织业是最大的工业部门，其他还有制糖、造纸、烟草、制革、机器制造、化肥、水泥、电力、天然气、石油等。

1947年建国时，巴基斯坦经济基础薄弱，但其在随后40年中取得了高于世界平均水平的经济增长。20世纪90年代，动荡的政治环境和错误的政策导致了经济增长速度的放缓。2009年以来，在巴基斯坦自身调整努力和国际社会帮助下，经济运行中的积极因素增多，重要经济指数有所好转。目前，巴基斯坦是世界第25大经济体，2015年，国内生产总值达到2 710.5亿美元，但由于庞大的人口基数，人均GDP只有1 435美元，属于中等较低收入国家。

近年来，巴政府一直努力加速工业化，扩大出口，缩小外贸逆差。目前与90多个国家和地区有贸易关系，主要贸易伙伴有美国、中国、阿拉伯联合酋长国、阿富汗，以及欧盟。进口产品包括石油及其制品、机械和交通设备、钢铁产品、化肥和电器等；出口大米、棉花、纺织品、皮革制品和地毯等。

■ 巴基斯坦矿产

【巴基斯坦】
丝绸之路区位图

南方丝路
南亚、中南半岛上的十一国

图解丝绸之路经济带
TUJIE SICHOU ZHILU JINGJIDAI

153

与中国关系
◀ YUZHONGGUOGUANXI ▶

中国和巴基斯坦是传统的友好邻邦。古代，巴基斯坦是丝绸之路通往印度的必经之路，中国晋朝的高僧法显和唐代高僧玄奘就曾走过此地。现代，巴基斯坦是伊斯兰世界第一个与中国建交的国家。

二十世纪六七十年代，巴基斯坦摒弃跟随西方的外交立场，在中国恢复联合国合法席位等问题上给予中国极大支持，中国也加大对巴援助力度，两国关系迅速升温，巴基斯坦视中国为最可信赖的朋友，中国人称巴基斯坦为"巴铁"。据说，1966年刘少奇主席访问巴基斯坦时，乘坐的小汽车被热情的民众抬起来在路上行走。

进入新世纪以来，中巴全面合作伙伴关系进一步深入发展。2005年4月，温家宝总理访巴，双方签署"中巴睦邻友好合作条约"，宣布建立更加紧密的战略合作伙伴关系。双方高层接触频繁，政治互信不断增强。2015年4月，习近平主席访巴，中巴关系提升为全天候战略合作伙伴关系。

中巴两国从20世纪50年代初起就建立了贸易关系。2009年2月，两国签署《中巴自贸区服务贸易协定》。2015年，中巴双边贸易额超过170.49亿美元。其中，中国对巴基斯坦出口147.87亿美元，进口22.62亿美元。

■ 商品出口贸易（2015）

■ 出口欧盟的商品占本国商品出口总额的30.1%　　■ 出口美国的商品占本国商品出口总额的16.6%
■ 出口中国的商品占本国商品出口总额的8.8%　　■ 出口阿富汗的商品占本国商品出口总额的7.8%

■ 商品进口贸易（2015）

■ 进口中国的商品占本国商品进口总额的25.0%　　■ 进口阿拉伯联合酋长国的商品占本国商品进口总额的13.0%
■ 进口欧盟的商品占本国商品进口总额的9.7%　　■ 进口沙特阿拉伯的商品占本国商品进口总额的6.8%

中巴经济走廊
◀ Z H O N G B A J I N G J I Z O U L A N G ▶

北起中国新疆喀什，南至巴基斯坦印度洋出海口瓜达尔港，是"一带一路"宏伟构想的重要组成部分。走廊全长3 000千米，北接"丝路经济带"，南连"21世纪海上丝绸之路"、是贯通南北丝路的枢纽。根据远景规划，项目包括公路、铁路、油气管道及光缆覆盖的"四位一体"通道建设，预计总工程费450亿美元，计划2030年完工。

经济走廊建设是中巴双赢的结果。项目建成后，一方面，可以扩大中巴两国的货物进出口和人员交往，促进巴国转口贸易和经济发展；另一方面，新增的中国能源进口路径，避开了传统咽喉马六甲海峡，直接把中东石油运抵中国西北腹地，降低了对中缅油气管道的依赖。

■ 巴基斯坦农业

巴基斯坦近年GDP总额

（亿美元）

交通与旅游
◀ J I A O T O N G Y U L Ü Y O U ▶

　　巴基斯坦运输以公路为主，现有公路全长26万千米，承担90%以上的客运量和96%的货运量。

　　铁路全长7 791千米，运量在交通网络中的比重很小。卡拉奇和卡西姆两个国际港口承担了巴基斯坦国际货运量的95%。

　　2002年，巴基斯坦与中国开始合作建设西南俾路支省的瓜达尔港，项目南临印度洋的阿拉伯海，位于霍尔木兹海峡湾口处，对接未来的中巴铁路，建成后将成为东亚国家转口贸易基地及中亚内陆国家的重要出海口。

　　目前，有伊斯兰堡、卡拉奇、拉合尔和白沙瓦四个国际机场，中国旅客可从北京或乌鲁木齐出发，直飞巴基斯坦首都伊斯兰堡，也可选择成都到卡拉奇的航线前往巴基斯坦。

　　壮丽的乔戈里峰，热情友好的民众，悠久的历史文化积淀，从自然风光到人文景观，巴基斯坦都拥有世界级的旅游资源。

　　每年的10月至次年2月，是巴基斯坦旅游的黄金季节，但如果你是登山爱好者的话，一定要赶在7—9月间前往。

　　飞机是进出巴基斯坦的最佳选择。但是，在巴国内旅行，乘坐身披华丽彩衣的各色客车一定会给你留下终生难忘的印象。

世界遗产分布图

塔克西拉 ▲

　　坐落于巴基斯坦首都伊斯兰堡西北约50千米处，是一座拥有2500年历史的著名古城，曾受到波斯、希腊和中亚的影响，人们可以从塔克西拉了解印度河畔城市的发展历程。塔克西拉还是举世闻名的犍陀罗艺术中心、佛教中心和南亚最丰富的考古遗址之一，中国高僧法显、玄奘等都到过这里。1980年，联合国教科文组织将塔克西拉列入《世界遗产目录》。

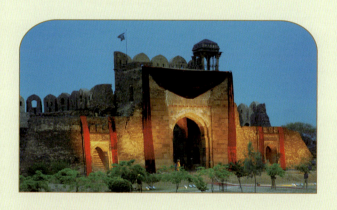

赫达斯要塞 ▲

　　地处旁遮普平原与婆式瓦尔高原交界处的陡峭小山上。公元1541年由谢尔沙阿建立。上山道路崎岖、险峻，要塞城墙厚实，历史上从未被攻破，创造了中亚和南亚地区穆斯林早期的军事奇迹。

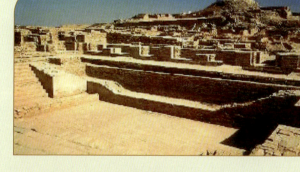

摩亨约达罗考古遗迹 ▲

　　位于今天巴基斯坦信德省的拉尔卡纳县南部。"摩亨约达罗"在当地语言中意为"死亡之丘"，大约于公元前2600年建成，是代表印度河流域文明的重要城市。科学的城市规划、精致的砖砌建筑、庞大的排水系统，使这座能容纳30 000人的城市成为当时世界屈指可数的大都会之一。然而，摩亨约达罗却在公元前18世纪中叶突然衰落，留下未解之谜。

◀ 拉合尔古堡和夏利玛尔公园

　　坐落于巴基斯坦东部文化名城拉合尔，以其魅力无穷的莫卧儿建筑而被誉为"巴基斯坦的心灵"。在红褐色岩石筑成的城垣里，在镶嵌着约90万块各色玻璃镜片的玻璃宫里，长年保鲜着沙贾汗和泰姬美丽的爱情佳话。拉合尔古堡不仅是巴基斯坦境内数一数二的旅游胜地，也是南亚次大陆地区共同的文化遗产。夏利玛尔公园则是莫卧儿王朝强盛时期的完美代表，这座举世罕见的花园是莫卧儿王沙贾汗皇帝于公元1642年下令修建的。公园占地20万平方米，采用波斯园林建筑形式，呈长方形。分为高低三层，缀有大理石亭阁、喷水池、人工瀑布等，仅喷泉就有400多处。清泉从白玉石雕的花蕊中喷出，参天大树浓荫蔽日，楼台亭阁倒映在碧波荡漾的水池中，自然风貌与人文景观完美融合，营造出一个典雅而富有魅力的环境。

尼泊尔
■NIBOER■
———— 佛 教 的 诞 生 地 ————

历史沿革
◀ LISHI YANGE ▶

公元前6世纪，迦毗罗卫国的太子乔达摩·悉达多在蓝毗尼出生并创立佛教，尼泊尔人世世代代以此为豪。从那时起，尼泊尔境内先后出现了基拉特、李查维、马拉等王朝。在马拉王朝统治时期，马拉人在艺术、文字和灵魂论方面都取得了巨大的成就，尼泊尔进入繁荣时期。

公元1769年，兴起于中西部地区的沙阿王朝征服加德满都谷地，尼泊尔开始有翔实的历史资料。公元1814年，尼泊尔遭到英国入侵，被迫割让大片领土给英属印度，英国在尼泊尔享有多种特权。公元1846年，亲英的拉纳家族夺取军政大权，获世袭首相地位。

1923年，尼泊尔独立。1950年，在声势浩大的反对拉纳家族专政的运动中，特里布文国王恢复王权，结束拉纳家族统治，实行君主立宪制。1960年，马亨德拉国王取缔政党，实行无党派评议会制。1990年全国爆发大规模人民运动，比兰德拉国王被迫实行君主立宪的多党议会制。2008年，尼举行制宪会议选举，并宣布成立尼泊尔联邦民主共和国，结束君主统治的历史。

国旗 世界上唯一的三角形国旗。由上小下大两个三角形相叠而成，旗面的红色是国花红杜鹃的颜色，旗边的蓝色代表和平。太阳和月亮图案表示尼泊尔人民祈盼国家像日月一样长存。两个旗角代表喜马拉雅山脉的两个山峰。

国徽 大致呈圆形。中部是珠穆朗玛峰，峰顶飘着尼泊尔国旗，峰底依次是丘陵和平原。下部是白色尼泊尔地图，以及女性与男性握手图样。整个图案环绕着红杜鹃，底部基座的红绶带上面写着"母亲与祖国重于上天"。

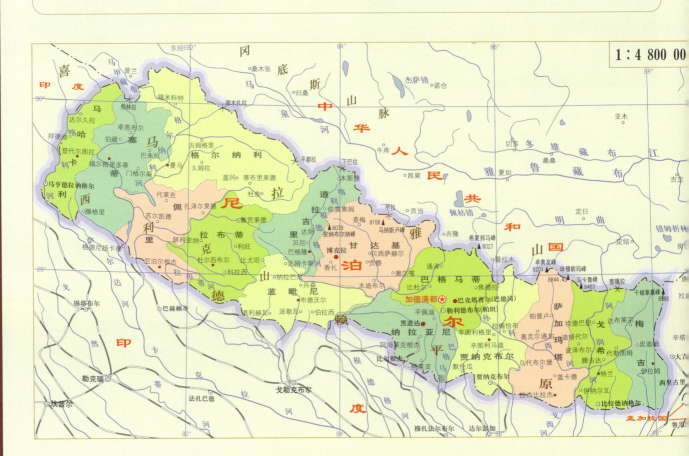

南方丝路
南亚、中南半岛上的十一国

TUJIE
SICHOU ZHILU
JINGJIDAI
【尼泊尔】
丝绸之路区位图

图解
丝绸之路
经济带

TUJIE
SICHOU ZHILU
JINGJIDAI

157

国家概况
◆GUOJIAGAIKUANG◆

　　尼泊尔联邦民主共和国 (英文名：the Federal Democratic Republic of Nepal)，简称尼泊尔。位于喜马拉雅山南麓，是中、印间的一个内陆国家，面积147 181平方千米。地势由北至南逐渐降低，境内大部分属丘陵地带，海拔1千米以上的土地占总面积近一半，东、西、北三面群山环绕，因此，尼泊尔自古有"山国"之称。气候基本分为两季，每年10月至次年的3月是干季，雨量极少，气温在10℃~25℃之间，是旅游的黄金季节；每年的4—9月是雨季。其中，4、5月气候尤其闷热，最高温常达36℃。

　　人口约2 850万，有拉伊、林布、苏努瓦尔、达芒、马嘉尔、古隆、谢尔巴、尼瓦尔、塔鲁等30多个民族。尼泊尔语为国语，上层社会通用英语。居民86.2％信奉印度教，7.8％信奉佛教，3.8％信奉伊斯兰教，信奉其他宗教人口占2.2％。

　　尼泊尔政局动荡，自2007年《临时宪法》颁布以来，有一年竟出台了五个《宪法修正案》，2008—2014，年更是换了六届政府。国内有70多个党派，主要政党有尼泊尔大会党、尼泊尔共产党 (联合马列)和联合尼泊尔共产党（毛主义）。

资源与经济
◆ZIYUANYUJINGJI◆

　　尼泊尔的水利资源丰富，水电蕴藏量为8300万千瓦，约占世界水电蕴藏总量的2.3％。其中，2700万千瓦可用作水力发电。铜、铁、铝、锌、磷、钴、石英、硫黄、褐煤、云母、大理石、石灰石、菱镁矿、木材等资源储量可观。但是，由于长期战乱和政治动荡，只有少量得到开采。

　　尼泊尔是一个农业国家，经济落后，严重依赖外援，预算支出四分之一来自外国捐赠和贷款。自20世纪90年代起，开始实行以市场为导向的自由经济政策，但由于薄弱的基础设施和多变的政局，收效甚微。2015年，国内生产总值为211.95亿美元，人均仅有730美元，是世界上最不发达国家之一。

　　农业人口占总人口的70%，耕地面积325.1万公顷。工业基础薄弱，且发展缓慢。主要工业部门有制糖、纺织、皮革制鞋、食品加工、香烟和火柴、黄麻加工、砖瓦生产和塑料制品等。主要贸易伙伴有印度、美国、中国，以及欧盟等。进口产品包括煤、石油制品、羊毛、药品、机械、电器、化肥，主要出口商品是蔬菜油、铜线、羊绒制品、地毯、成衣、皮革、农产品、手工艺品。

图解
丝绸之路
经济带

丝绸之路
经济带
SICHOU ZHILU
JINGJIDAI

158

商品出口贸易（2015）

- 出口印度的商品占本国商品出口总额的63.5%
- 出口美国的商品占本国商品出口总额的10.7%
- 出口欧盟的商品占本国商品出口总额的12.6%
- 出口土耳其的商品占本国商品出口总额的1.9%

商品进口贸易（2015）

- 进口印度的商品占本国商品进口总额的60.6%
- 进口阿拉伯联合酋长国的商品占本国商品进口总额的4.0%
- 进口中国的商品占本国商品进口总额的13.9%
- 进口欧盟的商品占本国商品进口总额的3.9%

尼泊尔近年耕地面积

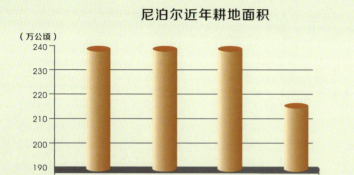

（万公顷）

尼泊尔近年谷物产量

（万吨）

尼泊尔近年GDP总额

（亿美元）

与中国关系
❰ YUZHONGGUOGUANXI ❱

中尼之间有上千年的友好交往史。晋代高僧法显、唐代高僧玄奘都曾造访过佛祖释迦牟尼诞生地蓝毗尼。唐朝时，尼泊尔公主尺真与吐蕃赞普松赞干布联姻。元朝时，尼著名工艺家阿尼哥专程前往大都监造白塔寺。

1955年8月1日两国建交，中尼的传统友谊和友好合作得到良好延续。周恩来、邓小平、江泽民等国家领导人都曾访问过尼泊尔，尼国王、首相也多次访华。2009年12月，尼总理尼帕尔访华，与中国政府发表《联合声明》，决定在和平共处五项原则基础上，建立和发展世代友好的全面合作伙伴关系。

两国经贸往来不断。2015年，中国与尼泊尔外贸总额达到8.66亿美元。其中，中国出口产品主要有计算机通信技术产品、非针织钩边服装、塑料底鞋、仪器仪表等；进口产品有皮革、金属制品、小麦粉、小电器等。尼泊尔积极支持中国提出的丝绸之路经济带倡议，于2014年12月17日签署了《共同推进丝绸之路经济带建设的谅解备忘录》，是南亚第一个签署该协议的国家。

图解 丝绸之路经济带

159

交通与旅游
〈 JIAOTONGYULÜYOU 〉

交通以公路和航空为主。公路总长23 454千米。其中，沥青路面9 917千米，国内主要城镇有班车通行。有各类机场45个，直升机停机坪120个，除首都加德满都机场为国际机场外，其余均为简易机场，国内主要城镇有班机通航。首都与周边地区和世界主要国家通航，从上海、昆明、成都、广州均可直飞尼泊尔。

尼泊尔是世界幸福指数最高的国家，也是全世界旅游者心中最重要的旅游目的地。地处中印文明之间的加德满都谷底，拥有七组历史遗址和建筑群，是世界遗产分布最密集的地区。

蓝毗尼是全世界佛教徒心中的圣地。在奇特旺森林公园中，骑大象探访孟加拉虎和野生犀牛，则充满惊险刺激。而对于世界徒步旅行和滑翔伞运动爱好者来说，美丽的雪山小镇博卡拉亦不失为圣地。

世界遗产分布图

◀ 蓝毗尼

处于尼泊尔西南和印度交界处鲁潘德希县境内，距加德满都360千米。

传说，佛祖出生时步步莲花，说出了"天上地下唯我独尊"。作为"佛祖的故乡"，此地自然是世界佛教徒心中的圣殿。

值得一看的景点，还有著名的阿育王石柱和世界各国在此修建的寺庙。

◀ 奇特旺皇家国家公园

位于喜马拉雅山脚下的德赖地区。

公园因未遭到人类破坏而拥有丰富的动、植物群，是亚洲犀牛、孟加拉虎等珍稀动物的最后避难所。年年游人如织。

南方丝路
南亚、中南半
岛上的十一国

【尼泊尔】
丝绸之路区位图

图解
丝绸之路
经济带

萨加玛塔国家公园▶

位于首都加德满都东北的索洛一昆布地区，坐落在珠穆朗玛峰南坡，是登山者心目中的天下第一号圣地。公园共有7座山峰，世界最高峰、海拔8 844.43米的珠穆朗玛峰耸立其中！雪豹、小熊猫等稀有动物出没于雪山、冰河、深谷之中，而舍帕斯部落的独特文化更使公园魅力无穷。

加德满都谷地▼

位于喜马拉雅山脉南麓，巴格马蒂河及其支流旁，是佛教、印度教和平相处的交会点、遗产群，有"尼泊尔心脏"之称。

遗产群落包括帕坦、加德满都和巴德冈三座姊妹城，内有七座印度教和佛教的纪念馆，还有三处王室的宫殿和住宅区。

所有建筑均由宗教团体建成，体现了尼泊尔人民高超的建筑水平和真挚的宗教信仰。

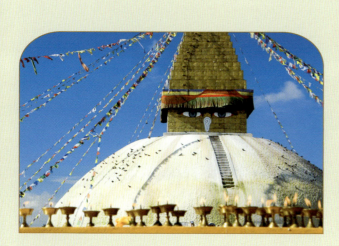

孟加拉国
■ MENGJIALAGUO ■
—— 雨季泽国 ——

历史沿革
《 LISHI YANGE 》

孟加拉族是南亚次大陆的古老民族之一。早期的亚澳人、使用藏缅语族的蒙古种人、与达罗毗荼人混血的雅利安人，经过长期融合后，形成了今天的孟加拉人。

公元9世纪，出现了统一的封建国家。

孟加拉地区人民早先多信奉佛教，13世纪受外来影响改信伊斯兰教。16世纪发展成为南亚次大陆上人口最稠密、经济最发达且文化昌盛的地区。

自17世纪开始，孟加拉地区先后被莫卧儿帝国、英国等外部势力征服，19世纪后半叶成为英属印度的一个省。

1947年，在印巴分治过程中，东孟加拉地区划归巴基斯坦，后改名为东巴基斯坦；西孟加拉地区划归印度，即今天的西孟加拉邦。1971年3月，东巴基斯坦在印度的支持下宣布独立，并因此引发了第三次印巴战争。战争以印军胜利、东巴驻军无条件投降结束。

1972年1月，孟加拉人民共和国正式成立。

国家概况
《 GUOJIA GAIKUANG 》

孟加拉人民共和国（英文：The People's Republic of Bangladesh），简称孟加拉国。位于孟加拉河的三角洲平原上，南临孟加拉湾，东南山区与缅甸为邻，东、西、北三面与印度毗连，全国85％的地区为平原，东南部和东北部为丘陵地带，国土面积为147 570平方千米。孟加拉国大部属于亚热带季风气候，沿海地区属于季风型热带草原气候，常出现热带飓风，加上受河道纵横密布、海拔较低等因素的影响，雨季极易泛滥成泽国。

总人口超过1.6亿，人口密度达每平方千米1100多人，是世界人口大国中人口密度最高的国家。孟加拉族是国家的主体民族，占人口总数的98％以上，另有20多个少数民族。孟加拉语为国语，英语为官方语言。伊斯兰教为国教，穆斯林占总人口的88％。

政治上实行议会共和制，总统是国家元首和武装部队的最高统帅。议会为一院制，即国民议会。国内党派众多，主要政党有人民联盟、民族主义党和民族党，20世纪90年代以来，孟政坛主要由民族主义党和人民联盟轮流执政，现任政府由人民联盟领导。

国旗 呈长方形，长宽比为5：3。旗面的深绿色代表朝气蓬勃、充满生机的祖国大地，象征青春活力和繁荣昌盛；红色圆轮象征经过流血斗争的黑夜之后的黎明。整个旗面如平原上冉冉升起的一轮红日，寓意孟加拉人民共和国的光明前景和无限生机。

国徽 呈圆形，圆面中是孟加拉民族标志、孟加拉国国花——睡莲。睡莲下面的波纹象征恒河和布拉马普特拉河，两旁以谷穗装饰。睡莲上端是孟加拉国的主要经济作物黄麻的叶片，两侧以四颗五角星作为装饰。

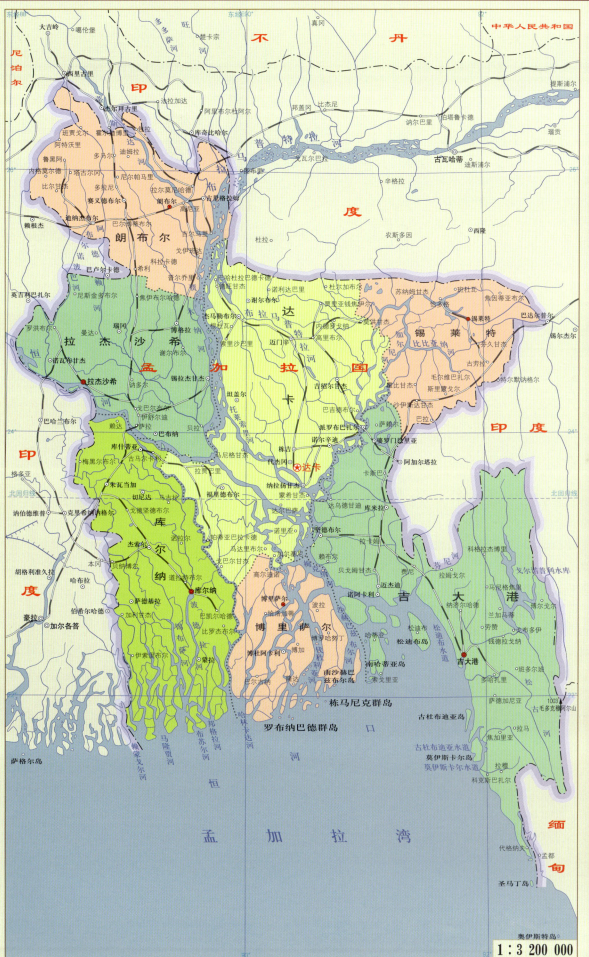

163 >

1:3 200 000

资源与经济
◀ **ZIYUANYUJINGJI** ▶

　　孟加拉国矿产资源有限。主要能源天然气已公布的储量为3 113.9亿立方米，主要分布在东北地区，煤储量约7.5亿吨。

　　森林覆盖率为13.4%，约200万公顷。

　　孟加拉国经济基础薄弱，国民经济主要依靠农业。2015年，国内生产总值为1 950.79亿美元，人均GDP不足1 190美元，属于中等较低收入国家。

　　近两届政府主张实行市场经济，推行私有化政策，积极改善投资环境，吸引外国投资，创建出口加工区，优先发展农业，保持了较高的经济增长速度。

　　农业是孟加拉国的支柱，主要农产品有黄麻、茶叶、稻米、小麦、甘蔗等。

　　黄麻在孟加拉国被誉为"金色纤维"，不仅产量高，而且质地优良，纤维绵长柔韧而有光泽，是第一大出口产品，平均年产量约占世界产量的三分之一。

　　工业以制麻、皮革、制衣、棉纺织和化工为主，重工业薄弱，制造业欠发达，从业人口只占全国总劳动力的8%。

　　孟加拉国与130多个国家和地区有贸易关系，主要贸易伙伴有泰国、印度、中国、美国，以及欧盟等。出口以黄麻及其制品、皮革、茶叶、水产、服装等为主，进口以生产资料、纺织品、石油及石油相关产品、钢铁等基础金属、食用油、棉花等为主。

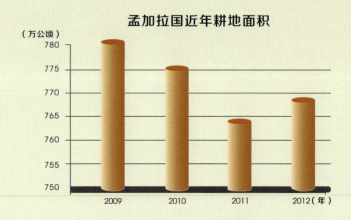

孟加拉国近年耕地面积（万公顷）

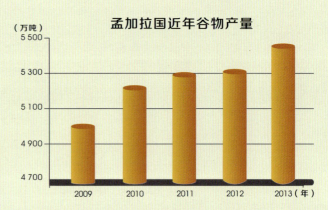

孟加拉国近年谷物产量（万吨）

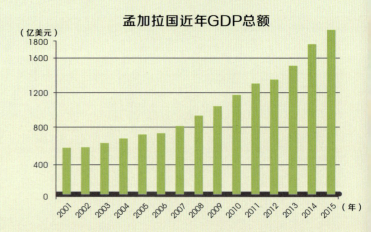

孟加拉国近年GDP总额（亿美元）

与中国关系
◀ **YUZHONGGUOGUANXI** ▶

　　中孟是亲密友好的近邻，自1975年10月4日两国建交以来，关系发展顺利且不断深入，各个领域合作成效显著。2005年两国建立长期友好、平等互利的全面合作伙伴关系。2010年，双方宣布从战略高度建立和发展更加紧密的全面合作伙伴关系，为中孟友好合作揭开了新的篇章。

　　孟加拉国是中国在南亚地区的第三大贸易伙伴，2015年，双边贸易额超过147亿美元。

　　其中，中国出口139亿美元，主要出口产品为纺织品、机电产品、水泥、化肥、轮胎、生丝、玉米等；进口额8亿美元，主要包括皮革、棉纺织制品和鱼类食品等原料性商品。

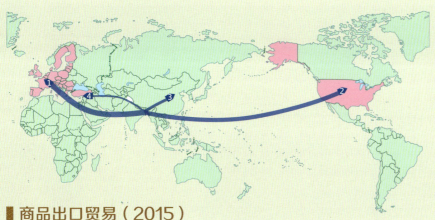

■ 商品出口贸易（2015）

■ 出口欧盟的商品占本国商品出口总额的53.5%　　■ 出口美国的商品占本国商品出口总额的21.0%

■ 出口中国的商品占本国商品出口总额的4.2%　　■ 出口土耳其的商品占本国商品出口总额的2.7%

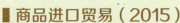

■ 商品进口贸易（2015）

■ 进口泰国的商品占本国商品进口总额的22.8%　　■ 进口印度的商品占本国商品进口总额的11.2%

■ 进口中国的商品占本国商品进口总额的8.8%　　■ 进口欧盟的商品占本国商品进口总额的6.8%

孟加拉国独立战争

　　1947年，巴基斯坦摆脱英国的殖民统治独立，领土由东西相隔2000多千米的西巴基斯坦和东巴基斯坦（即现在的孟加拉国）组成，虽然两地区居民都以信奉伊斯兰教为主。但两地在地理、文化、民族、语言上存在着巨大的差异，加之由西巴基斯坦人控制的中央政府，在内政事务上多采取厚西薄东的做法，加深了两地间的裂痕，东巴基斯坦人要求自治的声音逐渐高涨。

　　1970年12月，巴基斯坦举行了十三年以来的首次大选，东巴基斯坦政党人民联盟凭借孟加拉地区的人口优势，赢取了国民议会300个议席中的162席，获得

修改宪法的权力。中央政府不愿东巴自治，双方进行了多次谈判都无功而返。1971年3月26日，以穆吉布·拉赫曼为首的人民联盟宣布东巴独立，建立孟加拉人民共和国。中央政府则宣布人民联盟为非法组织，逮捕其领导人，孟加拉国独立战争爆发。

　　战争伊始，新成立的孟加拉国只拥有一些游击武装，多在边远地区活动，对巴基斯坦军队威胁有限。但印度卷入并引发第三次印巴战争，最终改变了战争的格局，在印度3个军的优势兵力攻击下，孟加拉地区3个师的巴基斯坦军队节节败退，最终于1971年12月16日投降，孟加拉国获得事实独立。

交通与旅游
⟨JIAOTONGYULÜYOU⟩

公路是孟加拉国的主要交通方式，通车里程达到222 593千米，承担了全国七成以上的客货运输量。

境内河流众多，水路运输也较为普遍。铁路通车里程为2 880千米。航空则是进出孟加拉国最便捷的方式。目前，建有达卡、吉大港、锡莱特3个国际机场和26条国际航线，中国旅客可从北京直飞达卡。

质朴而友善的孟加拉人民，把自己的祖国变成了旅游者的天堂。

在孟加拉国旅行，可以从毗诃罗遗址领略佛教早期的兴盛，可以在巴凯尔哈特欣赏伊斯兰教建筑的杰作，也可以在全球最大的红树林里寻访珍贵的野生动物，但最宝贵的还是当地人对你露出的纯真笑容。

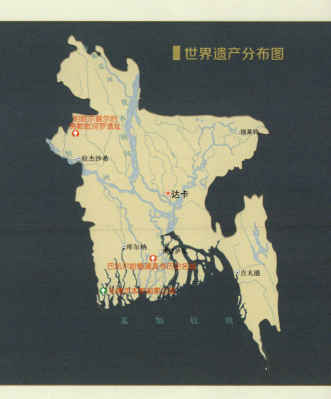

世界遗产分布图

巴凯尔哈德清真寺历史名城 ▼

位于库尔纳地区东部，距首都达卡西南约135千米，面积18平方千米，由50多座宗教设施和世俗建筑构成。

古城原名"卡理法塔巴德"，由一位名叫乌鲁格哈贾汗的土耳其将军于公元15世纪建立。

城市的基础设施建设令人叹为观止，体现出很高的建筑技术和工艺水平。城内聚集了很多伊斯兰教建筑，尤以寒特昆巴多清真寺举世闻名，该建筑极为坚固，被称为"神之要塞"。

南方丝路
南亚、中南半岛上的十一国

【孟加拉国】
丝绸之路区位图

图解
丝绸之路
经济带

167 >

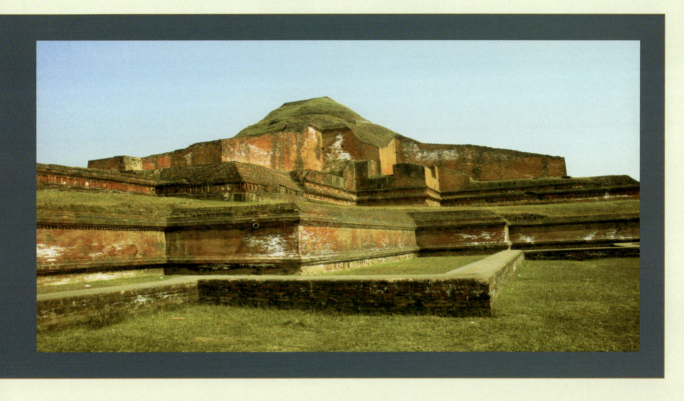

毗诃罗遗址 ▲

位于瑙冈地区东北，是以索马普拉寺庙为主的一处佛教遗址。

寺庙占地约9公顷，又被称作大寺院，是7世纪大乘佛教在孟加拉国兴起的见证，一直到12世纪前，此地都是著名的文化中心。寺院的设计完美地满足了举行宗教仪式的需求，艺术成就非凡：简单和谐的线条、大量的雕刻装饰等，对佛教建筑的影响力远及柬埔寨。

孙德尔本斯国家公园 ▼

位于孟加拉湾的恒河、布拉马普特拉河和梅克纳河三角洲，有世界上最大的红树森林（占地140 000公顷）。

公园内遍布潮汐河道、泥滩和耐盐的红树林小岛，是成长型生态过程的范例。该地区因动物物种的多样性而声闻天下。目前，生活着260种鸟类，以及孟加拉虎、湾鳄、印度蟒蛇等濒危物种，是亲近自然、了解自然的最佳去处。

缅甸
■ MIANDIAN ■
———— 东 南 亚 最 后 的 面 纱 ————

历史沿革
《LISHI YANGE》

公元前2世纪开始，来自不同语系的孟、骠、帖、掸、克耶等民族陆续从周边迁入缅甸，成立德贡、掸国、骠国等独立的小国。

但直至公元1044年，才由阿努律陀国王缔造了缅甸首个统一的帝国——蒲甘王朝。公元12世纪，阿朗西都国王在位时，小乘佛教逐渐成为主流，并在公元13世纪初达到鼎盛，最多时共建有3 000余座寺庙。

公元1283年，元朝军队从云南进攻蒲甘国，那罗梯诃波帝向元朝投降，缅甸北部曾短暂成为元朝的缅中行省（公元1286—公元1290年）。后缅中行省撤销，但蒲甘王朝之后的统治者也几乎都是元朝的傀儡。

蒲甘王朝灭亡后，掸族和孟族分别在缅甸的东部

和南部建国。公元1531年，缅人莽应体二度统一缅甸，建立历史上最强大的东吁王朝。东吁王朝同中国明朝关系密切，曾两次遣使来中国访问。

公元1659年，南明桂王被叛将吴三桂追击逃亡缅甸，终因缅甸无力抵御清军被引渡回国。

缅甸历史上第三个统一王朝，是公元1752年建立的贡榜王朝。该王朝多次对中国和泰国用兵，一度称霸中南半岛。但后来在缅英战争中一蹶不振，于公元1885年被大英帝国兼并，丧失国家主权。

20世纪初，缅甸人民发起了独立斗争。最终在爱国将领昂山将军和其继承人德钦努的带领下，于1948年1月4日取得独立。

国旗 呈长方形，为黄绿红三色长条加一颗白色五角星构成。黄、绿、红三色分别代表民族团结、和平与青葱翠绿的环境、人民的勇敢与决心，白星则表示坚强联邦永恒不坠。

国徽 位于中间的缅甸版图，表明缅甸的国界和疆域。两侧的圣狮为佛教守护兽，象征保卫国家的坚强力量。下方的绶带用缅文写着"缅甸联邦共和国"。

国家概况
《GUOJIA GAIKUANG》

缅甸联邦共和国（英文：the Republic of the Union of Myanmar），简称缅甸。位于中南半岛西部，东北与中国毗邻，西北与印度、孟加拉国相接，东南与老挝、泰国交界，西南濒临孟加拉湾和安达曼海，国土面积676 578平方千米，海岸线长3 200千米。地势北高南低，北、西、东三面为山脉环绕。大部地区属热带季风气候，年平均气温27℃。降雨量因地而异，内陆干燥区500~1 000毫米，山地和沿海多雨区3 000~5 000毫米。

总人口5 390万，民族极为复杂，共有135个民族。缅族约占总人口的65%，其他人数较多的民族有克伦族、掸族、克钦族、钦族、克耶族、孟族和若开族等。官方语言为属于汉藏语系藏缅语支的缅甸语，各少数民族均有自己的语言。其中，克钦、克伦、掸

和孟等族有文字。全国85%以上的居民信奉佛教，约8%的人信奉伊斯兰教。

缅甸独立，经历短暂的民主建国期后，就陷入军政府长期执政的局面。国家民主之路异常曲折复杂，民主旗手昂山素季就曾被军政府软禁15年之久。

进入21世纪以来，缅甸的民主进程加快。2010年，缅甸依据新宪法举行了20年来的首次多党制全国议会大选。目前，缅甸是一个总统制的联邦国家，实行多党民主制度。总统既是国家元首，也是政府首脑。议会实行两院制，由人民院和民族院组成。主要政党是执政党联邦巩固与发展党。主要反对党有全国民主联盟，以及掸邦民族民主党、若开民族发展党等一些民族地区的政党。

资源与经济
◀ ZIYUANYUJINGJI ▶

缅甸自然条件优越，各类资源丰富。

宝石和玉石在世界上享有盛誉，主要矿产资源还有锡、钨、锌、铝、锑、锰、金、银等，储量巨大。缅甸也是重要的石油和天然气储藏和生产国。其水利资源蕴藏量竟占到东盟国家资源总量的40%。

但是，丰富的资源储备长久以来没有富国强民，1948年，缅甸独立后局势动荡，政策摇摆不定，经济发展缓慢。2011年，新政府上台后，大力开展经济领域改革，积极引进外资，确立了加强农业发展、工业发展、省邦平衡发展和提高人民生活水平在内的四项经济发展援助措施，效果明显。

截至2015年，缅甸国内生产总值达到626亿美元，人均1160美元，首次进入中等较低收入国家行列。

农业是缅甸国民经济基础，产值占国民生产总值的4成左右。

图解丝绸之路经济带

169

1 : 8 100 000

■ 缅甸农业

■ 缅甸工业

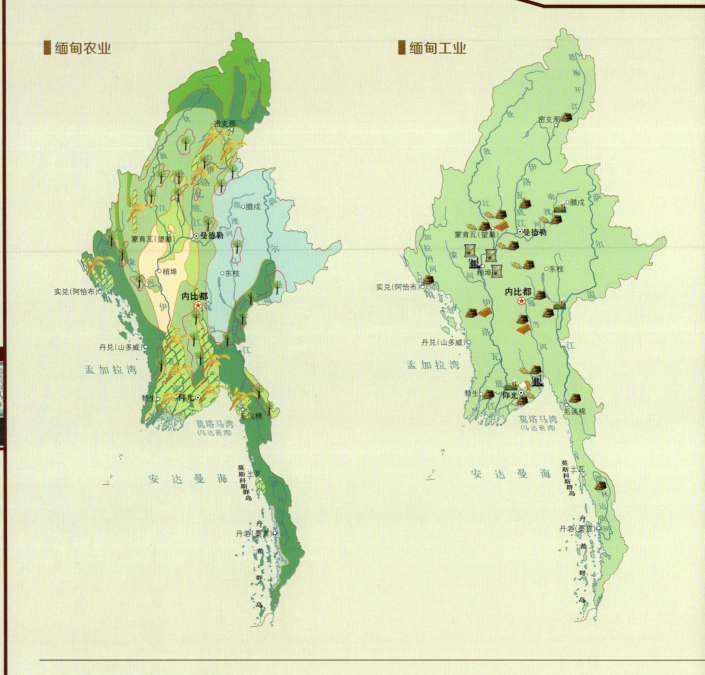

　　主要农作物有水稻、小麦、玉米、花生、芝麻、棉花、豆类、甘蔗、油棕、烟草和黄麻等。

　　缅甸森林面积近3 000万公顷，森林覆盖率41%，是世界重要的木材出口国。主要林产品有柚木、花梨等各类硬木和藤条等。

　　工业产值约占国民生产总值的26%。主要工业有石油和天然气开采、小型机械制造、纺织、印染、碾米、木材加工、制糖、造纸、化肥和制药等。

　　近年来，缅甸对外贸易发展迅速。

　　2015年，外贸总额达到296.2亿美元，中国、泰国、印度、新加坡、韩国、日本是其主要贸易伙伴。

　　主要出口产品有天然气、大米、玉米、豆类、水产品、橡胶、皮革、矿产品、木材、珍珠、宝石等。

　　主要进口产品包括燃油、工业原料、化工产品、机械设备、零配件、五金产品和消费品。

南方丝路
南亚、中南半
岛上的十一国

【缅甸】
丝绸之路区位图

图解
丝绸
经济
之路
带

171

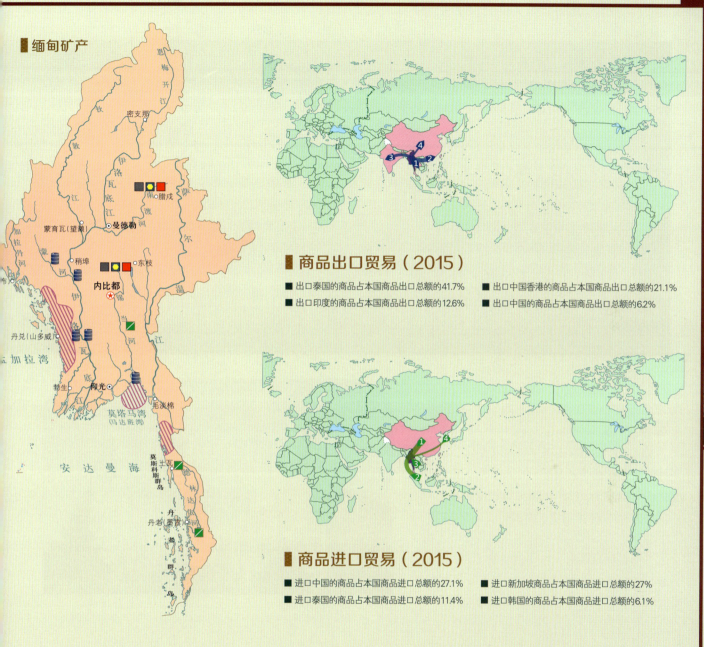

■ 缅甸矿产

商品出口贸易（2015）

- ■ 出口泰国的商品占本国商品出口总额的41.7%
- ■ 出口中国香港的商品占本国商品出口总额的21.1%
- ■ 出口印度的商品占本国商品出口总额的12.6%
- ■ 出口中国的商品占本国商品出口总额的6.2%

商品进口贸易（2015）

- ■ 进口中国的商品占本国商品进口总额的27.1%
- ■ 进口新加坡商品占本国商品进口总额的27%
- ■ 进口泰国的商品占本国商品进口总额的11.4%
- ■ 进口韩国的商品占本国商品进口总额的6.1%

与中国关系

《 Y U Z H O N G G U O G U A N X I 》

　　中缅两国是山水相连的友好邻邦，自古以来，两国人民就以"胞波"（兄弟）相称。据史料记载，两国的友好交往始于汉代。唐贞元十七年（公元801年），缅甸骠国王子率领乐工访问中国都城长安。大诗人白居易为之感动，写下了千古绝唱《骠国乐》。

　　新中国成立后，两国于1950年6月8日正式建交，后共同倡导了和平共处五项原则。进入新世纪后，中缅两国友好关系继续稳步发展。2011年5月，缅甸总统吴登盛访问中国，与中国政府发表联合声明，将双边关系提升为全面战略合作伙伴关系。

　　在经贸领域，中国是缅甸的第一大贸易伙伴。2014年，两国贸易额44.3亿美元，同比增长18%。其中，中国出口主要包括成套设备和机电产品、纺织品、摩托车配件和化工产品等；进口主要产品为原木、锯材、农产品和矿产品等。此外，缅甸还是中国在东盟地区的重要工程承包市场和主要的投资目的地。

交通与旅游
⟨JIAOTONGYULÜYOU⟩

交通以水运为主，内河航道约14 837千米，主要港口有仰光港、勃生港和毛淡棉港。其中，仰光港是缅甸最大的海港。铁路多为窄轨，运力较差。

近年来，政府大力修筑公路和铁路，陆路运输有了较大发展。

有仰光、内比都和曼德勒三个国际机场，形成以仰光为中心连接周边地区和世界主要国家的航空网络，中国旅客可从北京、昆明、广州、南宁等城市出发直飞缅甸。

如今，神秘的缅甸已渐渐揭开自己的面纱，欢迎来自世界各地的游客。

来到缅甸，你可以看到葱郁的森林、雾气缭绕的群山、静静流淌的河流，感受大自然的质朴；你还能看到仰光陈旧的店铺、铁路和老爷车，曼德勒殖民时代的建筑，蒲甘烟云中林立的佛塔，茵莱湖浮岛上的村子与划着小舟的渔民，感受缅甸人民的淳朴和虔诚。

秀美的自然景观与多彩的人文环境造就了缅甸的独特魅力。每年10月至次年2月，是缅甸最宜人的季节，计划好你的时间，开启一段奇妙的旅程吧。

瑞光大金塔 ▶

地处茵雅湖畔的圣丁固达拉山上，是仰光的地标性建筑，也是"东南亚三大古迹"之一。塔高110米，表面饰有72吨黄金，塔顶由近3 000克拉的宝石镶嵌而成。整个建筑群非常雄伟，在阳光的照射下光彩夺目。传说，由保存着佛祖八根头发的商人两兄弟所建，已有2500年的历史。

乌本桥 ▼

始建于公元1856年，坐落于阿玛拉普拉古城境内，横跨东塔曼湖。乌本桥是世界上最长的柚木桥。

相传，敏东王看到东塔曼湖年年泛滥，百姓出行困难，就用珍贵的柚木修建了长桥，并在桥上建造了六座供人遮风避雨的休息亭，以体现佛教的"六和精神"。乌本桥至今仍在正常使用。

南方丝路
島上亚、中南半
岛上的十一国

图解
丝绸之路
经济带

173

【缅甸】
丝绸之路区位图

阿南达寺

江喜陀王于公元1091年修建的阿南达寺，属于早期的塔寺一体建筑，是蒲甘现存最完整、造型最美丽的寺庙，被誉为"蒲甘第一佛塔"。

塔座是印度风格的正方形大佛窟，东南西北面各有一门，门内有一尊高约10米的释迦立佛。在塔座之上屹立着70多米高的塔身，非常宏伟。每天早上，许多当地信众和外地香客一起朝拜、献花，极具特色。

骠国古城

位于曼德勒与仰光之间，由罕林、毗湿奴、室利差旦罗三处遗迹构成。古城是公元2世纪至9世纪间，骠人在伊洛瓦底河中游的中缅甸地区居住时期建设的。它是缅甸早期城市文化发源地、小乘佛教最早传入地，及当时东南亚地区文明程度最高的城市。

■ 世界遗产分布图

老挝
■ LAOWO ■
—— 万 象 之 国 ——

历史沿革
《 LISHI YANGE 》

由于史料缺乏，学界对老挝14世纪前的历史争议颇多，通常认为，今天老挝疆域内相继出现过堂明国、南掌国（澜沧国）等国家。

公元1353年，法昂王建立澜沧王国，定都琅勃拉邦。这是老挝历史上第一次统一，形成的多民族国家曾是东南亚最繁荣的国家之一。公元1707—公元1713年，澜沧王国先后分裂为北部琅勃拉邦、中部万象和南部占巴塞三个王国，并先后沦为遥罗（今泰国）属国。

公元1893年，法国与遥罗签订《法遥条约》，琅勃拉邦、万象和占巴塞被并入法属印度支那联邦。1940年9月被日本占领。1945年9月15日，琅勃拉邦王国副王兼首相佩差拉在万象宣布老挝独立，但次年法国势力卷土重来，独立运动失败。1947年4月，琅勃拉邦国王西萨旺冯宣布成立老挝王国，实行君主立宪制，但国家政权实际被法国控制。

为争取国家独立，老挝人民开展广泛的游击战争，并在1954年的奠边府战役中彻底击败法军，法国被迫签署《日内瓦协议》，承认老挝独立并撤军。但此后美国乘虚而入，培植亲美势力，老挝陷入多股势力的长年争斗中。

20世纪70年代，中南半岛三国在抗美战争中节节胜利，老挝人民自1975年5月开始在全国开展夺权斗争。1975年12月2日，老挝全国人民代表大会在万象召开，宣布废除君主制，老挝人民民主共和国成立。

国家概况
《 GUOJIA GAIKUANG 》

老挝人民民主共和国(英文：The Lao People's Democratic Republic)，简称老挝。位于中南半岛北部，北邻中国，南接柬埔寨，东临越南，西北达缅甸，西南毗连泰国，属内陆国家。国土面积23.68万平方千米。属热带、亚热带季风气候，5月至10月为雨季，11月至次年4月为旱季，年平均气温约26℃。

总人口680万，由49个民族组成，分属老泰语族系、孟—高棉语族系、苗—瑶语族系、汉—藏语族系，统称为老挝民族，华侨华人3万多人。老挝语为官方语言。居民多信奉佛教。

老挝实行社会主义制度，老挝人民革命党是老挝唯一政党。国会是国家最高权力机构和立法机构，负责制定宪法和法律。政府是国家最高行政机关。

1986年开始实行"改革开放"，近年来，在经济领域取得巨大成绩，目前，政治稳定、社会安宁。

国旗 呈长方形，长宽比为3：2。以红色、蓝色及白色为主色，蓝色占旗底一半，代表富饶美丽的国土，象征人民热爱和平安宁的生活。

上下为红色的长方形，象征革命。中间为白色圆轮，象征老挝人民在党的领导下团结一致，以及国家光明的未来；也代表满月，好像皎洁明月高悬于湄公河的上空。

国徽 呈圆形，外沿由两束稻穗环饰；大塔是著名古迹，也是老挝的象征；齿轮、拦河坝、森林、稻穗等分别象征工业、水力、林业和农业。

两侧的饰带上写着"和平、独立、民主、统一、繁荣昌盛"，底部的饰带上写着"老挝人民民主共和国"。

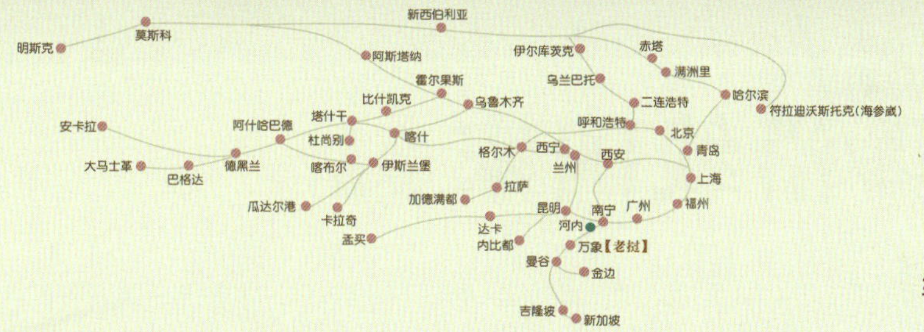

【老挝】
丝绸之路区位图

丝绸之路经济带

图解 丝绸之路经济带

图解 SICHOU ZHILU JINGJIDAI

175

中 华 人 民 共 和 国

越 南

南 海

北 部 湾

泰 国

中 南 半 岛

东 埔 寨

老 挝

万 象

丰沙里

琅南塔

博胶

乌多姆赛

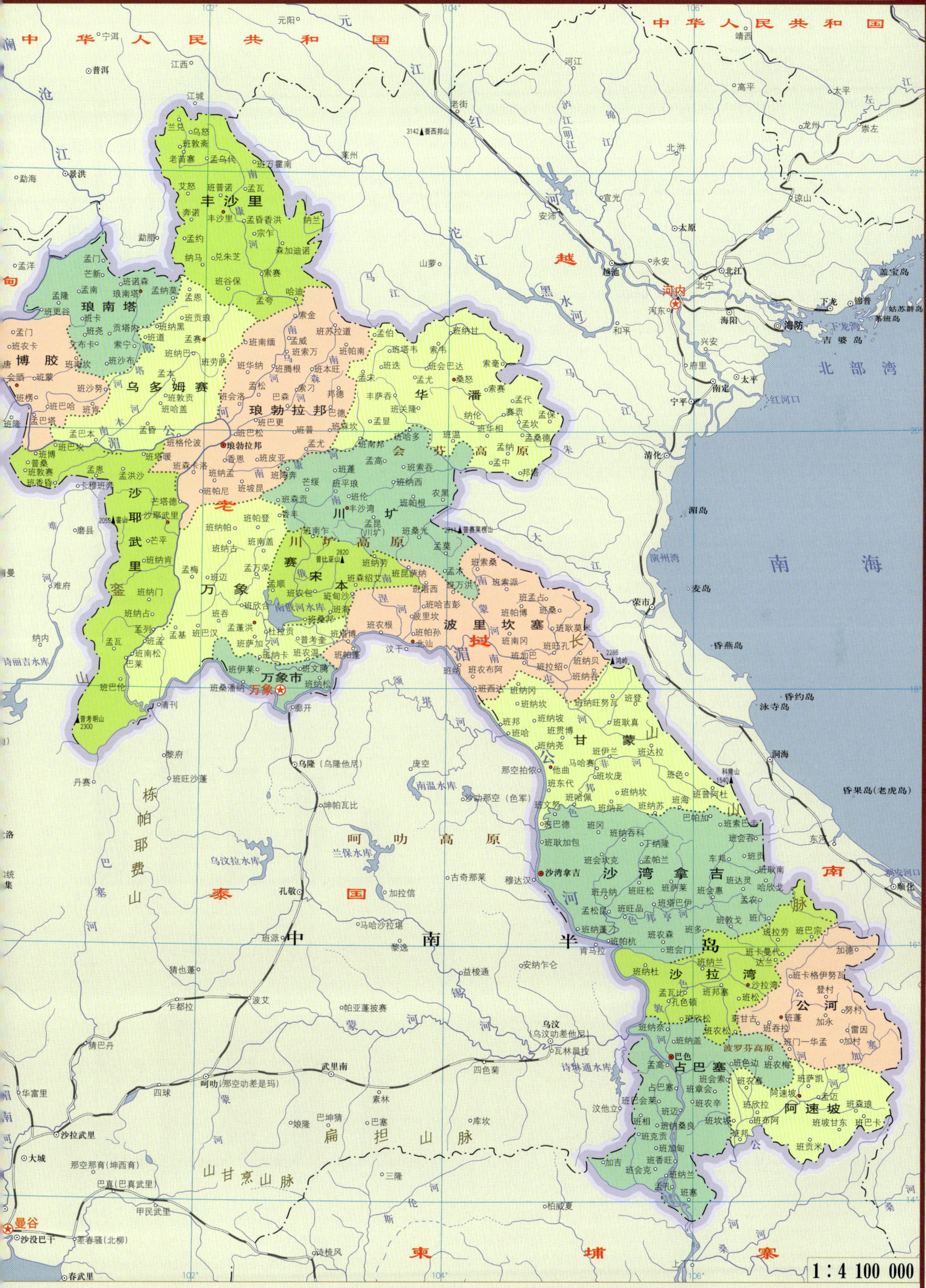

琅勃拉邦

华潘

沙耶武里

川圹高原

川圹

赛宋本

万象市

波里坎塞

甘蒙山

沙湾拿吉

占巴塞

沙拉湾

阿速坡

安南山脉

栋帕耶费山

担山山脉

甘烹山脉

湄 公 河

1:4 100 000

资源与经济
◀ZIYUANYUJINGJI▶

老挝矿藏丰富，锡、铅、钾盐、铜、铁、金、石膏、煤、稀土等储量可观，目前得到开发的有金、铜、煤、钾盐、煤等。此外，水力资源和林业资源也很丰富。全国森林覆盖率约50%，盛产柚木、花梨等名贵木材。

经济以农业为主，农作物主要有水稻、玉米、薯类、咖啡、烟叶、花生、棉花等。工业基础薄弱，主要是采矿、炼铁、服装、食品和木材加工等初级工业。

1986年以来，经济长足发展，形成了农林业、工业和服务业结合，优先发展农林业的经济结构；市场经济机制逐步完善，经济形态由自然和半自然经济转为商品经济。实行对外开放政策，改善投资环境。一系列经济措施的实施，使老挝保持了7%左右的增长速度。截至2015年，老挝国内生产总值达到123.69亿美元，人均1740美元，属于中等较低收入国家。

老挝同50多个国家和地区有贸易关系，并与19个国家签署了贸易协定。主要贸易伙伴包括泰国、越南、中国、日本、美国、加拿大，以及欧盟和其他东盟国家。

与中国关系
◀YUZHONGGUOGUANXI▶

中国和老挝于1961年4月25日建交。20世纪70年代末至80年代中，双方关系曲折。1989年以后，中老关系全面恢复。

2000年11月，国家主席江泽民访问老挝，双方确定发展长期稳定、睦邻友好、彼此信赖的全面合作关系。2009年9月，双方决定把双边关系提升为全面战略合作伙伴关系。

近年来，中老在经贸领域关系发展顺利。2015年，双边贸易额为27.8亿美元。

其中，中国出口主要产品包括汽车、摩托车、纺织品、钢材、电线电缆、通信设备、电器电子产品等；进口主要包括铜、木材、农产品等。

老挝近年GDP总额

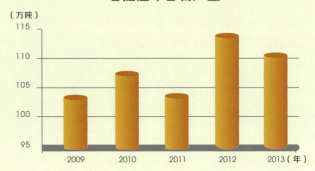
老挝近年谷物产量

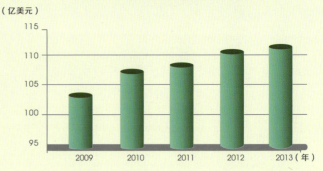
老挝近年货物和服务出口总额

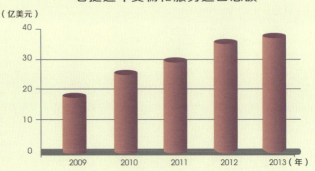
老挝近年货物和服务进口总额

176

世界遗产分布图

交通与旅游

◆JIAOTONGYULÜYOU▶

老挝是东南亚唯一的内陆国，主要依靠公路、水运和航空运输，仅有首都万象至泰国边境的3千米铁路。

公路总里程约4.7万千米，承担了80％的客货运量。

湄公河则是主要的水路运输通道，可分段通行20~200吨船舶。建有万象瓦岱、琅勃拉邦、沙湾那吉和巴色等国际机场，主要航线集中在东盟国家，从广州、昆明出发，可直飞缅甸首都内比都。

拥有"万象之国"美称的老挝，境内山峦起伏，森林密布，生活着以大象为代表的各种珍稀动物，优美的自然风光与独特的风情，每年吸引着200多万世界各地游客。2013年，老挝还被欧盟理事会评为"全球最佳旅游目的地"。在老挝旅游，边领略风景，边享受慢节奏生活是一大特色。参与亲近自然的水上活动，如乘坐湄公河上的慢船，在万荣用轮胎漂流等，以及参观万象这个最像乡村的首都，都是难得的人生体验。

◀ 琅勃拉邦古城

坐落于老挝北部的琅勃拉邦省南康河与湄公河汇合处的半岛上，距离万象500多千米。既是老挝的古都，也是佛教中心，城内寺庙、佛塔林立，居民笃信佛教。19—20世纪欧洲殖民者建造的大量建筑完好保存，与寺庙相映成趣，经典地体现了两种截然不同的文化融合。

▼ 占巴塞文化景观

以瓦普神庙为主体，完好保留了1000多年。老挝人把它与柬埔寨吴哥寺媲美，称为中南半岛两大胜迹。景区核心以山顶至河岸为轴心，方圆10千米范围内整齐地建造了一系列庙宇、神殿和水利设施，完美地表达了古代印度文明中天人关系的理念。占巴塞文化景观还包括湄公河两岸的两座文化名城和普高山，体现了公元5—15世纪以高棉帝国为代表的老挝文化发展轨迹。

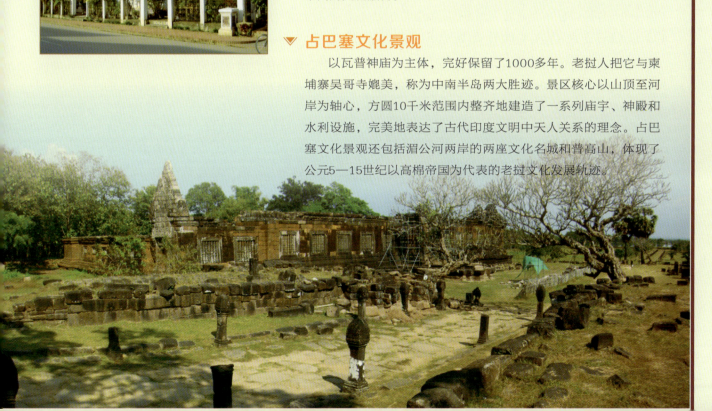

泰国
■ TAIGUO ■
——— 全 球 最 佳 的 旅 游 度 假 地 ———

历史沿革
◀ LISHI YANGE ▶

公元1238年建立的素可泰王朝是泰国历史上第一个独立王朝。

历史记载，素可泰王朝繁荣昌盛，不仅疆域远远超过现有版图，还首创泰国文字和最早的宋加洛陶瓷业。

公元1350年，乌通王在大城府建都，脱离素可泰王朝宣布独立，建立阿瑜陀耶王国，史称大城王朝（公元1350—公元1767年）。

不久，乌通王吞并素可泰王国，被中国明朝封为暹罗国王。暹罗与明朝关系甚密，明成祖曾赠暹逻王金银大印，暹罗国王遣使谢恩。而郑和七下西洋，暹罗是必经之地，很多船员与当地人通婚落地生根。

公元1767年，缅甸入侵并攻陷了大城，阿瑜陀耶王国灭亡。但仅仅7个月后，年轻的郑信将军就率军赶走侵略者，重建王国并将首都迁到更靠近大海的吞武里，史称吞武里时期。

公元1782年，郑信因近卫军发动政变被迫退位，昭披耶却克里将军从柬埔寨前线回国平叛即位，建立查库里王朝，称拉玛一世，泰国历史进入曼谷时期（公元1782年至今）。拉玛一世即位后，将王国都城从吞武里迁到湄南河对岸的曼谷，并建造了大王宫。

随后的几任国王都励精图治，不断变革，先后五次击退缅军的入侵，逐渐恢复了大城盛世时的势力范围，使暹罗重新成为中南半岛的大国。拉玛三世国王在位期间，努力发展与西方国家关系。拉玛四世国王是现代泰国的缔造者，他即位后进行了很多社会和经济改革，并与欧洲国家缔结条约，使泰国成为近代东南亚唯一没有沦为殖民地的国家。

1939年暹罗更名为泰国，意为"自由之地"，并开始实施民主改革。二战期间，泰国倾向日本，1941年被日本占领后宣布加入轴心国，并于1942年1月25日宣布向英美宣战。1945年8月15日日本投降，泰国随即宣布对英美宣战宣言无效并得到同盟国承认。

二战后，泰国成为美国在东南亚的主要军事盟国。同时，也是东盟的创始国。泰国积极参与东南亚地区事务，具有重要影响。

国家概况
◀ GUOJIA GAIKUANG ▶

泰王国（英文：The Kingdom of Thailand），意为"自由之地"，简称泰国。位于中南半岛中南部，陆上与缅甸、老挝、柬埔寨、马来西亚接壤，东南临太平洋的泰国湾，西南濒印度洋的安达曼海，国土面积51.3万平方千米。境内大部分为低缓的山地和高原。泰民众习惯将国家疆域比作大象的头部，将北部视为"象冠"，东北地方代表"象耳"，曼谷湾代表"象口"，而南方的狭长地带则代表了"象鼻"。

属于热带季风气候，全年分为热、雨、凉三季，年平均气温27℃，年平均降水量约1000毫米。

总人口6450万，是由30多个民族构成的多民族国家。泰民族为国家的主体民族，占人口总数的40%，其余有老挝族、华族、马来族、高棉族，以及苗、瑶、桂、汶、克伦、掸、塞芒、沙盖等山地民族。泰语为国家官方语言。90%以上的民众信仰佛教，马来族信奉伊斯兰教，少数民众信仰基督教、天主教、印度教和锡克教。

泰王国宪法规定，泰国是以国王为国家元首的民主体制国家，但二战后泰国的军人集团长期把持政权，政府一度更迭频繁。20世纪90年代以来，军人逐渐淡出政坛，民选政府逐渐掌权。

近年来，泰国贫苦农民和社会精英阶层的矛盾日趋尖锐，代表不同阶层的红衫军和黄衫军间的党派斗争愈演愈烈，民选政府陷入尴尬境地，几近瘫痪。

2014年5月，宪法法院裁决英拉违宪，英拉旋即停职，陆军司令巴育就任泰国第29任总理。

南方丝路
南亚、中南半岛上的十一国

图解丝路经济带
TUJIE SICHOU ZHILU JINGJIDAI
【泰国】
丝绸之路区位图

国旗

呈长方形，长宽比为3：2，是以红、白、蓝三色构成的三色旗。

上下方为红色，代表民族和象征各族人民的力量与献身精神；白色既代表宗教，也象征宗教的纯洁；蓝色居中，代表王室，象征王室处于各族人民和纯洁的宗教的簇拥之中。

国徽

由深红色的大鹏鸟及鸟背上蹲坐着的那莱王构成，是一个极富宗教神秘色彩的图腾图案。

那莱王是泰国民间传说中鹰面人身的守护神。它头顶金色宝珠，裸露的颈部、手臂和手腕，都戴着光彩夺目的金饰品，两臂弯向头部，翩翩起舞，展现出浓郁的泰国民族特色。

大鹏身披金色盔甲，两只利爪雄健有力，令人顿生虔诚和敬畏之意。

179

1 : 6 400 000

注：图中的府名均以府中心同名。

资源与经济
◀ZIYUANYUJINGJI▶

泰国资源丰富。其中，钾盐储量4 367万吨，居世界第一；锡储量约120万吨，占世界总储量的12％。其他储量较大的资源有褐煤、油页岩、天然气，还有锌、铅、钨、铁、锑、铬、重晶石、宝石和石油等。森林总面积达到1 440万公顷，占国土面积的四分之一。

经济上实行自由经济政策，属外向型经济，受世界经济大环境影响较大。20世纪80年代起，电子工业、制造业等发展迅速，经济持续高速增长。

1997年，亚洲金融危机和2008年的世界金融危机，都造成泰国经济的短暂衰退。2015年，国内生产总值达到3 952亿美元，人均5 720美元，属于中等较高收入国家。

农业是传统经济产业，从业人口约1 530万。

主要农产品有稻米、玉米、木薯、橡胶、甘蔗、绿豆、麻、烟草、咖啡豆、棉花、棕榈油、椰子等。

工业以出口加工为主，主要门类有采矿、纺织、电子、制造、塑料、食品加工、玩具、汽车装配、建材、石油化工、软件、轮胎、家具等。

对外贸易在国民经济中地位重要，主要贸易伙伴为中国、美国、日本、欧盟和东盟。

2015年，对外贸易额4 170.3亿美元。其中，出口2 143.8亿元，出口产品有电子产品、化工产品、橡胶、海产品、大米等，天然橡胶出口量位居世界第一。进口额2 026.5亿美元，主要进口机械设备、建筑材料、原油、家用电器等。

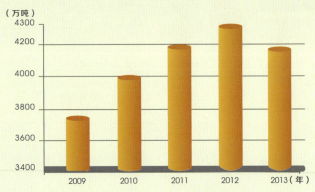

泰国近年谷物产量

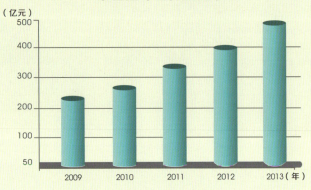

泰国近年国际旅游收入

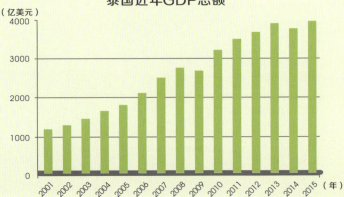

泰国近年GDP总额

与中国关系
◀YUZHONGGUOGUANXI▶

1975年7月1日，中泰两国建立外交关系。两国关系健康稳定发展，双方领导人互访不断。

2012年4月，两国建立全面战略合作伙伴关系。2013年10月，两国政府发表《中泰关系发展远景规划》。

在贸易领域，中国是泰国最大的贸易伙伴，泰国是中国在东盟国家中第四大贸易伙伴。

2015年，中泰双边贸易额达到754.6亿美元。其中，中国出口382.9亿美元，进口371.7亿美元。

南方丝路
南亚、中南半岛上的十一国

【泰国】
丝绸之路区位图

图解
丝绸之路
经济带

181

商品出口贸易（2015）

- 出口美国的商品占本国商品出口总额的11.2%
- 出口欧盟的商品占本国商品出口总额的10.3%
- 出口中国的商品占本国商品出口总额的11.1%
- 出口日本的商品占本国商品出口总额的9.3%

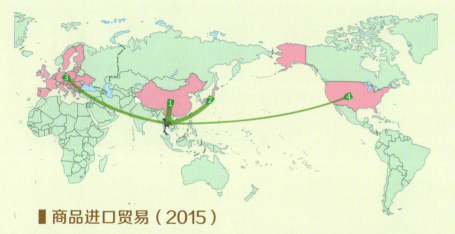

商品进口贸易（2015）

- 进口中国的商品占本国商品进口总额的15.3%
- 进口欧盟的商品占本国商品进口总额的8.9%
- 进口日本的商品占本国商品进口总额的10.3%
- 进口美国的商品占本国商品进口总额的6.9%

交通与旅游
《JIAOTONGYULÜYOU》

　　泰国交通网络以航空和陆路交通为主。公路里程共16万千米，各府县均有道路连接。拥有包括8个国际机场在内的37个机场，共53个国家80家航空公司设有赴泰国的固定航线，89条国际航线可达欧、美、亚及大洋洲40多个城市，是东南亚重要的航空枢纽。

　　铁路为窄轨铁路，总长仅4 451千米，但发展潜力巨大。中国已和泰国就联合建设曼谷—坎桂、坎桂—玛塔卜、坎桂—呵叻，以及呵叻—廊开4条铁路线达成协议，即将开工建设。全国共有47个港口。其中，海港26个、国际港口21个。湄公河和湄南河为内河航运的两大运输干线，海运线可达中、日、美、新加坡，以及欧洲等。

　　泰国是东南亚最受世界欢迎的旅游国度，也是中国人的第一大旅游目的地国，魅力独具。

　　在泰国旅游，处处可以感受到友好、快乐。数不清的佛教寺庙，气势宏伟、金碧辉煌，众多佛教徒出入其间，虔诚祭拜，从中你能真正感受到信仰的力量。在南部的海边漫步，白色沙滩、碧蓝的海、摇曳多姿的椰子树，彰显着热带风情；浅海中珊瑚美丽，五彩缤纷的热带鱼令人目不暇接，暖风熏得游人醉。

　　在曼谷繁华的购物中心挑选来自世界各国的奢侈品，品尝享誉世界的泰式佳肴，也是许多游客的赏心乐事。泰国真可谓全世界性价比最高的旅游福地。

■ 世界遗产分布图

东巴耶延山—考爱山森林保护区 ▼

横跨在泰国东部边缘的巴耶延国家公园和柬埔寨西部的考爱山国家公园之间，绵延230千米。多山地与河流。多样化的热带雨林生态系统为此地800多个动物种群提供了良好的栖息环境，对保护珍稀动物具有全球性意义。

童·艾·纳雷松野生生物保护区：在泰缅边界上绵延60多万公顷，几乎包括了东南亚大陆所有森林类型，保护区栖息着本地区77%的大型哺乳动物（特别是大象和老虎），50%的大型鸟类和33%的陆地脊椎动物，是当之无愧的野生动物王国。

素可泰及相关历史城镇 ▲

泰国有着浓厚的历史文化氛围。其中，素可泰古城和大城古城最具代表性。

素可泰是泰国首个王朝素可泰王朝的首都，位于泰国中央平原，曼谷以北427千米，意为"快乐的开始"。这里是泰文化的摇篮，泰国的文字、艺术、文化与法规，很多都是素可泰时代创立的。

强大的素可泰王朝吸收了各种文化成分，并结合当地的古老传统，构成了"素可泰"。今天，游客们可以在保护区内看到许许多多反映泰国早期建筑风格的建筑。

大城古城位于泰国中部，首都曼谷以北100千米的湄南河畔，是泰国第二任王朝暹罗的首府。由于大城的33位统治者吸取了柬埔寨天授神权的观念，并结合婆罗门教的仪式，兴建了许多壮丽的宫殿和雄伟的佛寺，所以，它的全盛时期被称作"人间天堂"。

18世纪，大城被缅甸人摧毁，但从圣骨塔和大清真寺等遗迹，依稀还能看到其昔日的辉煌。

越南
■ YUENAN ■
———— 身穿奥黛的窈窕少女 ————

历史沿革
《LISHI YANGE》

越南的历史与中国息息相关。传说中，越南北部属于百越中的雒越之地，最早王朝鸿庞氏的首位君主禄续是神农氏的后代，他的后代"雄王"建立了文郎国，历经18代，2000多年，如今越南人都自称是"雄王子孙"。

公元前214年，秦始皇派大军南下越过南岭，征服百越诸部族，设立三个郡并大量移民。其中，越南北部（即骆越）归属于象郡管理。公元前111年，汉武帝灭南越国，并在越南中北部设立交趾、九真、日南三郡。此后1000多年的时间里，越南中北部都是中国各朝代（汉朝、东吴、晋朝、南朝、隋朝、唐朝、南汉）的直属领土，史称"北属时期"。

公元938年，吴权在"白藤江之战"中击败中国南汉，并于次年称王，建立吴朝，是为越南脱离中国之始。但吴朝没有建立国号，至公元968年建立，越南才正式独立，成为中国的藩属国。

其后，建立了多个封建王朝，但均未脱离中华文化影响，一直将汉字作为官方文字，采用古代中国的政治制度。公元1802年，阮福映建立阮朝，遣使前往宗主国中国，请求改国号为"南越"，最终嘉庆皇帝下赐国号"霸侥越南"，越南国名由此得来。

19世纪中叶以后，法国开始蚕食越南，清王朝派兵抵抗。虽有爱国将领冯子材、刘永福、刘铭传的英勇抵抗，并取得了镇南关大捷，但腐朽的清政府还是在公元1895年与法国签订《中法新约》，放弃了对越南的宗主权，越南沦为法国殖民地。

二战期间，越南被日本占领，而法国在1945年日本投降后又卷土重来。经历了抗法、抗日斗争的越南人民在胡志明的领导下，与法国侵略者又进行了九年的抗法战争。其中，后半程得到了新中国的大力支持，终于在奠边府战役中大获全胜，争取到北方独立。

但是，随后美国人接替法国人掌控南越，并开启了越南战争的序幕。1955—1975年，胡志明领导下的越南人民军在中国等社会主义国家的支持下，经过艰苦卓绝的浴血奋战，打败了以美国为首的南越伪军，取得越南战争的胜利。1976年7月，越南南北宣布统一，国号为"越南社会主义共和国"。

国家概况
《GUOJIAGAIKUANG》

越南社会主义共和国（英文: The Socialist Republic of Viet Nam），简称越南。位于中南半岛东部，北与中国接壤，西与老挝、柬埔寨交界，东面和南面濒临南海，海岸线长3 260多千米，国土面积329 556平方千米。地形狭长，南北长1 600千米，东西最窄处为50千米，地势西高东低，境内四分之三为山地和高原。地处北回归线以南，高温多雨，属热带季风气候。年平均气温24℃左右，年平均降雨量为1 500~2 000毫米。

总人口9 170万，共有54个民族，京族占总人口86%。少数民族中岱依族、傣族、芒族、华人、侬族人口均超过50万。官方语言为越南语。主要宗教有佛教、天主教、和好教和高台教。

越南实行社会主义制度，越南共产党是唯一的执政党，现有党员约360多万人。国会是国家最高权力机关，每四年选举一次，政府是国家的最高行政机关，政治体制与中国相似。

国旗 呈长方形，长宽比为3:2，红底中间有五角金星，即通常说的金星红旗。红色象征革命和胜利，五角金星象征越南共产党对国家的领导，五星的五个角分别代表工人、农民、士兵、知识分子和青年。

国徽 圆形红底，正上方是一个五角金星，代表越南共产党；四周的稻穗和金色齿轮代表农民阶层与工人阶层。齿轮下方用越南文书写着"越南社会主义共和国"。

资源与经济
‹ ZIYUANYUJINGJI ›

越南矿产资源丰富，种类多样。主要有煤、铁、钛、锰、铬、铝、锡、磷等。其中，煤、铁、铝储量较大。海洋资源和森林资源也较为丰富，橡胶树种植面积大。

1986年，越南开始实施革新开放政策。

近20年来，经济保持了较快增长，经济总量不断扩大，三产结构趋向协调，对外开放水平不断提高，基本形成了以国有经济为主导、多种经济成分共同发展的格局。2016年，越南国内生产总值达到1906亿美元，人均GDP为2 109美元，目前仍属于中等较低收入国家。

越南是传统农业国，农业人口约占总人口的75%。耕地及林地占总面积的60%。

粮食作物包括稻米、玉米、马铃薯、番薯和木薯等。

经济作物主要有咖啡、橡胶、胡椒、茶叶、花生、甘蔗等。

近年来，工业增长迅速，主要工业产品有煤炭、原油、天然气、液化气、水产品等。

1：6 400 000

对外贸易在越南经济发展中意义重大。

目前，越南和世界上150多个国家和地区有贸易关系，主要贸易对象为中国、美国、日本、韩国，以及东盟、欧盟等。

出口原油、服装纺织品、水产品、鞋类、大米、木材、电子产品、咖啡等产品，进口汽车、机械设备及零件、成品油、钢材、纺织原料、电子产品和零件等。

越南近年GDP总额
（亿美元）

与中国关系
《 YUZHONGGUOGUANXI 》

中越传统友谊源远流长。两国于1950年1月18日建交后，中国政府和人民全力支持越南抗法、抗美斗争，为越南独立作出了巨大贡献。

20世纪70年代后期，中越关系恶化。1991年11月，越南国家领导人受邀访华，两国宣布结束过去，开辟未来，两党两国关系实现正常化。此后，两党两国关系全面恢复并深入发展，在各个领域友好往来和互利合作不断加强。2008年5月30日，越共总书记农德孟访华，代表越南政府与中国政府发表《联合声明》，宣布建立全面战略合作伙伴关系。

经贸领域，截至2015年，两国双边贸易额已达到了958.2亿美元，中国已连续11年成为越南第一大贸易伙伴，而越南则是中国在东盟的第二大贸易伙伴。

中国主要出口机电产品、机械设备和面料、纺织纤维，以及其他原辅料，进口矿产资源和农产品等。

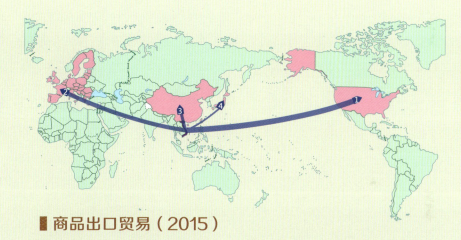

商品出口贸易（2015）

■ 出口美国的商品占本国商品出口总额的19.1%　■ 出口欧盟的商品占本国商品出口总额的18.6%

■ 出口中国的商品占本国商品出口总额的9.9%　■ 出口日本的商品占本国商品出口总额的9.8%

商品进口贸易（2015）

■ 进口中国的商品占本国商品进口总额的29.5%　■ 进口韩国的商品占本国商品进口总额的14.7%

■ 进口日本的商品占本国商品进口总额的8.7%　■ 进口中国台湾的商品占本国商品进口总额的7.5%

■ 越南矿产　　　　■ 世界遗产分布图

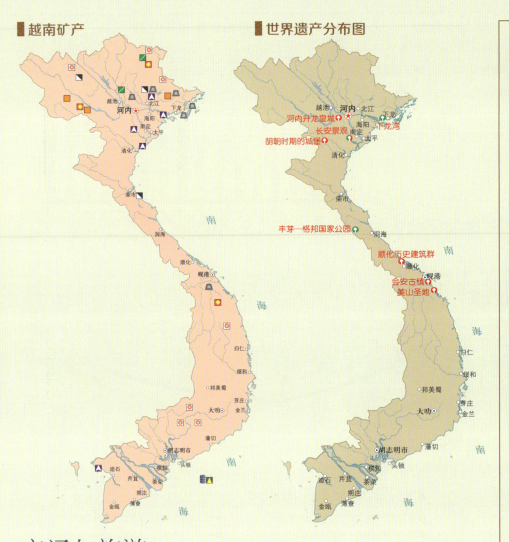

会安古镇 ▲

　　位于岘港市郊秋盆河北岸，会安江入海口附近。东南亚15—19世纪的贸易大港，其建筑和街道样式，受到国外风格的影响，土洋结合是该镇的特色。这里也是最早出现旅越华侨的城市。

交通与旅游
◀ J I A O T O N G Y U L Ü Y O U ▶

　　越南的交通建设起源于法国人对原材料运输的需求。越战结束后，政府进行了大规模的现代化改造，形成了以铁路、公路运输为主的交通网络。从胡志明市到河内，总长近2 000千米的铁路是国内最主要的铁路干线，河内是全国铁路网络的中心，从这里还有前往东方、东北方和西方的铁路干线，越南还打算利用日本新干线技术在胡志明和河内间修建一条高速铁路。公路系统承担了大部分的客货运输量，摩托车在这里大受欢迎，很多人都将越南称为"摩托车王国"。作为一个沿海国家，越南拥有金兰湾、岘港、海防港、胡志明港等优良海港，湄公河三角洲和红河三角洲便利的水运也为民众带来了福利。越南建有21个机场。其中，包括胡志明、河内和岘港三个国际机场。中国与越南间的交通极为畅通，可以通过各种交通方式来往。

　　得益于悠久的历史和得天独厚的自然条件，越南的旅游资源极为丰富。来自世界各地的游客可以在这里看到法国传统风格和中国传统风格的建筑；可以在下龙湾欣赏海上桂林的秀美景色；可以在芽庄潜水、海滩漫步、品尝物美价廉的海鲜；也可以在北部山区欣赏苍翠的峡谷梯田，购买部落村寨手工制作的挂毯。山水与人文气质俱佳的越南仿佛身穿"奥黛"的越南少女，浑身上下散发出独特的韵味。

南方丝路
南亚、中南半岛上的十一国

【越南】
丝绸之路区位图

图解 丝绸之路 经济带

187

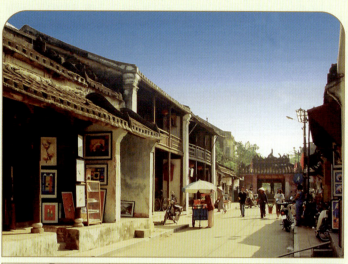

丰芽格邦国家公园 ▲

位于广平省的丰芽格邦。集世界上最大的岩溶地形和亚洲最古老的喀斯特地貌于一身。喀斯特地貌一直延伸到老挝边界，沿途65千米布满了岩洞和地下河。丰芽洞是越南著名的岩洞胜景，洞深邃且宽大，洞中套洞，知名的有天洞、水洞和浅洞。

水洞口一边岩壁上还有古代占族人供奉的丰芽洞守门金刚的遗迹。如今已成为世界地下探险者乐园。

顺化历史建筑群 ▲

位于越南中部，是承天一顺化省的省会。

从17世纪到20世纪40年代，曾先后为越南旧阮、西山阮和新阮封建王朝的京城，是越南的三朝古都。

香河蜿蜒流经都城、帝国城、紫禁城，以及内城，给顺化古城平添了许多自然景色。

下龙湾 ▶

位于北部湾西部，距首都河内150千米。面积约1 500平方千米，包括3 000个岩石岛屿和土岛。伸出海面的锯齿状石灰岩柱为该地典型景观，由于景色酷似桂林山水，因此被称为"海上桂林"。1994年，被联合国教科文组织列入《世界遗产名录》。

柬埔寨
■ JIANPUZHAI ■
———— 中国人民的老朋友 ————

历史沿革
《 LISHI YANGE 》

　　柬埔寨历史悠久，最早可追溯至公元1世纪建立的扶南国。公元3世纪扶南最为强盛，势力一度到达马来半岛，公元7世纪衰落。

　　历史上，扶南国与中国交往密切，三国时期，其国王范旃曾遣使至东吴，孙吴亦派康泰、朱应出使其国。两晋南北朝时期，扶南国多遣使献贡。

　　公元7世纪，扶南属国真腊起兵南下，彻底击败扶南国，将其王子赶至爪哇后建都伊赏那补罗城。

　　公元802年，真腊在经历分裂和外族统治后重归统一与独立，并由阇耶跋摩二世建立吴哥王朝，至公元1181年

阇耶跋摩七世时，国力发展至最高峰，统治今柬埔寨全部领土和泰国、老挝、缅甸及越南部分领土，是当时东南亚第一强国。

　　公元1296年，元王朝使节周达观抵达吴哥，著有《真腊风土记》，详细叙述了吴哥王朝的盛况。现今中南半岛的第一古迹——吴哥窟就是吴哥民族艺术结出的硕果。

　　13世纪中叶兴起的泰族诸王国多次打败吴哥王朝，并于公元1431年首次攻陷首都吴哥。

　　为避免泰人的威胁，公元1434年，索里约波王迁都

1:4 100 000

百囊奔（金边），柬埔寨逐渐走向衰落。

公元1863年，柬埔寨沦为法国保护国。二战期间被日军占领，战后再次被法国殖民。

1953年11月9日，柬埔寨王国宣布独立。自20世纪70年代开始，柬埔寨局势动荡，历经朗诺政变、红色高棉统治和越南入侵等一系列重大事件，直至1993年，才在联合国的监督下，恢复君主立宪制，国家进入和平发展时期。

国旗 呈长方形，长宽比为3：2，由红蓝色长方形和正中白色吴哥窟构成。

红色代表民族，白色代表佛教，蓝色象征王室，符合柬国的国家铭言"民族、宗教、国王"。

国徽 图案主体是一把由托盘托举的王剑，象征王权至高无上；两侧各由一头大象和狮子守护，共有五层的华盖，意为完美、吉祥；底部的饰带上写着"柬埔寨王国之国王"。

整个图案象征柬埔寨在国王的领导下，统一、完整、团结、幸福。

国家概况
◀ GUOJIAGAIKUANG ▶

柬埔寨王国（英文：Kingdom of Cambodia），简称柬埔寨，旧称高棉。位于中南半岛南部，陆上与泰国、老挝、越南接壤，西南方向毗邻暹罗湾，国土面积为181035平方千米。地形呈碟状，三面被丘陵与山脉环绕，中部广阔富庶的平原，占全国面积四分之三以上。境内有湄公河和东南亚最大的淡水湖——洞里萨湖（又称金边湖）。属于热带季风气候，年均气温为24℃。

总人口1 558万，是一个由20多个民族组成的国家。高棉族是国家主体民族，占总人口的80％，少数民族有占族、普农族、老族、泰族、斯丁族等，华人、华侨约70万。高棉语为通用语言，与英语、法语同为官方语言。佛教为国教，93％以上的居民信奉佛教，占族信奉伊斯兰教，少数城市居民信奉天主教。

柬埔寨国体为君主立宪制，实行多党制和自由市场经济，立法、行政、司法三权分立。国王是终身制国家元首、武装力量最高统帅、国家统一和永存的象征。国会是柬埔寨国家最高权力机构和立法机构，目前主要政党有柬埔寨人民党、奉辛比克党和救国党。

资源与经济
◀ ZIYUANYUJINGJI ▶

柬埔寨自然资源丰富，以林业和渔业资源最为突出。木材储量11亿多立方米，盛产贵重的柚木、铁木、紫檀、黑檀、白卯等热带林木，并有多种竹类。洞里萨湖素有"鱼湖"之称，西南沿海也是重要渔场，多产鱼虾。矿藏主要为金、磷酸盐、宝石和石油，还有少量铁、煤。

柬埔寨是传统农业国，工业基础薄弱。近年来，柬政府实行对外开放的自由市场经济，推行经济私有化和贸易自由化，把发展经济、消除贫困作为首要任务，取得一定成效。2015年，国内生产总值达到180.5亿美元，人均1 070美元，属中低等收入国家，贫困人口占到总人口17.7％。

农业是柬经济第一大支柱产业，从业人口占总人口的85％，稻米、天然橡胶是最主要的农产品。

工业基础薄弱，种类单一，制衣业是工业的主导产业和出口创汇龙头，是柬重要的经济支柱。

2003年9月，柬加入世界贸易组织，对外贸易获得快速发展。2015年，柬埔寨对外贸易总额为230.8亿美元。其中，出口111.4亿美元，主要产品为服装、鞋类、橡胶、大米、木薯；进口119.4亿美元，主要产品为燃油、建材、手机、机械、食品、饮料、药品和化妆品等。

重要的贸易伙伴有美国、中国、日本、韩国、泰国、越南、马来西亚以及欧盟等。

丝绸之路经济带 沿线国家 YANXIAN GUOJIA

柬埔寨近年GDP总额

柬埔寨工业

柬埔寨土地利用

与中国关系
◀ YUZHONGGUOGUANXI ▶

历史上，中国与柬埔寨的扶南、真腊、吴哥王朝都曾有过紧密的联系。

1958年7月19日，中华人民共和国与柬埔寨正式建立了外交关系。中国几代领导人与柬太皇西哈努克建立了深厚的友谊，为两国关系的长期稳定发展奠定了坚实的基础。

20世纪70-80年代，西哈努克两次在华长期逗留，领导柬埔寨人民反抗外来侵略，维护国家独立和主权的斗争，得到了中国政府和人民的大力支持。

2006年4月，时任国务院总理温家宝访柬，双方发表《联合公报》，宣布建立"全面合作伙伴关系"。

中国是柬埔寨第三大贸易伙伴。

2015年，两国双边贸易额达到44.3亿美元。2016年前10个月，双边贸易额39亿美元，同比增长8.5%。

其中，中国出口主要为纺织品、机电产品、五金和建材等；进口主要为橡胶、木材制品和水产品等。

190

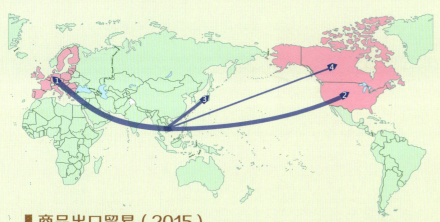

▌商品出口贸易（2015）

■ 出口欧盟的商品占本国商品出口总额的38.5%　　■ 出口美国的商品占本国商品出口总额的25.0%

■ 出口日本的商品占本国商品出口总额的6.7%　　■ 出口加拿大的商品占本国商品出口总额的6.5%

▌商品进口贸易（2015）

■ 进口中国的商品占本国商品进口总额的36.8%　　■ 进口泰国的商品占本国商品进口总额的14.6%

■ 进口越南的商品占本国商品进口总额的8.7%　　■ 进口中国香港的商品占本国商品进口总额的6.7%

交通与旅游
《 J I A O T O N G Y U L Ü Y O U 》

　　交通以公路和内河运输为主，主要交通线集中于中部平原地区，以及洞里萨河流域，北部和南部山区交通闭塞。公路里程共3万千米，构成以首都金边为中心，1号公路（金边至越南胡志明市）、4号公路（金边至西哈努克港）、5号公路（金边经马德望至泰国边境）和6号公路（金边经磅同、暹粒至吴哥古迹）为主要框架的公路网络。内河航运以湄公河、洞里萨湖为主，主要河港有金边、磅湛和磅清扬，西哈努克港为主要国际港口。全国仅有两条铁路：金边—波贝，全长385千米，可通曼谷；金边—西哈努克市，全长270千米，是交通运输的大动脉，但铁路年久失修，运输能力较低。建有金边和暹粒两个国际机场，有定期往返周边地区的国际航线，中国旅客可从上海、广州出发直飞柬埔寨。

　　自2000年柬政府大力推行"开放天空"政策，支持、鼓励外国航空公司开辟直飞金边和吴哥游览区的航线以来，柬埔寨旅游得到快速发展。2013年，入境旅游人数超过421万，给国家带来28.95亿美元的外汇收入。

　　在柬埔寨旅游，你可以同历史与宗教相遇在丛林掩盖中的吴哥窟；也可以在美丽的金边河畔漫步，体会精彩的夜生活；或者在西哈努克城洁白的海滩拾贝，品味海鲜；最后，走进鲜为人知的云晒国家公园，感受丛林冒险的刺激。柬埔寨特有的风土人情、自然界观，独特而浓厚的历史文化氛围，深受世界各地游客的喜爱。

■ 世界遗产分布图

吴哥窟 ▼

　　位于柬埔寨西北部，是吴哥古迹中保存完好的庙宇，以建筑宏伟与浮雕精致闻名于世，是世界上最大的庙宇，有"万庙之母"的美誉。

　　遗址公园面积400多平方千米，有9—15世纪高棉王国各个时期首都的辉煌遗迹。其中，包括了著名的吴哥寺，以及坐落在吴哥索姆的以无数雕塑饰品闻名遐迩的白永寺庙等。

　　此地也是东南亚最重要的考古学遗址之一。联合国教科文组织已经对遗址及其周边制定了一项覆盖范围广泛的保护计划。

图解 丝绸之路 经济带

193

柏威夏寺 ▲

　　位于柬埔寨柏威夏省与泰国四色菊府接壤的地区。这座高棉印度教寺庙风风雨雨走过了900多年，一路沧桑，令人敬仰。

　　寺庙遗址分布在长800米、宽400米范围的峭壁上，虎踞龙盘，气象万千，而寺庙本身因鬼斧神工融合了自然景观与宗教功能，更令人叹为观止。

　　寺内精致的石雕皆古代文明瑰宝，享誉四海。柬泰两国对这一寺庙的归属存在争议，并多次爆发小规模冲突。目前，这一遗址控制在柬埔寨手中。

流传千年的曼妙身影——柬埔寨皇家芭蕾舞

　　在世界舞蹈艺术的殿堂中，有一朵来自柬埔寨的奇葩，那就是流传千年的柬埔寨皇家芭蕾舞。

　　这种流传于柬埔寨王室的舞蹈最早起源于吴哥王朝，旧时多在国王的生日、婚礼和重大节日演出。在悠扬的音乐中，身穿传统民族服饰的曼妙少女，头戴金盔，脚带金环，用典雅优美、动静结合、宽舒洒脱的舞蹈动作表达内心喜悦、幸福、痛苦、愤怒等复杂情绪，并配以歌唱。演员用歌词讲述舞蹈故事，给人以至美的享受。

　　2003年，柬埔寨皇家芭蕾舞被联合国教科文组织宣布为"人类口头与非物质文化遗产代表作"。

　　柬埔寨皇家芭蕾舞还与我们熟知的西哈努克国王关系密切。

　　西哈努克太皇的母亲西索瓦·哥沙曼·尼亚里丽王后就曾担任过柬埔寨皇家芭蕾舞剧院院长，并亲自创作了《雄鸡舞》《蝴蝶舞》等舞蹈。他的长女帕花黛维公主也是皇家芭蕾舞剧团的明星。1965年，她曾随父亲来华演出经典舞蹈《百花丛中的仙女舞》，引起轰动。后来，帕花黛维公主多次访华演出，成为中柬两国文化交往的象征。

马来西亚
■MALAIXIYA■
—— 橡 胶 王 国 ——

历史沿革
◆LISHI YANGE◆

马来西亚历史悠久，早在公元初年，马来半岛就建有羯荼、狼牙修、古柔佛等国家。这一时期，从印度传入的印度教和佛教主导了马来西亚的历史。公元7—14世纪，在苏门答腊的三佛齐文明达到高峰，其影响力延伸至苏门答腊、爪哇、马来半岛和婆罗洲的大部分地区。

伊斯兰教在公元10世纪传入，但直至15世纪初以马六甲为中心的满剌加王国统一了马来半岛的大部分后，伊斯兰教才站稳了根基。之后，伊斯兰教与马来民族相互影响，形成了独特的马来文化。

自16世纪开始，马来西亚分裂成许多小的苏丹国，西方殖民势力趁势进入，公元1511年，葡萄牙人第一个在马来西亚建立起殖民势力，接下来，是1641年的荷兰开始的殖民，其后，英国又成为这一地区的新主人。

二战中，马来半岛、沙捞越、沙巴被日本占领，战后英国恢复殖民统治。但二战所带来的反殖民主义浪潮促成了1957年马来亚联邦的独立。

1963年9月16日，马来亚联合邦同新加坡、沙捞越、沙巴合并组成马来西亚联邦。但新加坡加盟所引发的华人数量增多及华人会主宰马来西亚的政治及经济环境的担心，成为联邦分裂的源头。

1965年8月8日，以巫统为首的国阵执政联盟利用其国会优势通过决议，将新加坡驱逐出马来西亚。

南方丝路
南亚、中南半
岛上的十一国

TUJIE
SICHOU ZHILU
JINGJIDAI
【马来西亚】
丝绸之路区位图

国家概况

◈ GUOJIAGAIKUANG ◈

马来西亚联邦（英文：Malaysia），简称大马。联邦被南中国海分割为东、西马来西亚。其中，西马来西亚位于马来半岛南部，与泰国和新加坡接壤；东马来西亚则位于婆罗洲北部，与印度尼西亚、菲律宾和文莱国相邻。国土面积约33万平方千米，海岸线总长4 192千米。属热带雨林气候。内地山区年均气温22℃~28℃，沿海平原为25℃~30℃。

总人口3 033万，其中，马来人占68.1%，华人为23.8%，印度人7.1%，其他种族1%。马来语为国语，英语为通用语言，华语使用也较为广泛。伊斯兰教为国教，其他有佛教、印度教和基督教等。

马来西亚实行君主立宪联邦制。

由柔佛、彭亨、雪兰莪、森美兰、霹雳、丁加奴、吉兰丹、吉打、玻璃市9个州的世袭苏丹和马六甲、槟榔屿、沙捞越、沙巴4个州的州元首组成统治者会议，从中选取国家元首，担任国家首脑、伊斯兰教领袖兼武装部队统帅。国会是最高立法机构，由上议院和下议院组成。以巫统为首的执政党联盟国民阵线（简称"国阵"）长期执政，政局总体稳定。

国旗 呈横长方形，长宽比为2:1。由14道红白相间、宽度相等的横条组成，代表全国14个州。左上方有一深蓝色的长方形，绘有一弯黄色新月和一颗14个尖角的黄色星。蓝色象征人民的团结及马来西亚与英联邦的关系，黄色象征皇室，红色象征勇敢，白色象征纯洁，新月象征马来西亚的国教伊斯兰教。

国徽 盾徽形状，上面绘有一弯黄色新月和一颗14个尖角的黄色星，象征马来西亚的组成及其行政区域。

盾面上有代表各个州的图案，盾徽两侧各站着一只红舌马来虎，两虎后肢踩着金色饰带，饰带上书写着"团结就是力量"的格言。

图解
丝绸之路
经济带

TUJIE
SICHOU ZHILU
JINGJIDAI

195

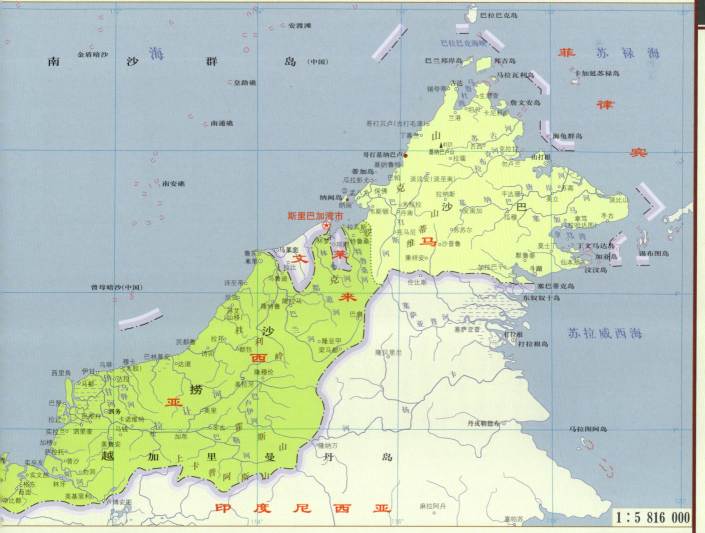

1:5 816 000

资源与经济
◀ Z I Y U A N Y U J I N G J I ▶

图解
丝绸
经济带

196 ▶

马来西亚的自然资源丰富。橡胶、棕榈油和胡椒的产量和出口量居世界前列，盛产热带硬木。石油储量丰富，铁、金、钨、煤、铝土、锰等矿藏，也较为丰富。

传统经济以农业为主，依赖锡、橡胶等初级产品出口。20世纪70年代以来，通过调整产业结构，推行出口导向型经济，电子业、制造业、建筑业和服务业发展迅速。自1987年起，连续10年经济保持8％以上的高速度增长。

1998年和2008年受亚洲金融危机和美国次贷危机的冲击，经济出现了负增长。但政府采取稳定汇率、重组银行企业债务、扩大内需和出口等政策，使得经济逐步恢复并保持中速增长。2015年，马来西亚国内生产总值达到2963亿美元，人均10 570美元，属于中等较高收入国家。

工业以本国原料加工为主，重点发展领域包括电子、汽车、钢铁、石油化工和纺织品等。采矿和能源产业发达，锡、石油和天然气的产量和出口量巨大。农业以经济作物为主，主要有油棕、橡胶、热带水果等。渔业以近海捕捞为主，进入21世纪，深海捕捞和养殖业有所发展。

近年来，政府积极发展旅游业等服务性产业，旅游业已成为国家第三大经济支柱和第二大外汇收入来源。

作为世界第十八大贸易国，对外贸易对马来西亚经济影响巨大，主要贸易对象包括中国、新加坡、日本、美国，以及欧盟等。2015年，进出口总额达到3 975亿美元。其中，出口2 101亿美元，主要产品为机电产品、矿物燃料、机械设备、动植物油、橡胶及制品等。进口1874亿美元，主要产品为机械运输设备、食品、烟草和燃料等。

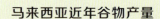

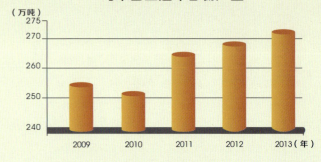

马来西亚近年谷物产量

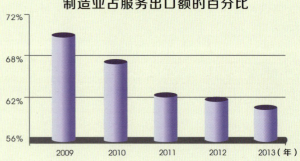

马来西亚近年
制造业占服务出口额的百分比

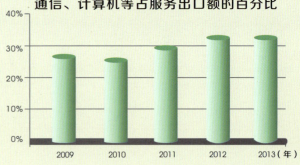

马来西业近年
通信、计算机等占服务出口额的百分比

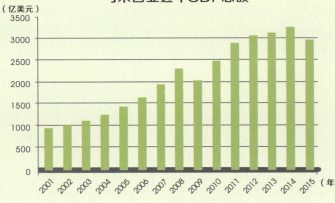

马来西亚近年GDP总额

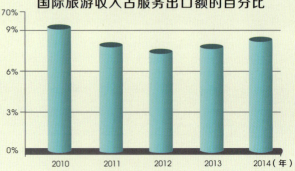

马来西亚近年
国际旅游收入占服务出口额的百分比

商品出口贸易（2015）

- 出口新加坡的商品占本国商品出口总额的13.9%
- 出口中国的商品占本国商品出口总额的13.0%
- 出口欧盟的商品占本国商品出口总额的10.1%
- 出口日本的商品占本国商品出口总额的9.5%

商品进口贸易（2015）

- 进口中国的商品占本国商品进口总额的18.9%
- 进口新加坡的商品占本国商品进口总额的12.0%
- 进口欧盟的商品占本国商品进口总额的10.1%
- 进口美国的商品占本国商品进口总额的8.1%

与中国关系

◀ YUZHONGGUOGUANXI ▶

中马两国于1974年5月31日正式建立外交关系。此后，两国关系发展顺利。

1999年，两国发表关于未来双边合作框架的联合声明。2004年，两国领导人就发展中马战略性合作达成共识。2013年，两国建立全面战略伙伴关系。

经贸关系密切，中国已连续七年成为马来西亚最大的贸易伙伴，马来西亚则是中国在东盟国家中最大的贸易伙伴。2015年，双边贸易额达到972.9亿美元。

其中，中方出口439.9亿美元，主要有计算机及其零部件、集成电路、服装和纺织品等产品；进口533亿美元，主要有集成电路、计算机及其零部件，以及棕榈油、塑料制品等。

交通与旅游
◆ J I A O T O N G Y U L Ü Y O U ◆

马来西亚交通网络体系完备，公路和铁路主要干线贯穿马来半岛南北，航空业发达。

其中，公路里程98 721千米，铁路里程2 250千米。内河运输不发达，海运80%以上依赖外航，共有19个港口，主要有巴生、槟城、关丹、新山、古晋和纳闽等。全国共建有37个机场。其中，吉隆坡、槟城、浮罗交怡、哥打基那巴鲁和古晋为国际机场，从中国很多城市出发均能直航马来西亚。

地处热带的马来西亚，拥有充足的阳光、奇特的海岛、纯净的沙滩，是名副其实的海边度假胜地。马来西亚也有野性刺激的一面，在保护完好的原始热带丛林中，不乏珍贵的动、植物；穿上防水蛭的特制靴，可以在国家公园中追逐象群和野生猩猩。游客当然也可以在槟城的街头漫步，吮吸空气中热带水果的清新味道，聆听街边小店里传来印度宝莱坞的乐曲。自然与人文交融、过去与现代相汇的马来西亚，是东南亚旅游好去处。

穆鲁山国家公园 ▲

位于沙捞越州巴婆罗岛，以其生物多样性和喀斯特地貌而声名远播，世界上大多数喀斯特地貌的研究都选址在此。

公园面积达544平方千米，包含有17个植物园，有维管植物3 500多种。棕榈树种类异常丰富，已知的就有20属109种。

穆鲁山海拔2 377米，已开发的山洞总长达295千米，洞中景观壮丽，栖息着上百万只蝙蝠。其中的沙捞越洞穴，长600米、宽415米、高80米，是已知世界上最大的洞穴。

玲珑谷考古遗迹

位于马来西亚霹雳州，因发现了距今183万年前的古人遗迹，而被认为是人类文明的发源地之一。这片谷地既有露天遗址，也有洞穴遗址，还可找到旧石器时期打造工具的场所。

考古学者在此间发现了从183万年前至1000年前的历史序列，考古遗址的历史跨越约200万年，是目前全球在单个地方所发现的跨越时段最长的人类遗址之一，也是非洲大陆以外最古老的人类遗址。

基纳巴卢山公园 ▶

位于沙巴州克罗克山脉东北端，距哥打基那巴鲁市东北约93千米，俗称神山公园。基纳巴卢山是东南亚的最高峰，神话传说如云似雾缭绕不散。植被丰富，从热带低地、雨林小山到热带高山森林、亚高山森林和生活在更高海拔的灌木，应有尽有，被誉为东南亚植物多样性展示中心。

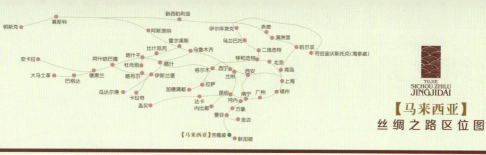

■ 世界遗产分布图

◀ 马六甲城与乔治城

马六甲城位于马来西亚马六甲海峡北岸，是马来西亚历史最悠久的城市，马六甲州的首府。

500多年来，推动了东西方在马六甲海峡的贸易往来与文化交流，从而也使自身嬗变为独特的物质和非物质多元文化遗产。马六甲城的历史建筑至今保存完好，从中可以触摸过往社会的容颜，谛听岁月老人的声声叹息。

乔治城，又称槟城，位于马来半岛西部沿海的滨铆屿东北角，濒临马六甲海峡东北侧的入口处，是马来西亚的第二大港，又是著名的转口贸易港。

以民居与商用建筑为特色，反映了英国统治时期的历史面貌。这两座城市呈现出的独特的建筑与文化景观在东亚及东南亚其他地区，绝无仅有。

新加坡
■ XINJIAPO ■
—— 东南亚明珠 ——

历史沿革
◀ L I S H I Y A N G E ▶

　　新加坡的历史可追溯至公元3世纪。三国时期东吴航海家康泰在出使南海诸国时，发现了马来半岛的南端有人居住，名曰蒲罗中（马来语Pulau Ujong之对音，指半岛南端的岛国），蒲罗中也是新加坡最早的名称。

　　公元8世纪，这个海盗猖獗的海岛被称为淡马锡（爪哇语Temasek，意为"海市"），由于季节的影响，海运的船舶经常云集在此，所以逐渐成为一个船舶停泊的商埠。公元1365年的《爪哇史颂》，是已知最早记载淡马锡这一名称的古籍。

　　新加坡再次被国人提及，已经到了公元14世纪。这次造访它的是有东方马可·波罗之称的元代著名航海家汪大渊。公元1330年，汪大渊在首次环游亚非澳大陆的途中到达新加坡，称之为龙牙门，并发现已经有中国人在此居住。

　　公元14世纪末，苏门答腊室利佛逝王国的王子拜里米苏拉在该区域建立了马六甲苏丹王朝。他在途经淡马锡时看见一只红身白胸的狮子，向他致意后离去。拜里米苏拉认为，这是吉祥的征兆，于是将淡马锡命名为"狮城"（Singapore）。梵文中，Singa意即"狮子"；pore意即"城堡"，新加坡由此得名。

　　在此之后，新加坡卷入暹罗（现在的泰国）和爪哇满者伯夷王国争夺马来半岛控制权的战争，数次被战争摧毁沦为普通渔村。公元1613年，葡萄牙人焚毁了马六甲王国在新加坡河口的据点，此后两个世纪，没有关于新加坡的任何记载。

　　现代新加坡的历史要追溯到19世纪初。当时，英国与葡萄牙人在亚洲的贸易竞争正处于激烈状态，英国人急需在印度到中国的航线上开辟一个港口，停泊修理船只、补充物资，方便其扩张在亚洲的版图，并扩大与中国的贸易。

　　公元1819年1月29日，英国驻苏门答腊的总督托马斯·斯坦福·莱佛在马来半岛南端的新加坡登陆，与柔佛的胡申苏丹和天猛公签订条约，获得新加坡的统治权。公元1867年4月1日，新加坡正式成为英国的直辖殖民地。

　　19世纪后期，新加坡橡胶种植业蓬勃发展，成为全球主要的橡胶生产加工基地。

　　19世纪末，新加坡繁荣的经济引来大批移民，成为欧亚大陆上最重要的港口城市之一。

　　1941年末，日本侵略马来半岛，55天后占领新加

1:500 000

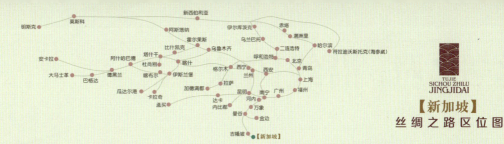

坡，更其名为"昭南岛"。"昭南"取自"昭和年间所得之南地"一文，也有"南方之光"和"昭和天皇在南洋之领土"之意。

1945年9月，英军收复新加坡。1946年4月1日，新加坡再度沦为英国直辖殖民地。战后新加坡总督权力大不如前，民主呼声高涨。一个由官方人士及被任命的非官方人士组成的顾问组成立，并于1947年7月演变为独立的行政及立法会议。1959年，新加坡取得自治地位，李光耀出任新加坡首任总理。

1961年5月27日，马来亚首相呼吁组成马来西亚联邦。新加坡举行全民投票，以71%的赞成票获得通过。1963年，新加坡和马来亚联合邦、沙拉越，以及沙巴共同组成马来西亚联邦，脱离英国统治。但其后新加坡在财政、政治等一系列问题上，与中央政府发

生矛盾，华人与马来人间的族群冲突愈演愈烈。马来西亚首任首相东姑阿都拉曼担心未来华人会主宰马来西亚，于是通过紧急修宪，将新加坡驱逐出联邦。

1965年8月9日，新加坡脱离马来西亚成为一独立国家。9月21日加入联合国；10月加入英联邦。同年12月22日，新加坡成为共和国，尤索夫伊萨出任首任总统。

新加坡被迫独立以后，华人集体危机感转换成经济奇迹原动力。为了生存，政府推行一系列改革措施，发展国民经济。1961年，设立裕廊工业区，并在加冷、大巴窑等地建立轻工业基地。快速的工业化和优越的地理位置，使新加坡在10年内就成为全球电子产品主要出口国，和东南亚地区重要的金融与转口贸易中心，成为"亚洲四小龙"之一。

国旗 又称星月旗，呈长方形，长宽比为3:2，由红、白两个平行相等的长方形组成，左上角有一弯白色新月，以及五颗白色五角星。红色代表了平等与友谊，白色象征着纯洁与美德。新月表示新加坡是一个新建立的国家，而五颗五角星代表了国家民主、和平、进步、公正、平等的五大理想。

国徽 由盾徽、狮子、老虎等图案组成。红色的盾面上镶有白色的新月和五角星，其寓意与国旗相同。红盾左侧是一头狮子，象征新加坡；右侧是一只老虎，象征新加坡与马来西亚在历史上的联系。红盾下方为金色的棕榈枝叶，底部的蓝色饰带上用马来文写着"前进吧，新加坡！"

国家概况
◀ GUOJIAGAIKUANG ▶

新加坡共和国（英语：Republic of Singapore）简称新加坡，也被称为狮城、坡岛等。位于马来半岛南端，扼守马六甲海峡南海出口。北面柔佛海峡将其与马来西亚相隔，但有新柔长堤与第二通道等桥梁连接新、马两国；南边与印度尼西亚隔海相望，地理位置十分重要。国土面积719.1平方千米，由新加坡岛及附近63个小岛组成。其中，新加坡岛占全国面积的88.5%。地势低平，平均海拔15米，最高海拔163米，海岸线长193千米。属热带海洋性气候，常年高温潮湿多雨。年平均气温24℃～32℃，日平均气温26.8℃，年平均降水量2345毫米，年平均湿度84.3%。

总人口553.5万人，其中，新加坡公民和永久居民390.2万，外籍人口约163万。人口密度达到7697人/平方千米，仅次于中国澳门和摩洛哥，位列世界第三。新加坡人主要由有着一百多年历史的欧亚移民及

其后裔组成，华人占75%左右，其余为马来人（13.3%）、印度人（9.1%）和欧亚裔混血（3.4%），具有明显的多元文化特色。马来语为国语，英语、华语、马来语、泰米尔语为官方语言，英语为行政用语。国家实行开放的宗教政策，存在多种宗教信仰和习俗，各宗教政治平等，主要宗教有佛教（33.3%）、基督教（18.3%）、伊斯兰教（14.7%）、道教（10.9%）和印度教（5.1%）。

新加坡实行议会共和制，总理由多数党领袖担任，总统为国家名义元首，由全民选举产生。新加坡有注册政党24个。其中，人民行动党长期执政，地位稳固，新加坡的历任总理李光耀、吴作栋、李显龙均是该党成员。最大反对党为新加坡工人党，主张和平、非暴力的议会斗争，目前，在议会中拥有9个议席，与人民行动党80个议席相距甚远。

资源与经济
◀ Z I Y U A N Y U J I N G J I ▶

　　自然资源匮乏。独立后，新加坡开始发展具有高附加价值的资本、技术密集型工业和高科技产业，逐步摆脱了仅仅依靠转口贸易维持生计的局面。

　　20世纪80年代初，新加坡加速发展资本密集、高增值的新兴工业，大力投资基础设施建设。90年代，为进一步推进经济增长，大力推行"区域化经济发展战略"，加速向海外投资。1960—1997年，经济长时期高速度增长，GDP年均增长为8.69%。新加坡经济属于明显的外贸驱动型经济，以电子制造、石油化工、金融、航运和服务业为主，高度依赖国外市场。1997年的亚洲金融危机、2001年全球经济放缓、2008年国际金融危机和欧债危机，都对新加坡经济产生明显的影响。但是，新加坡政府积极有效的应对措施，使得国家迅速走出危机，至2015年，新加坡国内生产总值达到2 927亿美元，人均GDP高达52 090美元，属于高收入国家。

　　工业主要包括制造业和建筑业。2014年产值为900亿新元，占国内生产总值的25%；制造业产品主要包括电子、化学与化工、生物医药、精密机械、交通设备、石油产品、炼油等，其中炼油业位居世界第三。农业在国民经济中的比重不足0.1%，主要农产品均从马来西亚、印度尼西亚、中国和澳大利亚等国进口。服务业是新加坡经济的龙头，2014年产值为2 534.4亿新元，占国内生产总值的70.4%。批发与零售业、商务服务业、交通与通信业、金融服务业是服务业的四大支柱，奠定了其在亚洲金融中心、航运中心、贸易中心的地位。

　　对外贸易是新加坡国民经济重要支柱。外贸与GDP比值通常为3：1～4：1，是世界上外贸与GDP比值最高的国家。主要进出口商品包括：石化产品、生活消费品、机器零件及附件、数据处理机及零件、电信设备和药品等。主要贸易伙伴为马来西亚、泰国、中国、日本、澳大利亚、韩国、美国、印尼，以及欧盟等。

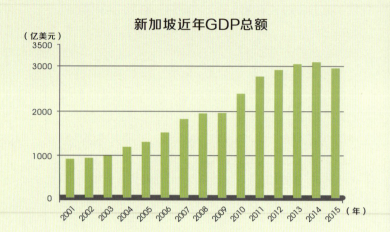

新加坡近年GDP总额

（亿美元）

■ 商品出口贸易（2015）
■ 出口中国的商品占本国商品出口总额的13.8%　　■ 出口中国香港的商品占本国商品出口总额的11
■ 出口马来西亚的商品占本国商品出口总额的10.9%　　■ 出口欧盟的商品占本国商品出口总额的8.3%

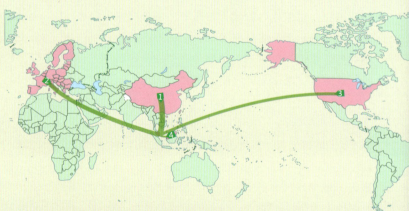

■ 商品进口贸易（2015）
■ 进口中国的商品占本国商品进口总额的14.2%　　■ 进口欧盟的商品占本国商品进口总额的12.7%
■ 进口美国的商品占本国商品进口总额的11.2%　　■ 进口马来西亚的商品占本国商品进口总额的11.1

【新加坡】
丝绸之路区位图

与中国关系
《YUZHONGGUOGUANXI》

作为同根同祖的华人国家，新加坡与中国民间往来密切。双方于1990年10月3日建立外交关系。其后两国高层交往频繁，经贸合作发展迅速。

2013年，中国成为新加坡最大贸易伙伴。两国间主要合作项目有苏州工业园区、天津生态城、广州知识城、吉林食品区、川新创新科技园等。

近年来，两国金融合作发展迅速，成为互利合作新亮点。2013年3月，中国人民银行同新加坡金融管理局续签中新双边本币互换协议。2014年10月，两国外汇市场正式推出人民币和新加坡元直接交易。

交通与旅游
《JIAOTONGYULÜYOU》

新加坡是世界重要的转口港和最大燃油供应港口，通过200多条航线连接全球的600多个港口。2014年，新加坡的燃油供应量位居世界第一，集装箱运输量位居世界第二。

新加坡亦是联系亚、欧、非、大洋洲的航空中心，共有8个机场。其中，樟宜机场占地13平方千米，是世界第五大机场，拥有三个航厦和两条跑道，以及飞往全球80多个国家和地区的300余条航线。2013—2015年，樟宜机场连续三年被评为世界最佳机场。

市内公共交通体系完善，拥有全长3356千米的公路网络，地铁和轻轨线路八条，通往市区的各个角落。巴士线路超过310条，服务遍布全岛。铁路系统只有前往马来西亚的列车，在北部边境的兀兰火车关卡乘坐。

旅游是新加坡外汇收入的主要来源之一，占GDP比重超过3%。游客主要来自东盟国家、中国、澳大利亚、印度和日本。2014年，接待外国游客1 508.6万人次（不含陆地入境的马来公民）。主要旅游景点有新加坡环球影城、圣淘沙岛、克拉码头、植物园、夜间动物园、金沙娱乐城、鱼尾狮公园和新加坡国家博物馆等。

◀ 金沙娱乐城

位于滨海湾，娱乐城设有歌剧院、艺术科学博物馆、会议展览中心、商场、赌场和各式餐馆，由六大建筑系列构成。其中，位于第57楼的金沙空中花园最为人称道，这座占地1公顷的空中绿洲绿荫葱茏、环境优雅，甚至包含一个无边泳池，在此可以360°全角俯瞰新加坡的繁华之美，站在这里，就有如登临世界之巅。

◀ 鱼尾狮

虚构的鱼身狮头的动物，由1964年的Van Kleef水族馆馆长Fraser Brunner先生所设计。其灵感来源于《马来纪年》中拜里米苏拉王子命名新加坡的传说，狮身代表新加坡，鱼尾代表王子当年漂洋过海来到新加坡。如今，鱼尾狮已成为新加坡的代表，每年数以万计的游客专程访问新加坡市内的鱼尾狮雕像。

TUJIE
SICHOU ZHILU
JINGJIDAI

丝绸之路 Silk Road

"丝绸之路经济带"倡议的提出与实施，
不仅使前人经验与智慧的当下价值和意义得到了极大的弘扬，
而且是点铁成金，给其赋予了新的意义与内涵。
建设"丝绸之路经济带"，
既有利于沿途各国加强区域合作，
以充分发挥各国、各地区的资源、技术和区位优势，
促进生产要素合理流动和优化配置，
提升国际分工水平，
为本地区乃至全球经济社会发展开创更加广阔的空间，
也有利于中国更好地实施"引进来"和"走出去"相结合的发展战略，
以使中国与丝路地区各国之间的互利合作实现跨越式发展。
在新的时代背景下，
用激情点燃希望，扬帆远航，共筑中国梦，共创辉煌，
必将成为中国人的集体意识。

SICHOUZHILU JINGJIDAI CHANGYI YU YUANJING

丝绸之路经济带倡议与愿景

丝绸之路经济带 倡议与愿景
SICHOUZHILU JINGJIDAI CHANGYI YU YUANJING

时代背景
■ SHIDAI BEIJING ■

—— 丝绸之路经济带倡议与愿景 ——

伟大的时代拥有伟大的倡议，伟大的倡议造就更伟大的时代。

千百年来，"和平合作、开放包容、互学互鉴、互利共赢"的丝绸之路精神薪火相传，推进了人类文明进步，是促进沿线各国繁荣发展的重要纽带，是东西方交流合作的象征，是世界各国共有的历史文化遗产。

进入21世纪，在以和平、发展、合作、共赢为主题的新时代，面对复苏乏力的全球经济形势，纷繁复杂的国际和地区局面，传承和弘扬丝绸之路精神更显得重要和珍贵。

2013年，习近平主席在出访哈萨克斯坦和印度尼西亚时，提出了复兴古代丝绸之路，建设"丝绸之路经济带"与"21世纪海上丝绸之路"的伟大倡议，得到国际社会的广泛关注。

"一带一路"倡议，是中国应对全球局势深刻变化、统筹国内国际两个大局做出的伟大决策。它一方面，能够改善我国经济东强西弱，对外开放东快西慢，海强陆弱的格局，在东部沿海率先发展的基础上，加快内陆开放的步伐，形成海陆统筹、东西互济、全方位开放的新格局。另一方面，它契合沿线国家的共同需求，有利于将政治互信、地缘毗邻、经济互补等优势转化为务实合作、持续增长的优势，为沿线国家优势互补、开放发展提供了新的平台。

"一带一路"伟大倡议，不仅构筑起中华民族伟大复兴的"中国梦"，也构筑起沿线国家共同发展的"利益共同体""命运共同体"和"责任共同体"，是中国向世界发出和平崛起的时代最强音。

> 为了使各国经济联系更加紧密、相互合作更加深入、发展空间更加广阔，我们可以用创新的合作模式，共同建设"丝绸之路经济带"，以点带面，从线到片，逐步形成区域大合作。
>
> —— 2013年9月7日，习近平在哈萨克斯坦纳扎尔巴耶夫大学发表演讲时表示
>
> 中国愿同东盟国家加强海上合作，使用好中国政府设立的中国—东盟海上合作基金，发展好海洋合作伙伴关系，共同建设21世纪"海上丝绸之路"。
>
> —— 2013年10月3日，习近平主席在印尼国会发表演讲时表示

世界格局变化
《 SHIJIEGEJUBIANHUA 》

15世纪以来，世界经济贸易格局经历了三次重要变革。

第一次，是地理大发现，以及随之而来的欧美资本主义发展，传统的丝绸之路逐渐被新航路所替代。欧洲在经历了黑暗漫长的中世纪后，再次迎来繁荣，美国也在一战后首次成为世界经济的领跑者。至第二次世界大战时，跨大西洋的欧美经济已占到全球经济的极大份额。

第二次，是二战后环太平洋经济的崛起。日本、韩国、澳大利亚、新西兰、东南亚国家、中国港澳台地区，以及美国的西海岸地区，在这一时期，经济得到迅速发展。至20世纪末，环太平洋地区的经济总额超过全球GDP的半数。欧美贸易与环太平洋贸易成为世界贸易格局中最重要的两大部分。

第三次，是本世纪以来，以中国为首的金砖国家迅速崛起。原有格局中的新旧势力明争暗斗，国际金融危机深层次的影响继续显现，世界经济缓慢复苏、发展分化，国际投资贸易格局和多边投资贸易规则酝酿着深刻调整。

2014年世界贸易出口格局及中国商品出口情况

贸易服务出口占比

- ■ ≥10%
- ■ 3%-10%
- ■ 1%-3%
- ■ 0.5%-1%
- ■ <0.5%
- □ 数据暂无

中国商品出口（2014年）

- ■ 出口美国的商品占本国商品出口总额的17%
- ■ 出口欧盟的商品占本国商品出口总额的15.9%
- ■ 出口中国香港的商品占内地商品出口总额的15.5%
- ■ 出口日本的商品占本国商品出口总额的6.4%
- ■ 出口韩国的商品占本国商品出口总额的4.3%

2014年世界贸易出口格局及中国商品进口情况

贸易服务进口占比

- ■ ≥10%
- ■ 3%-10%
- ■ 1%-3%
- ■ 0.5%-1%
- ■ <0.5%
- □ 数据暂无

中国商品进口（2014年）

- ■ 进口欧盟的商品占本国商品进口总额的12.4%
- ■ 进口韩国的商品占本国商品进口总额的9.7%
- ■ 进口日本的商品占本国商品进口总额的8.3%
- ■ 进口美国的商品占本国商品进口总额的8.2%
- ■ 进口中国台湾的商品占大陆商品进口总额的7.8%

自2001年加入WTO以来，中国经济总量从1.2万亿美元增长至10万亿美元，全球排名从第九跃居为第二。2014年，中国对外贸易总额达到4.303万亿美元，连续两年位列世界第一；对全球经济增长的贡献率为25.8%，居世界第一位；对外投资首次突破千亿美元，达到1 029亿美元，成为世界经济增长名符其实的火车头。金砖国家中的印度、俄罗斯、南非、巴西也各具优势，是各自区域经济发展的龙头。近年来，金砖国家保持着高于世界平均水平的经济增长速度。2014年，金砖国家经济总量达17万亿美元，几乎等同于美国的经济总量。

金砖国家崛起，挑战了美国等西方国家在世界贸易格局中的主导权，也引起美国对现有WTO框架下世界贸易格局的反思，加之多哈回合谈判举步维艰，迟迟不能形成实质性的全球多边贸易协定。

于是，美国转而推动建立TTIP与TTP等新的区域性多边贸易体系，并利用技术手段，将中国排除在外，力图维持旧的以跨大西洋和环太平洋为主的世界

丝绸之路经济带倡议与愿景

▌2014年世界GDP分布图

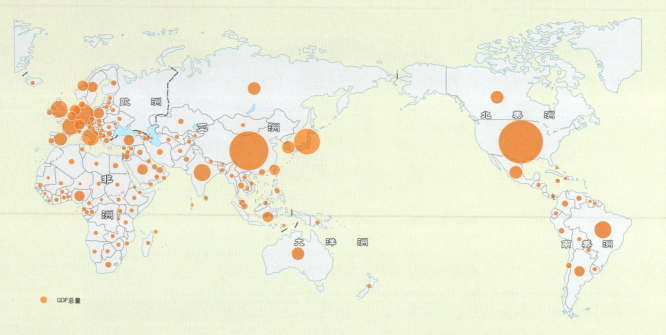

● GDP总量

贸易格局，恢复其在旧格局中的中心地位，世界贸易格局有从多边贸易向区域性贸易转向的趋势。

应对挑战，中国提出了建设"丝绸之路经济带"和"21世纪海上丝绸之路"的重大构想。它顺应世界多极化、经济全球化、文化多样化、社会信息化的潮流，旨在促进经济要素有序自由流动、资源高效配置和市场深度融合，推动沿线各国实现经济政策协调，开展更大范围、更高水平、更深层次的区域合作，共同打造开放、包容、均衡、普惠的区域经济合作架构。

共建"一带一路"致力于亚欧非大陆及附近海洋的互联互通，建立和加强沿线各国互联互通伙伴关系，构建全方位、多层次、复合型的互联互通网络，实现沿线各国多元、自主、平衡、可持续的发展。

总而言之，共建"一带一路"符合国际社会的根本利益，彰显人类社会共同理想和美好追求，是国际合作，以及全球治理新模式的积极探索，将为世界和平发展增添新的正能量。

中国近年GDP总额

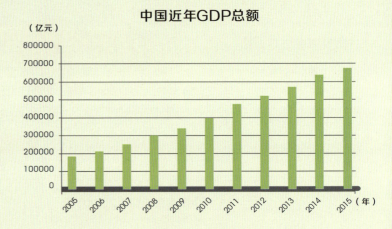

全球经济增长的来源

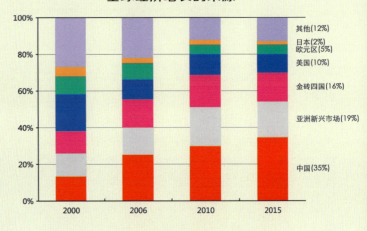

其他(12%)
日本(2%)
欧元区(5%)
美国(10%)
金砖四国(16%)
亚洲新兴市场(19%)
中国(35%)

♣ 小知识：TTIP与TPP ♣

跨大西洋贸易与投资伙伴协议(Transatlantic Trade and Investment Partnership，TTIP)，是由世界上两个最大的经济体美国与欧盟发起的，比世界贸易组织规则更加优惠的排他性自由贸易联盟。议题涉及服务贸易、政府采购、原产地规则、技术性贸易壁垒、农业、海关和贸易便利化等。

欧盟与美国是世界上最大的两个经济体，约占世界经济总量的一半，世界贸易额的1/3，平均每天贸易额达27亿美元，相互投资达3.7万亿美元。如果欧美达成协议，将会建起世界上最大的自贸区，涉及全球40%的经济产出和50%的贸易活动。据欧盟估计，一旦欧美自贸协定生效，每年将分别给欧盟和美国经济创造1 190亿欧元和950亿欧元产值，同时也将对国际经贸规则的制定产生深远影响。2013年6月，美国和欧盟正式启动《跨大西洋贸易与投资伙伴协议》谈判，目前已举行十余轮会谈，原本于2016年完成谈判。

跨太平洋战略经济伙伴关系协议（Trans-Pacific Partnership Agreement，TPP），也被称作"经济北约"，是当前最重要的多边自由贸易协定。与传统自由贸易协定的模式不同，TPP是一个包括所有商品和服务在内的综合性自由贸易协议，实施后将对亚太经济一体化进程，乃至世界贸易格局，都产生重要影响。

TPP前身是跨太平洋战略经济伙伴关系协定（Trans-Pacific Strategic Economic Partnership Agreement，P4 ），由新西兰、新加坡、智利和文莱四国发起。2009年，美国宣布参与TPP谈判，并成为TPP主导。2015年10月5日，美国、日本、澳大利亚等12个国家已成功结束"跨太平洋战略经济伙伴协定"（TPP）谈判，达成TPP贸易协定，成员国经济规模占全球经济的40%以上。由于条约的针对性限制，中国不具备加入TPP的条件，使得TPP更像是一个遏制中国崛起的特定协议，对中国未来对外贸易发展具有长远影响。目前，新任美国总统特朗普已宣布退出奥巴马政府力推的TPP。

跨大西洋贸易与投资伙伴协议（TTIP）

亚洲　北　美　欧　洲　亚　洲

欧盟GDP
18.51万亿美元

美国GDP
17.42万亿美元

太　平　洋　大　西　洋　非　洲　印　度　洋　南　美　洲

跨太平洋伙伴关系协议（TPP）

北　冰　洋　北　美　洲

加拿大
658亿美元

日本
201亿美元

美国

墨西哥
534亿美元

越南
36亿美元

马来西亚
44亿美元

文莱
0.6亿美元

新加坡
47亿美元

秘鲁
16亿美元

南　美　洲

澳大利亚
37亿美元

新西兰
8亿美元

智利
26亿美元

亚　洲　太　平　洋　大　洋　洲　印　度　洋　大　西　洋

国内格局演变
◀ G U O N E I G E J U Y A N B I A N ▶

"一带一路"倡议也是中国经济社会发展与国家空间格局调整的产物。1979年以来，经济发展和对外开放成为国家建设的主流。

为促进经济社会持续地、快速稳定发展，国家空间格局几经调整。

第一阶段：点状开发，"T"字布局，非均衡发展（1979—2000年）

20世纪80年代，以沿海为主轴，带动全国经济发展。先后实施了沿海地区发展战略和三个地带发展战略，对沿海地区对外开放实施优惠政策及投资倾斜。

自20世纪90年代开始，大规模开发长江沿岸地带，构成"T"字形的宏观布局战略，并开始建立边疆地区开放城市和内陆开放城市。

我国的对外开放由南到北、由东到西层层推进，基本上形成了"经济特区—沿海开放城市—沿海经济开放区—沿江和内陆开放城市—沿边开放城市"这样一个宽领域、多层次、有重点、点线面结合的对外开放格局。

1979年，国家设立深圳、珠海、厦门和汕头四大经济特区。

■ **第一阶段沿海沿江梯度开发布局**

■ **第二阶段谋划均衡信用极化发展布局**

中国主要城市群

乌昌石城市群

哈长城市群

辽中南城市群

呼包鄂榆城市群
宁夏沿黄城市群
京津冀城市群
太原城市群
山东半岛城市群

兰西城市群
关中城市群 中原城市群
江淮城市群

成渝城市群
武汉城市群
长江三角城市群
环鄱阳湖城市群

黔中城市群 长株潭城市群
海峡西岸城市群

滇中城市群

北部湾城市群 珠三角城市群

珠三角城市群

南海诸岛

1984年，国务院批准大连、秦皇岛、天津、烟台、青岛、连云港、南通、上海、宁波、温州、福州、广州、湛江、北海等十四个沿海城市为全国首批开放城市。

沿海地区一直是对外开放的桥头堡和地域重心，是产业集聚、进出口贸易集聚、海外投资集聚等三大集聚高地，逐渐形成了珠三角、长三角及渤海湾三个生产要素集聚中心。

1985年，国务院将长江三角洲、珠江三角洲和闽南厦门、漳州、泉州三角地区开辟为沿海经济开放区。1988年3月，国务院进一步扩大了长江、珠江三角洲和闽南三角洲地区经济开放区的范围，并把辽东半岛、山东半岛、环渤海地区的一些市、县和沿海开放城市的所辖县列为沿海经济开放区。开放的区域共293个市县（占全国12%），约42.6万平方千米（占全国4.4%），2.2亿人口（占全国20%）。

1992年，设立十四个沿边开放城市：黑河、绥芬河、珲春、满洲里、二连浩特、伊宁、博乐、塔城、畹町、瑞丽、河口、凭祥、东兴、丹东。

1998年，设立五个沿江开放城市：芜湖、九江、岳阳、武汉和重庆。

1998年，设立合肥、南昌、长沙、成都、郑州、太原、西安、兰州、银川、西宁、乌鲁木齐、贵阳、昆明、南宁、哈尔滨、长春、呼和浩特等十七个省会为内陆开放城市。

中部崛起

太原都市群
中原城市群
皖江城市群
武汉城市群
环鄱阳湖城市群
长株潭城市群

西北部出海运输大通道
青岛至拉萨运输大通道
陆桥运输大通道
满洲里至港澳台运输大通道
沿江运输大通道
上海至瑞丽运输大通道

> 200万人　　50—100万人
100—200万人　　< 50万人
城市群

第二阶段：片状规划、梯度开发、协调发展（2000—2014年）

经过近20年发展，中国经济总量快速提升，但出现了发展不均的现象，即东部发展更快，而西部发展更慢，东西部地区的经济差距越来越大，对未来发展产生威胁，也违背了共同富裕的主张。于是，自2000年开始，国家提出了西部大开发（2000年）、振兴东北（2004年）、中部崛起（2004年）等一系列战略部署，旨在通过中西部地区承接东部地区的产业转移，确保区域经济均衡发展。从东到西的城市群、国家级新区、保税区、自贸区建设，体现了以沿海带动内地，以中心辐射外围，全方位开放、梯度开发的战略思想。

国家级保税区： 保税区又称保税仓库区，具备保税加工、保税仓储、进出口贸易和进出口商品展示等功能的海关特殊监管区域。它是经国务院批准的开展国际贸易和保税业务的区域，类似于国际上的自由贸易区。区内允许外商投资经营国际贸易，发展保税仓储、加工出口等业务。截至2014年底，全国共有15个保税区。

中国三种国家级保税区

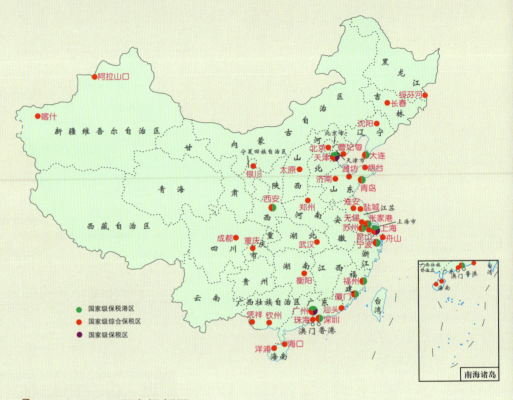

中国自贸区和国家级新区

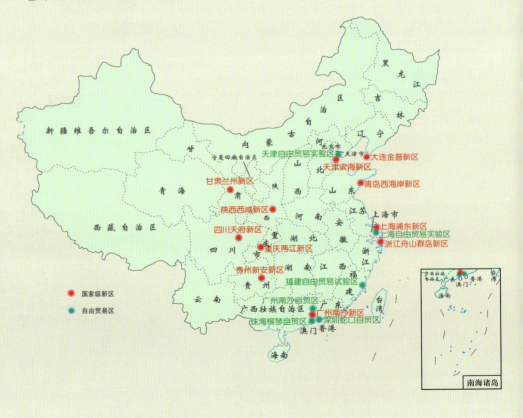

国家级保税港区：

是指经国务院批准，设立在国家对外开放的口岸港区和与之相连的特定区域内，具有口岸、物流、加工等功能的海关特殊监管区域。保税港区享受保税区、出口加工区、保税物流园区相关的税收和外汇管理政策。保税港区的功能具体包括仓储物流，对外贸易，国际采购、分销和配送，国际中转，检测和售后服务维修，商品展示，研发、加工、制造，港口作业等九项功能。

与保税区相比，保税港区功能更为齐全。它整合原来保税区、保税物流园区、出口加工区等多种外向型功能区，成为一种更为开放的形态。目前，全国共有国家级保税港区14家。

国家级综合保税区：

是设立在内陆地区的具有保税港区功能的海关特殊监管区域，由海关参照有关规定，对综合保税区进行管理，执行保税港区的税收和外汇政策，是国家开放金融、贸易、投资、服务、运输等领域的试验区和先行区。功能上集保税区、出口加工区、保税物流区、港口于一身，可以发展国际中

振兴东北战略布局图

哈大齐工业走廊
长吉经济区
辽中经济区
大连经济区
大连

产业重聚城市
一级发展轴线
二级发展轴线
产业城市集群

西部大开发战略布局图

西陇海－兰新线经济带
呼包－包兰－兰青线经济带
关中－天水经济区
长江上游成渝经济带
成渝经济区
南贵昆经济带
北部湾经济区

≥200万人
100～200万人
20～100万人
重点经济带
产业城市集群

转、配送、采购、转口贸易和出口加工等业务。

综合保税区和保税港区一样，是我国目前开放层次最高、优惠政策最多、功能最齐全、手续最简化的特殊开放区域。目前，全国共有综合保税区30家。

自由贸易试验区： 是指在贸易和投资等方面，比世贸组织有关规定更加优惠的贸易安排；在主权国家或地区的关境以外，划出特定的区域，准许外国商品豁免关税自由进出。

实质上，是采取自由港政策的关税隔离区。

目前，我国有广东（三大片区：广州南沙自贸区、深圳蛇口自贸区、珠海横琴自贸区）、天津、福建、上海自由贸易试验区。

国家级新区： 截至2014年底，我国有上海浦东新区、天津滨海新区、重庆两江新区、浙江舟山群岛新区、甘肃兰州新区、广东广州南沙新区、陕西西咸新区、贵州贵安新区、山东青岛西海岸新区、大连金普新区和四川天府新区等11个。

第三阶段：板块布局、跨区域支撑带发展、双向开放（2015年至今）

在中国经济持续高速增长，贸易总量和经济贡献度排名世界第一，经济总量排名世界第二的情况下，单向地吸引外资、加工出口的开放格局，已不能适应经济进一步增长的需要，国家空间战略格局急需新一轮的调整。

京津冀协同发展

♣ **小知识** ♣

四大板块： 西部大开发、东北振兴、中部崛起和东部率先发展。

三大支撑带： "一带一路"、长江经济带和京津冀协同发展。

长江经济带

2015年，李克强总理在政府工作报告中提出拓展区域发展新空间，统筹实施西部大开发、东北振兴、中部崛起和东部率先发展"四大板块"和"一带一路"、长江经济带、京津冀协同发展"三大支撑带"的战略组合，以及形成面向东、南、西、北四个方向开放的对外开放格局。

向北方向： 对接国内东北地区、内蒙古和河北等省份。加强与俄罗斯、蒙古国的经贸往来，增强军事、政治互信，确保我国北部地区的国防安全和能源通道安全。

向西方向： 对接西北五省。加快与中亚、西亚，以及欧洲地区国家的经贸、文化往来，确保国家能源通道安全。

向南方向： 对接西南诸省。通过与南亚、中南半岛国家的政治互信、经贸往来，建立面向印度洋的交通和能源通道。

向东方向： 对接东部沿海诸省。通过21世纪海上丝绸之路建设，以扩大开放倒逼深层次改革，创新开放型经济体制机制，加大科技创新力度，形成参与和引领国际合作竞争的新优势。

中国的空间格局战略从以前的节点布局、片状区域发展到现在的板块布局、跨区域支撑带发展，逐步走向全局性和整体性。

其中，"一带一路"是国家空间格局调整中沟通内外的重要部署。推进"一带一路"建设，既是中国扩大和深化对外开放的需要，也是加强和亚欧非及世界各国互利合作的需要。

"一带一路"倡议国家空间格局

框架思路
■ KUANGJIA SILU ■
—— 丝绸之路经济带倡议与愿景 ——

三个共同体

"一带一路"是促进共同发展、实现共同繁荣的合作共赢之路，是增进理解信任、加强全方位交流的和平友谊之路。

中国政府倡议，秉持和平合作、开放包容、互学互鉴、互利共赢的理念，全方位地推进务实合作，打造政治互信、经济融合、文化包容的利益共同体、命运共同体和责任共同体。

丝绸之路经济带建设重点

畅通三条国际大通道：中国经中亚、俄罗斯至欧洲（波罗的海）；中国经中亚、西亚至波斯湾、地中海；中国至东南亚、南亚、印度洋。

打造六条经济走廊：陆上依托国际大通道，以沿线中心城市作为支撑，并以重点经贸产业园区作为合作平台，共同打造新亚欧大陆桥、中蒙俄、中国—中亚—西亚、中国—中南半岛、中巴，以及孟中印缅等国际经济合作走廊。

21世纪海上丝绸之路建设重点

海上以重点港口为节点，共同建设通畅安全高效的运输大通道。

重点方向是从中国沿海港口经过南海到印度洋，延伸至欧洲；从中国沿海港口过南海到南太平洋。

"一带一路"建设是沿线各国开放合作的宏大经济愿景，需要各国携手努力，朝着互利互惠、共同安全的目标相向而行。

努力实现区域基础设施更加完善，安全高效的陆海空通道网络基本形成，互联互通达到新水平；投资贸易便利化水平进一步提升，高标准自由贸易区网络基本形成，经济联系更加紧密，政治互信更加深入；人文交流更加广泛深入，不同文明互鉴共荣，各国人民相知相交、和平友好。

图解
丝绸之路
经济带

SICHOUZHILU JINGJIDAI

"一带一路"经济规划全景图

合作重点
■HEZUO ZHONGDIAN■
—————— 丝绸之路经济带倡议与愿景 ——————

丝绸之路经济带沿线各国资源禀赋各异，经济互补性较强，彼此合作潜力和空间很大。以政策沟通、设施联通、贸易畅通、资金融通、民心相通为主要内容，重点加强合作。

政策沟通 《ZHENGCEGOUTONG》

加强政策沟通，是"一带一路"建设的重要保障。加强政府间合作，积极构建多层次政府间宏观政策沟通交流机制，深化利益融合，促进政治互信，达成合作新共识。

沿线各国可以就经济发展战略和对策进行充分交流对接，共同制定推进区域合作的规划和措施，协商解决合作中的问题，共同为务实合作及大型项目的实施提供政策支持。

■ 中国与其他国家的外交级别

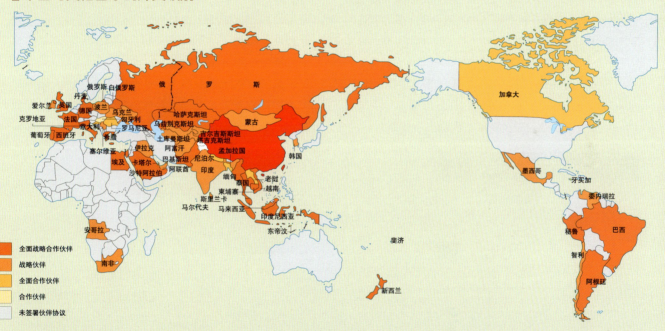

全面战略合作伙伴
战略伙伴
全面合作伙伴
合作伙伴
未签署伙伴协议

设施联通 《SHESHILIANTONG》

基础设施互联互通是"一带一路"建设的优先领域，主要包括交通、能源、通信三部分。

（1）地面交通网络

亚欧大陆是世界上最大的大陆，面积5 000多万平方千米，地处大陆的各处人民相互沟通不便，建设一个覆盖亚欧大陆的主干交通网络，促进亚欧国家间的贸易、人文交往，是亚欧大陆人民长久以来的愿望。1959年，联合国亚洲和太平洋经济与社会委员会提出了泛亚铁路（TAR：Trans-AsianRailwayNetwork）的建设计划，筹划建设一条经新加坡经印度前往土耳其，并最终到达欧洲的铁路。后因越战等一系列地区冲突，计划几近搁浅。二十世纪八九十年代，随着南亚、东南亚局势的稳定，中国、中亚、外高加索国家的快速发展，泛亚铁路再次被提上日程。2006年11月10日，包括中国在内的18个国家在《泛亚铁路政府间协定》上签字，标志着亚洲国家将为构建和连通横贯亚洲大陆的铁路大动脉，促进亚洲地区的共同发展和繁荣而展开全面合作。泛亚铁路计划确定的路线分为北部、南部、南北部和东盟四条，建成后将形成总长度为8.1万千米的铁路网络，成为亚欧大陆的陆上交通骨架。其中，北部线路以已建成的第一亚欧大陆桥为基础，连接东亚和欧洲北部，路线从荷兰出发，经德国、波兰、白俄罗斯、俄罗斯、蒙古、中国至朝鲜半岛。南部线路连接亚欧大陆南部各国，具体从土耳其出发，经伊朗、巴基斯坦、印度、孟加拉、缅甸到达泰国，然后分为两条，向北进入中国云南，向南则经马来西亚进入新加坡。

至今尚未建成的路段包括伊朗东部（赫尔曼至扎黑丹）；印度与缅甸之间；缅甸与泰国之间和泰国至云南之间。目前，伊朗东部、印度至缅甸、缅甸至泰国、以及中国与泰国间的线路还未修建完成。南北走廊主要连接北欧与波斯湾，主线始于芬兰赫尔辛基，穿越俄罗斯国土至里海，然后分成三条支线：西线经阿塞拜疆、亚美尼亚进入伊朗西部；中线以火车轮渡经里海进入伊朗；东线经哈萨克斯坦、乌兹别克斯坦和土库曼斯坦进入伊朗东部。三线在伊朗首都德黑兰会合，最后抵达阿巴斯港。东盟线路为南北走向，从中国昆明出发，分东中西三路，经中南半岛各国到达新加坡。

丝绸之路经济带的铁路网络与泛亚铁路一脉相承，它以泛亚铁路计划为底图，并着重刻画与中国密切相关的三条亚欧大陆桥和四条洲际高铁线路。

亚欧大陆桥是连接亚欧大陆两端海上运输线的便捷铁路通道。第一亚欧大陆桥于20世纪70年代建成，它以俄罗斯东部的哈巴罗夫斯克（伯力）和符拉迪沃斯托克（海参崴）为起点，通过世界上最长的西伯利亚大铁路，经莫斯科后通向欧洲各国，最后到达荷兰的鹿特丹港，横贯亚洲北部，共经过俄罗斯、白俄罗斯、波兰、德国、荷兰等六个国家全程13 000千米，成为当时东亚货物运往欧洲最便捷的通道。日本出口欧洲三分之一的集装箱，欧洲出口亚洲五分之一的集装箱，都是经这条陆桥运输的，它在沟通亚欧大陆、促进国际贸易中发挥了重要作用。

第二亚欧大陆桥于1990年9月贯通，它从中国东部的连云港出发，由陇海、兰新铁路穿越中国，进入哈萨克斯坦，再经俄罗斯、白俄罗斯、波兰、德国，西至荷兰的世界第一大港鹿特丹港。铁路全长10800千米，辐射了中国、中亚、西亚、欧洲30多个国家，沿线国家在经济上具有较强的相互依存性与优势互补性，蕴藏了非常好的互利合作前景，也是丝绸之路经济带建设的主要廊道。

第三亚欧大陆桥最早可从孙中山先生的《建国方略》中一窥雏形。当年，孙先生规划了从广州出发经广西、云南至缅甸的铁路通道。当今学者在此基础

"一带一路"铁路规划

“一带一路”高铁规划

上，规划了从深圳出发，以昆明为枢纽，经过缅甸、孟加拉国、印度、巴基斯坦、伊朗，从土耳其进入欧洲，最终抵达荷兰鹿特丹港的第三条亚欧大陆桥。修成后，这条铁路大通道将贯穿整个亚欧大陆南部，辐射沿线的21个国家，全长15 000千米，对中国西南省份，以及南亚、西亚各国的经济发展具有重要影响。

高速铁路是中国走向世界，建设丝绸之路经济带最耀眼的一张名片。2004年以来，根据国家"引进先进技术，联合设计生产，打造中国品牌"的指导方针，中国铁路大力推进原始创新、集成创新、引进消化吸收再创新，先后成功研制时速350千米和250千米两种速度等级的高速动车组，形成了具有自主知识产权的全套高铁技术。到2015年底，中国高速铁路营运里程达1.9万千米（而快速铁路网4万千米以上），运营里程约占世界高铁运营里程的60%，稳居世界高铁里程榜首，已经拥有全世界最大规模，以及最高运营速度的高速铁路网。

2009年，中国正式提出高铁"走出去"战略，一方面，为带动国内经济发展，推动国内技术升级，提升国家形象；另一方面，也能够带动当地交通基础设施建设，连通"一带一路"交通网络，带动沿线各国经济发展。未来规划有亚欧高铁、中亚高铁、泛亚高铁和中俄加美高铁四条主要线路。

在货物运输领域，中国以中欧班列为依托，在中国与欧洲间搭建了一条运距短、速度快、安全性能高

的快速通道。中欧班列是指中国开往欧洲的快速货物班列，适合装运集装箱的货运编组列车。目前，运行及未来规划的有西、中、东三条通道：西部通道由我国中西部经阿拉山口（霍尔果斯）出境，中部通道由我国华北地区经二连浩特出境，东部通道由我国东北部沿海地区经满洲里（绥芬河）出境。

①**中欧班列之重庆—杜伊斯堡（渝新欧）** 从重庆团结村站始发，由阿拉山口出境，途经哈萨克、俄罗斯、白俄罗斯、波兰至德国杜伊斯堡站，全程约11 179千米，运行时间约15天。货源主要是本地生产的IT产品，2014年已开始吸引周边地区出口至欧洲的其他货源。首列于2011年3月19日开行，截至2014年8月1日，共开行114列。其中，2014年开行22列。

②**中欧班列之成都—罗兹（蓉欧）** 从成都城厢站始发，由阿拉山口出境，途经哈萨克斯坦、俄罗斯、白俄罗斯至波兰罗兹站，全程9 965千米，运行时间约14天。货源主要是本地生产的IT产品及其他出口货物。首列于2013年4月26日开行，截至2014年8月1日，共开行58列。其中，2014年开行26列。

③**中欧班列之郑州—汉堡（郑欧）** 从郑州圃田站始发，由阿拉山口出境，途经哈萨克斯坦、俄罗斯、白俄罗斯、波兰至德国汉堡站，全程10 245千米，运行时间约15天。货源主要来自河南、山东、浙江、福建等中东部省市。货品种类包括轮胎、高档服装、文体用品、工艺品等。首列于2013年7月18日开行，截至

丝绸之路经济带／倡议与愿景 CHANGYI YU YUANJING

2014年8月1日，共开行41列。其中2014年开行28列。

④中欧班列之苏州—华沙（苏满欧）从苏州始发，由满洲里出境，途经俄罗斯、白俄罗斯至波兰华沙站，全程11 200千米，运行时间约15天。货物为苏州本地及周边的笔记本电脑、平板电脑、液晶显示屏、硬盘、芯片等IT产品。首列于2013年9月29日开行，截至2014年8月1日，共开行16列。其中，2014年开行15列。

⑤中欧班列之武汉—捷克（汉新欧）从武汉吴家山站始发，由阿拉山口出境，途经哈萨克斯坦、俄罗斯、白俄罗斯到达波兰、捷克斯洛伐克等国家的相关城市，全程10 700千米左右，运行时间约15天。货源主要是武汉生产的笔记本电脑等消费电子产品，以及周边地区的其他货物。首列于2012年10月24日开行，截至2014年8月1日，共开行10列。其中，2014年开行9列。

⑥中欧班列之长沙—杜伊斯堡（湘欧线）始发站在长沙霞凝货场，具体实行"一主二辅"运行路线。"一主"为长沙至德国杜伊斯堡，通过新疆阿拉山口出境，途经哈萨克斯坦、俄罗斯、白俄罗斯、波兰、德国，全程11 808千米，运行时间18天，2012年10月30日首发。"二辅"一条经新疆霍尔果斯出境，最终抵达乌兹别克斯坦的塔什干，全程6 146千米，运行时间11天；另一条经二连浩特（或满洲里）出境后，到达俄罗斯莫斯科，全程8 047千米（或10 090千米），运行时间13天（或15天）。

⑦中欧班列之义乌—马德里（义新欧）自义乌铁路西站始发，作为铁路中欧班列的重要组成部分，

该首发线路将贯穿新丝绸之路经济带，从义乌到西班牙马德里，通过新疆阿拉山口口岸出境，途经哈萨克斯坦、俄罗斯、白俄罗斯、波兰、德国、法国、西班牙，全程13 052千米，运行时间约21天。首趟有41节列车，运载着82个标准集装箱出口，全长550多米，于2014年11月18日上午11点多出发，是目前中国史上行程最长、途经城市和国家最多、境外铁路换轨次数最多的火车专列。

与其他"中欧班列"相比，"义新欧"创下了五个第一：一是运输线路最长。比原来线路最长的"苏满欧"班列（全程11 200千米）长1 850千米。二是途经国家最多。除了中国、哈萨克斯坦、俄罗斯、白俄罗斯、波兰、德国外，还增加了法国、西班牙，共计8个国家，几乎横贯整个欧亚大陆。三是国内穿过省份最多。从浙江出发横贯东西，经过安徽、河南、陕西、甘肃，在新疆阿拉山口口岸出境，共计6个省（自治区）。四是境外铁路换轨次数最多。其他"中欧班列"在哈萨克斯坦、波兰两次换轨，"义新欧"还需在法国与西班牙交界的伊伦进行第三次换轨。五是与第一批列入"中欧班列"序列的重庆、成都、郑州、武汉、苏州城市相比，义乌是唯一一个开通中欧班列的县级城市。

⑧中欧班列之哈尔滨—汉堡（哈欧）哈欧班列东起哈尔滨，经满洲里、俄罗斯后贝加尔到赤塔，转入俄西伯利亚大铁路，经俄罗斯的叶卡捷琳堡和莫斯科到波兰的马拉舍维奇至终点德国汉堡，全程9 820千米，运行时间为15天。自2015年6月13日运行以来，贸易额已超过5亿元。

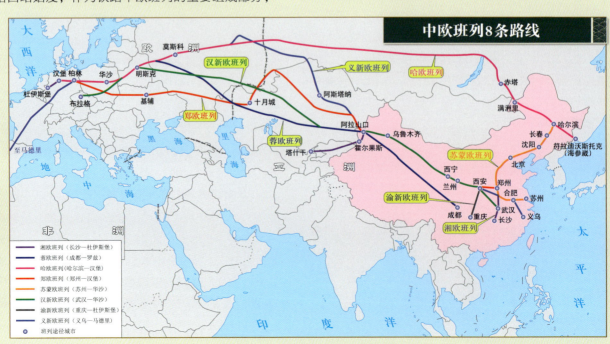

中欧班列8条路线

"一带一路"主要机场分布

乌鲁木齐主要通航的城市

（2）空中丝路

"丝绸之路经济带"所在的亚欧大陆，面积达5 440万平方千米，幅员辽阔。作为丝路起点的中国位于亚欧大陆东端，与很多国家相隔万里，地面交通难以到达；丝路沿线很多国家的联系也受阻于欧亚内陆的高山和沙漠，铁路公路等交通基础设施建设成本很大。而民航作为最安全、最高效、最快捷的运输方式，以及相对公路和铁路建设更低的基础设施造价，在促进"丝绸之路经济带"互联互通进程中，具有重要意义。

2013年以来，中国民航积极参与"一带一路"建设，加大走出去的步伐。2014年，在全球经济放缓的情况下，仍取得运输总周转量、旅客运输量和货邮运输量的全面增长。全行业完成运输总周转量748.12亿吨千米，比上年增加76.39亿吨千米，增长11.4%；国际航线完成运输周转量240.11亿吨千米，比上年增长29.44亿吨千米，增长14.0%。旅客运输量39 195万人次，比上年增加3 798万人次，增长10.7%；国际航线完成旅客运输量3 155万人次，比上年增加500万人次，增长18.8%。货邮运输量594.1万

吨，比上年增长5.9%；国际航线完成货邮运输量168.4万吨，比上年增长9.0%。国际航线增长高于行业平均增长水平。

机场方面 截至2014年底，共有颁证运输机场202个，比上年增加9个。北京首都机场完成旅客吞吐量0.86亿人次，连续五年稳居世界第二；上海浦东机场完成货邮吞吐量318.2万吨，连续七年位居世界第三。

航线网络方面 共有定期航班航线3 142条，按重复距离计算的航线里程为703.11万千米，按不重复距离计

西安通航的主要城市

赫尔辛基　莫斯科　阿斯塔纳　巴黎　伊斯坦布尔　罗马　阿拉木图　比什凯克　杜尚别　阿什哈巴德　中华人民共和国　西安　首尔　江原道　光州　济州　釜山　东京　大阪　名古屋　西雅图　旧金山　香港　台北　冲绳　台中　澳门　孟买　清迈　曼谷　暹粒　普吉　苏梅岛　甲米　吉隆坡　马累　新加坡　巴厘岛　悉尼　墨尔本

欧洲　亚洲　太平洋　大西洋　非洲　印度洋　大洋洲

- ● 已开通的航点
- ● 计划开通的航点

成都通航的主要城市

阿姆斯特丹　伦敦　法兰克福　多哈　阿布扎比　卡拉奇　加德满都　孟买　班加罗尔　马累　中华人民共和国　成都　首尔　釜山　济州　东京　台北　香港　台中　高雄　澳门　河内　岘港　清迈　曼谷　暹粒　普吉　苏梅岛　甲米　吉隆坡　新加坡　沙巴　巴厘岛

欧洲　亚洲　太平洋　大西洋　非洲　印度洋　大洋洲

算的航线里程为463.72万千米。定期航班国内通航城市198个（不含香港、澳门、台湾）。国际定期航班通航48个国家123个城市，国内航空公司定期航班从37个内地城市通航香港，从11个内地城市通航澳门，大陆航空公司从43个大陆城市通航台湾地区。

与其他国家或地区签订双边航空运输协定116个，比2013年底增加1个。其中，亚洲43个国家，以及中国—东盟航空运输协定，非洲23个国家，欧洲36个国家，美洲9个国家，大洋洲48个国家。

2015年计划启动的193个中国民航建设项目中，有51个战略项目直接服务于"一带一路"倡议，空中丝路的建设正在不断加速。

（3）能源丝路

能源是国家经济和社会赖以生存发展的重要物质基础，随着中国成长为世界第二大经济体，世界上第一大能源生产国和消费国，能源需求和消费迅速膨胀带来的能源安全问题日益严重。表现在对外依存度过高。2015年上半年，我国的石油进口超越美国，首次成为世界第一大石油进口国，对外依存度达到60%。能源来源过于集中，绝大部分原油进口来自政治局势较为动荡的中东、非洲和南美地区，一旦这些地区出现动乱，势必影响中国能源消费供给。能源通道单一，90%以上的石油进口需要通过油轮海运，60%以上的石油进口需要通过霍尔木兹海峡和马六甲海峡，极易受到恐怖主义影响或国外势力干预而中断。因此，加强能源通道建设，推动能源进口对象多元化，是保障未来能源安全和国家能源战略布局的重要内容。

丝绸之路经济带沿线国家能源合作空间广阔，发展潜力巨大。经济带一边是世界上油气需求增长最快的地区——亚太地区，一边是世界上油气储量最大和增长潜力最大的地区——西亚和中亚，沿线国家能源经济结构互补性强。在已完成的丝路经济带合作中，中国与俄罗斯、中亚各国、巴基斯坦、缅甸等签署多项石油天然气项目合作协议，最终将建成北方的中俄

石油天然气通道，西北方向的中亚能源通道（中哈石油通道、中亚天然气通道），西南方向的中巴铁路运输通道和中缅石油天然气通道等多条陆上能源战略通道，为国家未来能源安全奠定了良好基础。

推进跨境电力与输电通道建设，积极开展区域电网升级改造合作，是丝路能源合作的另一项重要内容。

国家电网构建跨国互联电网的计划正在加速实施，中远期或将实现和俄罗斯、哈萨克斯坦、蒙古等国电网联网，形成中亚五国向中国新疆，俄罗斯和蒙古国向中国北方地区，南部邻国向南方电网的联网通道。目前，正在开展哈萨克斯坦埃基巴斯图兹—南阳±1100千伏特高压直流工程、俄罗斯叶尔科夫齐—河北霸州±800千伏特高压直流工程、蒙古锡伯敖包—天津和新疆伊犁—巴基斯坦伊斯兰堡±660千伏直流工程前期工作。

（4）信息丝绸之路

信息是人类社会交流的基础，社会信息化是当今世界发展的必然趋势，保障信息畅通是"一带一路"建设的重要内容。在已发布的建设愿景中，未来信息丝绸之路建设主要包括双边跨境光缆、洲际海底光缆和空中（卫星）通道建设三项内容。通过推进跨境光缆等通信干线网络建设，提高国际通信互联互通水平，畅通信息丝绸之路，扩大信息交流与合作。

陆上跨境光缆

目前，中国已经与周边国家和地区建成中俄、中蒙、中哈、中吉、中塔、中尼、中印、中缅、中越、中老，以及深港、珠澳等陆上跨境光缆，中巴和中朝光缆正在建设中，通过打造丝绸之路经济带国家信息通道，助力中国成为区域信息汇集和交换中心。

洲际海底光缆

中国于1989年开始全球海底光缆建设，1993年实现了首条国际海底光缆，即中日之间C-J海底光缆系统的登陆，目前，已建有4个主要的登陆入口和8条海底光缆。登陆站分别是山东青岛登陆站(隶属中国联通)、上海崇明登陆站(隶属中国电信)、上海南汇登陆站(隶属中国联通)和广东汕头登陆站(隶属中国电信)。

亚太2号海底光缆

(Asia–Pacific Cable Network–2，即APCN2)，全长1.9万千米，采用4对纤芯，每对64×10Gbps DWDM光纤技术，设计容量达2.56Tbps/s，主要连接中国、日本、韩国、新加坡、马来西亚等国家与地区。其中，中国内陆地区的登陆站为上海和汕头。

东亚海底光缆系统和城市到城市海底光缆

(East AsCrossing/City-to-City Cable System，即EAC/C2C)，全长3.68万千米，采用4对纤芯，每对64×10Gbps DWDM光纤技术(EAC)和8对纤芯，每对96×10Gbps DWDM光纤技术，设计容量达

"丝绸之路经济带"沿线国家陆上光缆布局

2.56Tbps/s(EAC)和7.68Tbps/s(C2C)，主要连接了中国、日本、韩国、新加坡和菲律宾等国家，其中，中国内陆地区的登陆站为青岛和上海。

中日海底光缆

(China–Japan Fiber Optic Submarine Cable System，即C–J)，全长1300千米，采用PDH System光纤技术，光纤容量为560Mbps，主要用于中国和日本间的国际长途电话业务和数字电路业务。其中，中国内陆地区的登陆站为上海。

东南亚及日本海底光缆

(South–East Asia Japan Cable System，即SJC)，主要连接东南亚及日本的8个国家与地区，全长1.07万千米，采用6对纤芯，64×40Gbps DWDM光纤技术，光纤容量高达15Tbps。其中，中国内陆地区的登陆站为汕头。

环球海底光缆

(Fiber–Optic Link Around the Globe，即FLAG)，这是世界上第一条同时连接亚洲、中东和欧洲的大型国际海底光缆系统，全长27 000千米，采用2对纤芯，每对5Gbps DWDM光纤技术，光纤容量高达10Gbps。其中，中国内陆地区的登陆站为上海。

亚欧海底光缆

(South–East Asia – Middle East – Western Europe 3，即SEA–ME–WE 3)，是目前世界上耗资最大、长度最长(3.9万千米)、途经国家和地区最多的海底光缆，采用2对纤芯，每对48×10 Gbps DWDM光纤技术，光纤容量为960Gbps。其中，中国内陆地区的登陆站为上海和汕头。

中美海底光缆

(China–US CN or CUCN)，主要连接亚洲和北美洲，全长30.8万千米，采用4对纤芯，每对8×2.488Gbps SDH over DWDM光纤技术，光纤容量为80Gbps。其中，中国内陆地区的登陆站为上海和汕头

中美直达海底光缆

(Trans–Pacific Express，即TPE)，是世界首条海底高速(跨太平洋)直达光纤电缆，全长2.6万千米，采用8对纤芯，64×10Gbps DWDM光纤技术，光纤容量为5.12Tbps。其中中国内陆地区的登陆站为上海和青岛。

为推动信息丝绸之路建设，中国电信联合全球六家合作伙伴，共同启动了新跨太平洋海底光缆(New Cross Pacific，简称NCP)工程建设。NCP海底光缆连接中国内陆、中国台湾、韩国、日本，向东直达美国俄勒冈州，光缆全长13 618千米，该海底光缆采用最先进的100G波分复用传输技术，设计容量超过80Tbit/s，总投资超过5亿美元，计划于2017年第四季度建成投产。建成后将是亚洲至北美之间传输容量最大、技术最先进的海底光缆，并与现有TPE海缆、CUCN海缆等配合，为多条海缆系统提供保护备份，可极大地提高国际网络，特别是亚太区域整体网络的安全性。

（5）空中（卫星）通道

"天基丝路"是一个由数十颗卫星组成的广覆盖、大容量的通信卫星体系，还包括有数十颗卫星组成的若干虚拟遥感卫星星座及地面配套设施。建成后，将为"一带一路"覆盖区域提供精度更高、质量更好的卫星导航服务，并对陆地、海洋、大气、环境等多种要素进行长期稳定综合观测。目前，中国已与马来西亚、印尼等国开展基于"天基丝路"的卫星及地面接收站合作项目洽谈。

■ "一带一路"沿线国家海底光缆布局

● 光缆节点

— 光缆

■ "自由贸易区"或"境外经贸区"协定

贸易畅通 ◀MAOYICHANGTONG▶

投资贸易合作是"一带一路"建设的重点内容，也是实现"一带一路"贸易畅通的主要途径。

通过消除投资和贸易壁垒，构建区域内和各国良好的营商环境，积极同沿线国家和地区共同商建自由贸易区，能够激发释放合作潜力，做大做好合作"蛋糕"，真正解决投资贸易便利化问题。

自由贸易区（Free Trade Area，FTA）

自由贸易区是两个或两个以上独立关税主体之间，就贸易自由化取消关税和其他限制性贸易法规。

实质上是指由两个或多个经济体组成的集团，集团成员相互之间取消关税和其他贸易限制，但又各自独立保留自己的对外贸易政策。如欧盟、北美自由贸易区等。目前，中国在建自贸区19个，涉及32个国家和地区。其中，已签署自贸协定14个，涉及22个国家和地区，分别是中国与东盟，以及新加坡、巴基斯坦、新西兰、智利、秘鲁、哥斯达黎加、冰岛、瑞士、韩国和澳大利亚的自贸协定，内地与香港、澳门的更紧密经贸关系安排（CEPA），以及大陆与台湾的海峡两岸经济合作框架协议（ECFA）。

目前，除韩国、澳大利亚外，自贸协定均已实施。正在谈判的自贸协定7个，涉及22个国家，分别是中国与海湾合作委员会（GCC）、斯里兰卡和挪威的自贸协定，以及中日韩自贸协定、《区域全面经济合作伙伴关系》（RCEP）协定和中国—东盟自贸协定（"10+1"）升级谈判、中国—巴基斯坦自贸协定第二阶段谈判。此外，中国完成了与印度的区域贸易安排（RTA）联合研究，正与哥伦比亚、马尔代夫、格鲁吉亚、摩尔多瓦开展自贸区联合可行性研究，还加入了《亚太贸易协定》。

境外经贸合作区

中国企业在境外投资建设经贸合作区，是以企业为主体，以商业运作为基础，以促进互利共赢为目的，由企业根据市场情况、东道国投资环境和引资政策等多方面因素进行决策经营的对外经贸合作平台。

通过经贸合作区建设，能够吸引更多的企业到东道国投资建厂，增加东道国，就业和税收，扩大出口创汇，提升技术水平，促进经济共同发展。

经贸合作区是"一带一路"贸易畅通的重要内容。目前，国家正陆续对已建成的200个境外经贸合作区进行确认考核。首批通过考核的合作区包括：

①柬埔寨西哈努克港经济特区；②越南龙江工业园；③泰国泰中罗勇工业园；④巴基斯坦海尔——鲁巴经济区；⑤赞比亚中国经济贸易合作区；⑥埃及苏伊士经贸合作区；⑦尼日利亚莱基自由贸易区；⑧埃塞俄比亚东方工业园；⑨匈牙利中欧商贸物流合作园区；⑩俄罗斯乌苏里斯克经贸合作区；⑪俄罗斯中俄托木斯克合作区；⑫俄罗斯龙跃林业经贸合作区；⑬俄罗斯现代农业产业合作区。

丝路投资

丝绸之路经济带沿线各国以发展中国家为主，资源丰富、人口众多、基础设施不完备，具有较大的经济增长空间。根据世界银行统计，2013年，经济带沿线各国的外国直接投资净流入BOP高达6 700亿美元。

中国经济在经历30年的高速增长后，传统的外贸+投资+消费三架马车拉动的增长方式面临瓶颈，需要寻找新的突破口。在这种大背景下"走出去"战略成为了中国经济下一个重要的增长点。根据美国企业研究所和美国传统基金会的统计数据，2005至2016年间，中国对外投资从195.8亿美元升至1 937亿美元，增长了近10倍。2010年起，中国国有银行（国家开发银行和中国进出口银行）对其他发展中国家的贷款额超过了世界银行。2014年，中国对外直接投资（OFDI）与吸引外资基本持平，实现了改革开放来的首次平衡。未来中国还将从一个资本输入国转变成一个资本输出国，在世界经贸格局中发挥更加积极的作用。而从中国对外投资的国家和地区来看，随着"一带一路"倡议的实施，中国对外投资正在经历由从欧盟以及美、澳发达地区和国家，向亚洲、南美洲广大发展中国家与地区转移的趋势，未来有望进一步打开"一带一路"沿线国家内部投资贸易的增长空间。

资金融通 《ZIJINRONGTONG》

资金融通是"一带一路"建设的重要支撑。具体合作内容包括深化金融合作，推进亚洲货币稳定体系、投融资体系和信用体系建设；扩大沿线国家双边本币互换、结算的范围和规模；推动亚洲债券市场的开放和发展；共同推进亚洲基础设施投资银行、金砖国家开发银行筹建，有关各方就建立上海合作组织融资机构开展磋商；加快丝路基金组建运营；深化中国—东盟银行联合体、上合组织银行联合体务实合作，以银团贷款、银行授信等方式，开展多边金融合作；支持沿线国家政府和信用等级较高的企业，以及金融机构在中国境内发行人民币债券；符合条件的中国境内金融机构和企业可以在境外发行人民币债券和外币债券，鼓励在沿线国家使用所筹资金。

亚投行

亚洲基础设施投资银行（Asian Infrastructure Investment Bank，AIIB），简称亚投行，是一个政府间性质的亚洲区域多边开发机构，总部设在中国北京,法定资本1 000亿美元。亚投行设立的主要目的在于，促进亚洲区域的建设互联互通化和经济一体化的进程，并且加强中国及其他亚洲国家和地区的合作。重点支持基础设施建设，初期投资的重点领域主要包括能源与电力、交通和电信、农村和农业基础设施、

■ 亚投行成员国

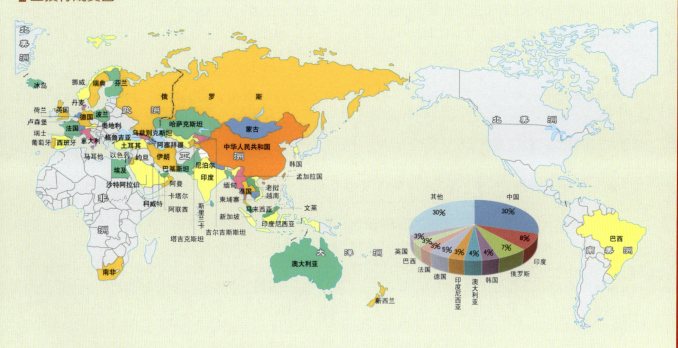

供水与污水处理、环境保护、城市发展，以及物流等。

亚投行是首个由中国倡议设立的全球性多边金融机构。2013年10月2日，习近平主席提出筹建倡议，世界各国纷纷响应。2016年1月16日，经过800多天的精心筹备后，亚投行正式开业，共有来自亚洲、欧洲、非洲、大洋洲、南美洲的57个国家申请成为意向创始成员国。其中，域内国家37个，域外国家20个；联合国常任理事国5个；G20国家14个；西方七国集团四席；金砖五国全部加入。

亚投行对促进亚洲国家经济发展与区域经济一体化；扩大全球投资需求，支持世界经济复苏；通过基础设施项目，推动亚洲地区经济增长，促进区域经济发展并改善就业，以及促进亚洲地区金融市场发展，具有重要意义。亚投行的正式成立与运行，是国际经济治理体系改革进程中具有里程碑意义的重大事件，也是中国"一带一路"倡议取得的重要成果，以及未来成功的重要保障，彰显了世界各国对于中国合作共赢、和平崛起理念的认同。

金砖银行

金砖国家新开发银行（New Development Bank）又名金砖银行。旨在为金砖国家、其他新兴市场和发展中国家的基础设施和可持续发展项目筹集资金，成为全球经济增长和发展领域的现有多边和区域金融机构的补充，避免金砖国家在下一轮金融危机中受到货币不稳定的影响。

金砖银行最早于2012年提出，2014年7月15日，金砖国家发表《福塔莱萨宣言》，宣布金砖国家新开发银行初始资本为1 000亿美元，由五个创始成员平均出资，总部设在中国上海。2015年7月21日，金砖银行在上海正式开业，首任行长由印度人卡马特担任。

丝路基金

丝路基金是由中国外汇储备、中国投资有限责任公司、中国进出口银行、国家开发银行共同出资，依照《中华人民共和国公司法》，按照市场化、国际化、专业化原则设立的中长期开发投资基金，重点是在"一带一路"发展进程中寻找投资机会，并提供相应的投融资服务。

首期资本金100亿美元中，外汇储备通过其投资平台出资65亿美元，中投、进出口银行、国开行亦分别出资15亿、15亿和5亿美元。

2015年4月，丝路基金第一个投资项目落地，即中巴经济走廊的优先实施项目——卡洛特水电站。卡洛特水电站位于巴基斯坦吉拉姆河，规划装机容量720兆瓦，年发电32.13亿度，总投资额约16.5亿美元。电站计划于2015年底开工建设，2020年投入运营。

■ 图解金砖5国

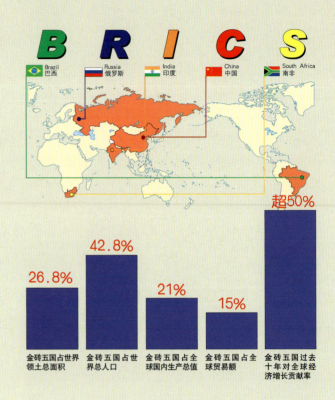

民心相通 ◀MINXINXIANGTONG▶

传承和弘扬丝绸之路友好合作精神，广泛开展文化交流、学术往来、人才交流合作、媒体合作、青年和妇女交往、志愿者服务等，是丝绸之路经济带沿线国家深化双边、多边合作的坚实民意基础。

孔子学院与孔子课堂

孔子学院是中外合作建立的非营利性教育机构，致力于适应世界各国（地区）人民对汉语学习的需要，增进世界各国（地区）人民对中国语言文化的了解，加强

图解 丝绸之路经济带

中国与世界各国教育文化交流合作，发展中国与外国的友好关系，促进世界多元文化发展，构建和谐世界。

　　分布在丝绸之路经济带沿线国家的孔子学院充分利用自身优势，开展了丰富多彩的教学和文化活动，逐步形成各具特色的办学模式，成为各国学习汉语言文化、了解当代中国的重要场所，受到当地社会各界的热烈欢迎。

　　截至2014年12月7日，全球126个国家（地区）建立了475所孔子学院。其中，亚洲32国（地区）103所，非洲29国42所，欧洲39国159所，美洲17国154所，大洋洲3国17所。孔子课堂设在65个国家共851个（科摩罗、缅甸、马里、突尼斯、塞舌尔、瓦努阿图只有课堂，没有学院）。其中，亚洲17国79个，非洲13国18个，欧洲25国211个，美洲7国478个，大洋洲3国65个。

新丝绸之路大学联盟

　　新丝绸之路大学联盟成立于2015年5月22日。由西安交通大学发起，来自22个国家和地区的近百所大学先后加入。新丝绸之路大学联盟是海内外大学结成的非政府、非营利性的开放性、国际化高等教育合作平台，联盟总部落户中国西部科技创新港，以"共建教育合作平台，推进区域开放发展"为主题，推动"新丝绸之路经济带"沿线国家和地区大学之间，在校际交流、人才培养、科研合作、文化沟通、政策研究、医疗服务等方面

的交流与合作，增进青少年之间的了解和友谊，培养具有国际视野的高素质、复合型人才，服务"新丝绸之路经济带"沿线及欧亚地区的发展建设。

　　联盟成员：哈尔滨工业大学、香港理工大学、景德镇陶瓷学院、莫斯科鲍曼国立技术大学、莫斯科动力工程学院、哈萨克斯坦纳扎尔巴耶夫大学、哈萨克斯坦国立大学、吉尔吉斯国立师范大学、吉尔吉斯国立建设交通与建筑大学、法国中央高等电力学院、意大利米兰理工大学、英国利物浦大学、巴基斯坦科技大学、新加坡国立大学、韩国釜山大学、泰国清迈大学、芬兰坦佩雷理工大学、西安交通大学、西北大学、陕西师范大学、西安电子科技大学、长安大学、延安大学、西安理工大学等。

丝绸之路电影节

　　为贯彻落实"丝绸之路经济带"和"21世纪海上丝绸之路"的战略构想，国家新闻出版广电总局创办以海陆丝绸之路沿线国家为主体的"丝绸之路国际电影节"。旨在以电影为纽带，促进丝路沿线各国文化交流与合作，传承丝路精神，弘扬丝路文化，为"一带一路"建设创造良好的人文条件。执委会表示要将此电影节打造成为继上海、北京之后的中国境内最有影响力的国际电影节之一。计划每年举办一次，由陕西省、福建省轮流主办。2014年10月20—25日，首届丝绸之路电影节在西安成功举行。

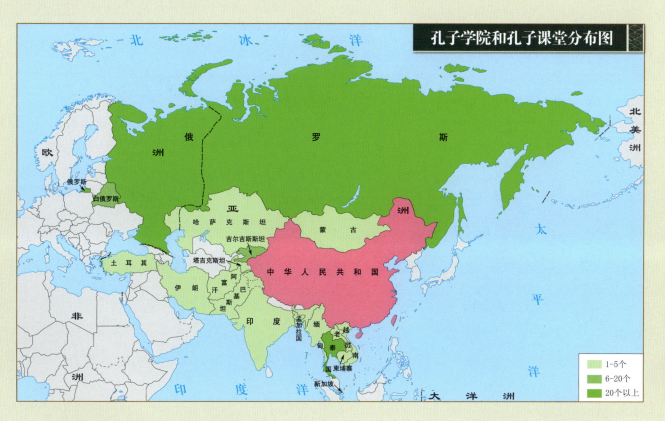

孔子学院和孔子课堂分布图

合作机制
■ HEZUO JIZHI ■
———— 丝绸之路经济带倡议与愿景 ————

当前，世界经济融合加速发展，区域合作方兴未艾。应积极利用现有双多边合作机制，推动"一带一路"建设，促进区域合作蓬勃发展。

强化多边合作机制作用，发挥上合组织（SCO）、中国—东盟"10+1"、亚太经合组织（APEC）、亚欧会议（ASEM）、亚洲合作对话（ACD）、亚信会议（CICA）、中阿合作论坛、中国—海合会战略对话、大湄公河次区域（GMS）经济合作、中亚区域经济合作（CAREC）等现有多边合作机制的作用，相关国家加强沟通，让更多的国家和地区参与"一带一路"建设。

♣ 小知识 ♣

上合组织

上海合作组织，简称上合组织（The Shanghai Cooperation Organization，简称SCO），前身是"上海五国"会晤机制。

2001年6月15日，中国、俄罗斯、哈萨克斯坦、吉尔吉斯斯坦、塔吉克斯坦和乌兹别克斯坦国元首共同签署《上海合作组织成立宣言》，上海合作组织正式成立。

后续巴基斯坦和印度也正式申请成为成员国，成员国扩大至八个。

伊朗、阿富汗、蒙古、白俄罗斯为观察员；斯里兰卡、土耳其、阿塞拜疆、亚美尼亚、柬埔寨、尼泊尔为对话伙伴国；土库曼斯坦、独联体、东盟为参会客人。

成员国总面积为3 018.9万平方千米，即欧亚大陆总面积的五分之三，人口约16亿，为世界总人口的四分之一。

上海合作组织以"互信、互利、平等、协商、尊重多样文明、谋求共同发展"的"上海精神"为宗旨，主要开展政治、经济、安全、教育，以及国际司法等领域的合作。

工作语言为汉语和俄语。

下设两个常设机构，分别是设于中国北京的上合组织秘书处，设于乌兹别克斯坦首都塔什干的上合组织反恐机构。

上海合作组织成员国

- 成员国
- 观察员国
- 对话伙伴

东盟与中国（"10＋1"）领导人会议

东盟10国（文莱、印度尼西亚、马来西亚、菲律宾、新加坡、泰国、越南、老挝、缅甸、柬埔寨）与中国领导人之间举行的会议。"10＋1"指的是东盟10国分别与中日韩3国（即3个"10＋1"）合作机制的简称。

中国与东盟自1991年开始对话进程，经过20多年的共同努力，双方政治互信明显增强，经贸合作成效显著，其他领域合作不断拓展和深化。政治上，中国于2003年作为域外大国率先加入《东南亚友好合作条约》，与东盟建立了面向和平与繁荣的战略伙伴关系。双方建立了较为完善的对话合作机制，主要包括领导人会议、12个部长级会议机制和5个工作层对话合作机制。2009年，中国设立驻东盟大使。2002年，中国与东盟国家签署《南海各方行为宣言》，就和平解决争议、共同维护地区稳定、开展南海合作达成共识。经济上，2010年1月，中国—东盟自贸区全面建成。目前，中国是东盟第一大贸易伙伴，东盟是中国第三大贸易伙伴。2013年，双方贸易额达4 436亿美元。2014年8月，双方同意开始中国—东盟自贸区升级版谈判。中国—东盟博览会及商务与投资峰会自2004年起每年在广西南宁举行，已成功举办十届，成为我国与东盟国家经济往来的重要平台。

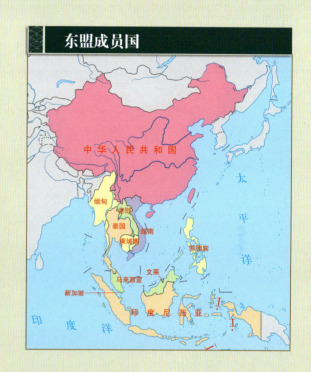

亚太经合组织（APEC）

亚太经济合作组织（Asia-Pacific EconomicCooperation，简称APEC）是亚太地区最具影响力的经济合作官方论坛。其宗旨是保持经济的增长和发展；促进成员间经济的相互依存；加强开放的多边贸易体制；减少区域贸易和投资壁垒，维护本地区人民的共同利益。共有21个正式成员和3个观察员。

亚太经合组织成员国

亚欧会议成员国

亚欧会议

亚洲与欧洲之间的政府间论坛。1994年7月，欧盟制定了《走向亚洲新战略》，主张与亚洲进行更广泛的对话，建立一种建设性、稳定和平等的伙伴关系。1994年11月，新加坡总理吴作栋提出召开亚欧会议的倡议，得到各方广泛积极的响应。1996年3月1日至2日，首届亚欧首脑会议在泰国曼谷举行，标志亚欧会议正式成立，目前已举办十届。

亚欧会议成立时，成员包括东盟7个成员国、中国、日本、韩国、欧盟15个成员国及欧盟委员会。2004年，亚欧会议实现首轮扩大，东盟3个新成员及欧盟7个新成员加入。2006年，第六届亚欧首脑会议同意接纳蒙古、印度、巴基斯坦、东盟秘书处、保加利亚及罗马尼亚6个新成员，亚欧会议实现第二轮扩大。至此，亚欧会议成员增至45个：中国、日本、韩国、蒙古、印度尼西亚、马来西亚、泰国、菲律宾、

新加坡、文莱、越南、老挝、柬埔寨、缅甸、东盟秘书处、印度、巴基斯坦、奥地利、比利时、丹麦、芬兰、法国、德国、希腊、爱尔兰、意大利、卢森堡、荷兰、葡萄牙、西班牙、瑞典、英国、匈牙利、波兰、捷克、斯洛文尼亚、斯洛伐克、爱沙尼亚、拉脱维亚、立陶宛、马耳他、塞浦路斯、罗马尼亚、保加利亚及欧盟委员会。2010年10月，第八届亚欧首脑会议在布鲁塞尔举行，会议正式接纳俄罗斯、澳大利亚、新西兰为亚欧会议成员，至此亚欧会议成员增至48个。

2012年11月5日，第九届亚欧首脑会议在老挝首都万象开幕，会议接纳孟加拉国、挪威、瑞士为新成员，至此，亚欧会议成员增至51个。这是亚欧会议自1996年创立以来的第四次扩员。目前，亚欧会议成员中有欧洲成员31个、亚太地区成员20个。

亚洲合作对话(Asia Cooperation Dialogue, ACD)

由泰国于2002年倡议成立，是唯一面向全亚洲的官方对话与合作机制。现有33个成员国：中国、日本、韩国、蒙古、俄罗斯、东盟10国（文莱、柬埔寨、印尼、老挝、马来西亚、缅甸、菲律宾、新加坡、泰国、越南）、印度、巴基斯坦、阿富汗、孟加拉国、斯里兰卡、不丹、哈萨克斯坦、吉尔吉斯斯坦、塔吉克斯坦、乌兹别克斯坦、沙特、伊朗、土耳其、阿联酋、科威特、阿曼、卡塔尔、巴林。包含东亚、南亚、中亚、西亚等各次区域国家，合作领域涵盖能源、财金、中小企业、人文等20余个。

亚信会议

亚洲相互协作与信任措施会议，简称亚信会议。

是一个有关安全问题的多边论坛，旨在亚洲国家之间讨论加强合作、增加信任的措施。峰会和外长会议均为每四年举行一次，两会交错举行，间隔两年。2010年6月前，亚信主席国一直由哈萨克斯坦担任，自第三次峰会起，土耳其接替哈萨克斯坦担任主席国。

亚信会议现有成员国26个：中国、阿富汗、阿塞拜疆、埃及、印度、伊朗、以色列、哈萨克斯坦、吉尔吉斯斯坦、蒙古、巴基斯坦、巴勒斯坦、俄罗斯、塔吉克斯坦、土耳其、乌兹别克斯坦、泰国、韩国、约旦、阿联酋、越南、伊拉克、巴林、柬埔寨、卡塔尔和孟加拉国；观察员国和组织12个：印度尼西亚、斯里兰卡、菲律宾、日本、马来西亚、乌克兰、美国、突厥语国家议会大会、联合国、欧洲安全与合作组织和阿拉伯国家联盟。

其横跨亚洲各区域，涵盖不同制度、不同宗教、不同文化、不同发展阶段，具有广泛代表性。亚信的宗旨是通过制定多边信任措施，加强对话与合作，促进亚洲和平、安全与稳定。现已制定军事政治、新威胁新挑战、经济、生态、人文等五大领域信任措施。

233

中阿合作论坛

2004年1月30日，中国国家主席胡锦涛访问了设在埃及开罗的阿拉伯国家联盟（以下简称阿盟）总部，会见了阿盟秘书长阿姆鲁·穆萨和22个阿盟成员国代表。会见结束后，李肇星外长与穆萨秘书长共同宣布成立"中国—阿拉伯国家合作论坛"，并发表了《关于成立"中国—阿拉伯国家合作论坛"的公报》。论坛宗旨是加强对话与合作、促进和平与发展。成员国包括中国和阿盟22个成员国（约旦、阿联酋、巴林、突尼斯、阿尔及利亚、吉布提、沙特、苏丹、叙利亚、索马里、伊拉克、阿曼、巴勒斯坦、卡塔尔、科摩罗、科威特、黎巴嫩、利比亚、埃及、摩洛哥、毛里塔尼亚、也门）。

中国—海合会战略对话

中华人民共和国与海湾阿拉伯国家合作委员会战略对话，简称中国—海合会战略对话。

1981年5月25日，六个海湾阿拉伯国家（阿拉伯联合酋长国、阿曼苏丹国、巴林国、卡塔尔国、科威特国、沙特阿拉伯王国）的元首在阿拉伯联合酋长国开会，宣布成立海湾阿拉伯国家合作委员会。旨在加强成员国之间在各领域内的协调、合作和一体化；加强和密切成员国人民间的联系、交往与合作；推动六国发展工业、农业、科学技术，建立科学研究中心，兴建联合项目，鼓励私营企业间的经贸合作。

自海合会成立之日起，中国即同其建立了联系。

2010年6月4日，中国—海合会建立战略对话机制并在北京举行首轮对话，科威特副首相兼外交大臣穆罕默德、阿联酋外交国务部长卡尔卡什、海合会秘书长阿提亚与时任中国外交部长杨洁篪共同主持对话会，并签署了中国—海合会战略对话谅解备忘录，至今对话已举行三次。中国与海合会六国经贸、能源合作发展迅速，中国与海合会自贸区谈判已举行五轮，有望达成最终协议。

丝绸之路经济带 SICHOUZHILU JINGJIDAI 倡议与愿景 CHANGYI YU YUANJING

大湄公河次区域经济合作

1992年，亚洲开发银行发起成立大湄公河次区域经济合作机制（Greater Mekong Subregion Economic Cooperation，简称GMS），成员国包括中国、柬埔寨、老挝、缅甸、泰国、越南六国。

GMS的宗旨是通过加强各成员间的经济联系，消除贫困，促进次区域的经济和社会发展。亚洲开发银行是GMS的发起者、协调者和主要筹资方。

中亚区域经济合作（CAREC）

CAREC机制于1996年由亚洲开发银行发起成立，是中亚区域重要的经济合作机制之一。现有成员包括中国、阿富汗、阿塞拜疆、哈萨克斯坦、吉尔吉斯斯坦、蒙古、巴基斯坦、塔吉克斯坦、土库曼斯坦和乌兹别克斯坦10个成员国。

"一带一路"倡议提出以来，各地成功举办了一系列以"一带一路"为主题的国际峰会、论坛、博览会，对增进理解、凝聚共识、深化合作起到了重要作用。

未来，要继续发挥沿线各国区域、次区域相关国际论坛、展会，以及博鳌亚洲论坛、中国—东盟博览会、中国—亚欧博览会、欧亚经济论坛、中国国际投资贸易洽谈会，以及中国—南亚博览会、中国—阿拉伯博览会、中国西部国际博览会、中国—俄罗斯博览会、前海合作论坛等平台的建设性作用。支持沿线国家地方、民间挖掘"一带一路"历史文化遗产，联合举办专项投资、贸易、文化交流活动，办好丝绸之路（敦煌）国际文化博览会、丝绸之路国际电影节和图书展。倡议建立"一带一路"国际高峰论坛。

中国举办的丝绸之路国家交流活动

中国—俄罗斯博览会　哈尔滨
乌鲁木齐
中国—欧亚博览会
敦煌
丝绸之路国际文化博览会
中国—阿拉伯博览会
北京
银川
欧亚经济论坛
丝绸之路国际电影节
西安
中国国际博览会
成都
中国—南亚博览会　中国国际投资贸易洽谈会　泉州
昆明　中国—东盟博览会　厦门　丝绸之路国际电影节
深圳　前海合作论坛
南宁
博鳌　博鳌亚洲论坛

南宁　深圳
博鳌
南海诸岛

♣ 各种论坛 ♣

博鳌亚洲论坛	海南博鳌
中国—东盟博览会	南宁
中国—亚欧博览会	乌鲁木齐
欧亚经济论坛	西安
中国国际投资贸易洽谈会	厦门
中国—南亚博览会	昆明
中国—阿拉伯博览会	银川
中国西部国际博览会	成都
中国—俄罗斯博览会	哈尔滨
前海合作论坛	深圳
丝绸之路（敦煌）国际文化博览会	敦煌
丝绸之路国际电影节	西安、泉州

全球响应

■ QUANQIU XIANGYING ■

——丝绸之路经济带倡议与愿景——

"一带一路"建设有利于促进沿线各国经济繁荣与区域经济合作，加强不同文明交流互鉴，促进世界和平发展，是一项造福世界各国人民的伟大事业。

其倡议构想有别于一般区域经济合作模式，主张构建一个开放包容的体系，以开放的姿态接纳各方的积极参与。因此，"一带一路"建设是一项系统工程，要坚持共商、共建、共享原则，积极推进沿线国家发展战略的相互对接。

自2013年9月，习近平总书记首次提出建设丝绸之路经济带的倡议以来，沿线各国积极响应，对接本国发展战略，推动丝绸之路经济带建设的实施。各方有望本着联合国宪章，以及和平共处五项基本原则开展合作，将"一带一路"打造成促进各国共同发展、实现共同繁荣的合作共赢之路，增进理解信任、加强全方位交流的和平友谊之路，使沿线国家结成政治互信、经济融合、文化包容的利益共同体、命运共同体和责任共同体。

蒙古国：草原之路

蒙古国具有位于亚欧大陆接合处的区位优势，自古以来就是亚欧大陆间的货物交流、贸易加油站，并在维护丝绸之路，制定相关法规方面起着积极作用。在21世纪经济全球化的时代背景下，蒙古国推出"草原之路"计划，希望同欧亚各国进行各个领域的合作，成为连接欧亚、中亚与东亚的内陆桥梁，这与中国提出的建设丝绸之路经济带的倡议与周边各国共同发展目标完全吻合。

草原之路项目涵盖铁路、公路、石油、天然气及电力等多个领域，具体项目包括建设连接中俄的997千米的高速公路、1100千米的电气线路，扩展跨蒙古铁路、天然气管道和石油管道，总投资高达500亿美元。

草原之路

俄罗斯：欧亚经济联盟

欧亚经济联盟是一个由俄罗斯、白俄罗斯、哈萨克斯坦、亚美尼亚、塔吉克斯坦、吉尔吉斯斯坦六个原苏联国家为加深经济、政治合作与融入而组建的一个超国家联盟。

2014年5月29日，负责俄罗斯、白俄罗斯、哈萨克斯坦三国一体化进程的欧亚经济委员会最高理事会会议在哈萨克斯坦首都阿斯塔纳举行，俄罗斯总统普京、白俄罗斯总统卢卡申科、哈萨克斯坦总统纳扎尔巴耶夫签署《欧亚经济联盟条约》。

根据条约，欧亚经济联盟将于2015年1月1日正式启动，2016年之前建立统一的药品市场，2019年之前建立统一的电力市场，2025年之前建立统一的石油、天然气市场。2025年，联盟将实现商品、服务、资金和劳动力的自由流动，终极目标是建立类似于欧盟的经济联盟，形成一个拥有1.7亿人口的统一市场，并最终推动类似于欧盟的欧亚联盟的建立。

2015年5月8日，中国和俄罗斯在莫斯科发表了《中华人民共和国与俄罗斯联邦关于丝绸之路经济带

丝绸之路经济带 倡议与愿景

建设和欧亚经济联盟建设对接合作的联合声明》。

声明强调将共同协商，努力将丝绸之路经济带建设和欧亚经济联盟建设相对接，确保地区经济持续稳定增长，加强区域经济一体化，维护地区和平与发展。

欧亚联盟

哈萨克斯坦：光明大道

2014年11月11日，哈萨克斯坦总统纳扎尔巴耶夫发布2015年国情咨文，宣布哈萨克斯坦将在未来推行"光明大道"新经济政策。

其核心是要大力推动七个方向的基础设施建设，包括交通物流基础设施、工业基础设施、电力基础设施、旅游基础设施、教育基础设施、住宅物业现代化、支持经营主体的发展等。

在交通基础设施领域，完成"西欧—中国西部"交通走廊，修建阿斯塔纳—阿拉木图、阿斯塔纳—赛梅、阿斯塔纳—阿克托别—阿特劳、阿拉木图—奥斯卡曼、卡拉干达—杰兹卡兹甘—克孜勒奥尔达、阿特劳—阿斯特拉罕公路。

在东部，尚须继续建设物流枢纽；在西部，尚须继续建设里海港口设施，挖掘里海港口向西方出口的潜力。

由于在政策方向上与"丝绸之路经济带"高度契合，"光明大道"一经提出便得到中方重视。

2014年12月，李克强总理访哈期间与纳扎尔巴耶夫总统举行会谈，双方达成依托"一带一路"开展产能合作的战略共识，签署了总额达140亿美元的30多个合作协议。2015年3月，哈总理马西莫夫访华，签署了加强产能与投资合作备忘录，以及两国开展钢铁、有色金属、平板玻璃、炼油、水电、汽车等广泛领域产能合作的33份文件，项目总金额达236亿美元。

中哈两国在各个领域的合作不断加深，未来空间广阔。

光明大道

运输通道
节点城市

美国：新丝绸之路计划

2011年7月，美国国务卿希拉里·克林顿在印度参加第二次美印战略对话期间，第一次明确提出"新丝绸之路"计划。核心是以阿富汗为中心，推动中亚、南亚在政治、安全、能源和交通领域的合作，建立一个由亲美的、实行市场经济和世俗政治体制的国家组成的新的地缘政治板块，从而实现美国在中亚和南亚地区的战略利益。该计划实施的重点是建设穿越阿富汗的交通和能源管线，消除跨境贸易壁垒，建立从南亚经过中亚通往欧洲的横贯亚欧大陆的贸易网络。

"新丝绸之路"计划拟定的优先项目，主要有完成铺设阿富汗境内的环形国道、喀布尔—赫拉特公路，并将它们与跨国公路连接，尤其是连通巴基斯坦瓜达尔港；建设穿越阿富汗领土，连接欧洲和南亚的铁路和公路，包括新疆喀什—卡拉奇、赫拉特—马什哈德和塔什干—阿什哈巴德—阿巴斯运输线等；落实巴基斯坦和阿富汗2010年签署的自由贸易协定；修建土库曼斯坦—阿富汗—巴基斯坦—印度（TAPI）天然气管道；建设连接中亚、阿富汗、巴基斯坦北部和印度的高压输电线路（CASA－1000），使塔吉克斯坦和吉尔吉斯斯坦能够将夏季剩余电力向阿富汗和巴基斯坦大规模输送。目前，"新丝绸之

新丝绸之路计划

（图例）
★ 首都
○ 重要城市
—— 国际运输通道

路"已经建成的项目包括157千米长的乌兹别克斯坦与阿富汗之间双回路输电线路、连接塔阿边境地区的几座桥梁、80千米长的马扎里沙里夫—铁尔梅兹铁路等运输线路。

"新丝绸之路"计划是美国中亚战略的核心，与中国提出的"丝绸之路经济带"存在明显的竞争关系，未来两国在这一地区的竞争有进一步加剧的趋势。

北南走廊计划

（图例）
○ 重要城市
—— 国际运输通道

俄罗斯、伊朗、印度：北南走廊计划

2002年，俄罗斯、伊朗和印度三国共同发起了"北南走廊计划"，提出修建从印度经伊朗、高加索、俄罗斯直达欧洲的国际运输通道，全长5 000多千米，比现在的欧亚运输线缩短了40％，其运费也将相应减少30％。该走廊北起芬兰湾的圣彼得堡，经俄南部的里海港口阿斯特拉罕后跨里海至伊朗北部，再南下至伊南部港口城市阿巴斯后过阿曼湾，最后经阿拉伯海抵达印度港口孟买，通过铁路、公路、海运等多种形式，降低沿途国家尤其是印度通往欧洲的货运成本，提高相关各国商品的国际竞争力。

项目提出伊始，就得到包括中亚在内的11个国家的高度重视，但由于相关国家的政治分歧和资金短缺问题，项目进展缓慢，尤其是位于交通枢纽的伊朗态度逐渐消极，境内道路建设中断。2012年1月召开的"北南走廊"14国专家会议上，印度表示可以承担伊朗境内的铁路与公路建设，计划得以继续推进。

中国各地方开放态势

—— 丝绸之路经济带倡议与愿景 ——

推进"一带一路"建设，中国将充分发挥国内各地区的比较优势，实行更加积极主动的开放战略，加强东中西部互动合作，全面提升开放型经济水平。

■ "一带一路"涉及省份和城市

- 成都 内陆开放型经济高地
- 福州 重点沿海城市
- 一带一路中部地区
- 一带一路西南地区
- 一带一路西北地区
- 一带一路沿海地区
- 一带一路内蒙古及东北地区

西北地区
◀ X I B E I D I Q U ▶

　　西北地区是古代陆上丝绸之路国内部分的主干路段，两千多年的商贸、文化往来，使得西北地区与丝绸之路经济带沿线各国有着深厚的文化情感、密切的边贸往来和广阔的发展前景。今天，西北地区又是向西开放的战略前沿，具有很强的区位优势、文化优势和空间优势。以西北地区为重点，丝绸之路经济带国内部分建设可沿新欧亚大陆桥东西方向延伸，形成横贯东西的对外开放走廊，改善沿线各省区的经济结构，全面提升经济对外开放水平。

　　未来，发挥新疆独特的区位优势和向西开放的重

要窗口作用，充分利用丝绸之路经济带上重要的交通枢纽优势，深化与中亚、南亚、西亚等国家交流合作，形成商贸物流和文化科教中心，打造丝绸之路经济带核心区。发挥陕西、甘肃综合经济文化和宁夏、青海民族人文优势，打造西安内陆型改革开放新高地，加快兰州、西宁开发开放，推进宁夏内陆开放型经济试验区建设，形成面向中亚、南亚、西亚国家的通道、商贸物流枢纽、重要产业和人文交流基地。

陕西——丝绸之路经济带新起点

　　陕西是古丝绸之路的起点，也是新欧亚大陆桥的

重要枢纽，与中亚各国的交往交流源远流长，有责任有信心担负起时代赋予的沟通内陆与亚欧大陆桥和海上丝绸之路的交通枢纽、承接东部乃至全球产业转移的有利区域、丝绸之路经济带最大的物流中心、融汇亚欧丰富多元文化的重要平台的历史使命。

陕西通过搭建政策互信平台，以深化与中亚地区交流合作为重点大力推动全省向西开放。在第五届欧亚经济论坛上，我们积极倡导丝绸之路经济带沿线九个国家共同发布《共建丝绸之路经济带西安宣言》，形成了沿线国家共同推进的共识。组织召开丝绸之路沿线20个城市市长圆桌会议，省会城市西安与土库曼斯坦的马雷、乌兹别克斯坦的撒马尔罕等城市建立友好关系并开展交流与合作。加快建设西安浐灞领事馆区，推进中亚各国在西安设立领事馆，积极在丝绸之路沿线重要节点城市设立商务机构。

构建立体化交通体系，着力打造联通中亚的铁路、公路、航空交通网络。西安至哈萨克斯坦热姆的货运班列"长安号"列入国家"中欧快线"，实现常态化运行。开通"一带一路"相关航线将近30条，主要包括西安至巴黎、西雅图、莫斯科、赫尔辛基、首尔、新加坡、曼谷、吉隆坡、马尔代夫、冲绳、大阪等航线，实现了欧洲、北美通航计划，2015年，旅客吞吐量突破3 000万人次，进入国际繁忙机场行列。同时，国家首个航空城实验区落户西咸新区，丝绸之路经济带航空枢纽建设初见成效。

深化贸易投资合作，积极布局丝绸之路经济带自贸区，充分发挥合作园区国家战略的品牌效应。以大通关为抓手推进贸易便利化，优化通关作业流程，西安（咸阳）国际机场口岸实现"72小时过境免签"，西安被列为国家跨境贸易电子商务服务试点城市。

积极打造区域金融中心。启动西咸新区能源金融中心建设，构建离岸人民币回流机制，打造中国向西开放的能源交易中心和结算中心。加快西安（浐灞）金融商务区建设，已有中国银行全球客服中心、国家开发银行、中国证监会等众多金融机构入驻。举办欧亚经济论坛金融合作会议和西安（浐灞）金融高峰论坛，加强与各国金融机构的联系。

加强教育文化交流。先后成立了西安交通大学丝绸之路国际法与比较法研究所、西北大学中亚学院、西安外国语大学中亚学院和丝绸之路经济带发展研究院，现有中亚国家1 200多名学生在西安各大学就读和培训。陕西与福建联合举办的丝绸之路国际电影节，是我国为数不多的国际性电影节，今后将在西安与福州间交替举办。

丝绸之路经济带 倡议与愿景
SICHOUZHILU JINGJIDAI / CHANGYI YU YUANJING

新疆——丝绸之路经济带核心区

新疆将以新亚欧大陆桥经济走廊和中国—中亚—西亚经济走廊为纽带，围绕丝绸之路经济带核心区战略目标，开展三基地、三通道、五大中心、十大进出口产业集聚区等方面的建设。三基地分别为国家大型油气生产加工和储备基地、大型煤炭煤电煤化工基地、大型风电基地；三通道为能源、交通、通信大通道；五大中心分别为区域性交通枢纽中心、区域性商贸物流中心、区域性金融中心、区域性文化科教中心和区域性医疗服务中心。

甘肃——丝绸之路经济带黄金段

充分发挥地理区位、历史文化、资源能源和产业基础等优势，紧紧围绕建设"丝绸之路经济带"甘肃黄金段，着力构建兰州新区、敦煌国际文化旅游名城和"中国丝绸之路博览会"三大战略平台，重点推进道路互联互通、经贸技术交流、产业对接合作、经济新增长极、人文交流合作、战略平台建设等六大工程，进一步提升兰（州）白（银）、酒（泉）嘉（峪关）、金（昌）武（威）、平（凉）庆（阳）、天水、定西、张掖、敦煌等重要节点城市的支撑能力。努力把甘肃省建设成为丝绸之路的黄金通道、向西开放的战略平台、经贸物流的区域中心、产业合作的示范基地、人文交流的桥梁纽带。

宁夏——丝绸之路经济带战略支点

宁夏在丝绸之路经济带中的定位为主要面向阿拉伯国家及世界穆斯林地区开展交流合作的内陆开放型经济试验区，而银川则是丝绸之路经济带主要节点城市。在推动"一带一路"宁夏段的建设中，要以建设丝绸之路经济带战略支点为引领，用好两个金字品牌（中阿博览会和内陆开放型经济试验区），建好中阿空中、网上、陆上丝绸之路通道，着力打造中阿国际贸易投资便利化、金融合作、人文交流示范区。

青海——丝绸之路经济带的战略通道、重要支点和人文交流中心

充分发挥地缘民族优势，把推进经贸合作项目落地和互联互通作为构建全方位开放新格局的重要途径，努力把青海省打造成丝绸之路经济带的战略通道、重要支点和人文交流中心，建设开放型经济发展新高地。

东北地区及内蒙古自治区
DONGBEIDIQUJINEIMENGGUZIZHIQU

东北地区和内蒙古自治区是我国面向北方开放的重要区域。古代就有连通欧亚大陆的草原丝绸之路，新中国成立后，背靠苏联建成我国重要的重工业基地，拥有连接欧亚大陆的第一条欧亚大陆桥，是东北亚地区重要的经济文化政治中心。在"一带一路"建设中，要发挥内蒙古联通俄、蒙的区位优势，完善黑龙江对俄铁路路通道和区域铁路网，以及黑龙江、吉林、辽宁与俄远东地区陆海联运合作，推进构建北京—莫斯科欧亚高速运输走廊，建设向北开放的重要窗口。

黑龙江——陆海丝绸之路

充分发挥黑龙江省与俄罗斯远东地区毗邻的地缘优势，利用国内国际两种资源、两个市场，以哈尔滨为中心，以大（连）哈（尔滨）、佳（木斯）同（江）、绥满、哈黑等沿边铁路四条干线和俄罗斯西伯利亚、贝阿铁路形成的"黑龙江通道"为依托，建设连接亚欧的国际货物运输大通道，吸引生产要素向通道沿线聚集，发展境内外对俄产业园区，打造跨境产业链，构建发达的外向型产业体系，构筑区域经济新的增长极，为我国扩大与俄欧、东北亚合作提供重要平台，为国家"一带一路"建设提供重要支撑。

吉林——向北开放的重要窗口

古代，吉林就是东北亚丝绸之路"朝贡道"的重要源头和起点，在"郑和七下西洋"开辟海上丝绸之路的同时，"亦失哈九上北海"也打通了东北亚丝绸之路。

今天，借助国家"一带一路"倡议机遇，吉林围绕建立大交通、大枢纽、大物流格局，加强跨区域、跨国境交通的互联互通建设，重点推进公路、铁路、航空、口岸建设，加强各种运输方式的有效衔接，开通面向俄日韩及我国东部发达地区的大通道。向东打通入海口，与俄罗斯合作开发扎鲁比诺港，未来开辟珲春—俄罗斯扎鲁比诺港—日本新潟、珲春—俄罗斯扎鲁比诺港—韩国釜山两条新的陆海联运航线；与朝鲜合作开发罗津港，开辟经朝鲜至中国东南沿海港口的陆海联运航线。向西恢复中俄珲春—马哈林诺铁路国际联运列车运行，把珲春—长春—白城—内蒙古阿尔山—蒙古乔巴山连接起来，成为亚欧运输通道的重要

图解丝绸之路经济带

"一带一路"北向通道

核心经济区
重要节点城市
核心城市
欧亚大陆桥
经济通道

伊尔库茨克　赤塔　满洲里　乌兰巴托　二连浩特　包头　呼和浩特　酒泉

布拉维格申斯克（海兰泡）　哈巴罗夫斯克（伯力）　比罗比詹　黑河　同江　佳木斯　饶河　哈尔滨　绥芬河　符拉迪沃斯托克（海参崴）　长春　沈阳　大连　首尔　东海　境港

哈长城市群

至鹿特丹　至东京

京津冀　北京　天津市　青岛

241 >

物流节点。同时，继续办好中国—东北亚贸易博览会，运用好"大图们倡议"合作机制，把吉林打造成"一带一路"重要支撑和海上战略支点。

辽宁——欧亚大陆桥出海口

"畅通道、建平台、抓园区、抢承包、促贸易、谋规划"是辽宁融入"一带一路"建设的核心内容。未来，辽宁将加快三条大通道建设，努力贯通以营口港为中心的中蒙俄通道和中韩自贸区的连接点，积极推进作为蒙古国海上通道的锦州港建设，实现互联互通；在境外投资这一方面，沿"一带"方向重点推进俄罗斯巴什科尔托斯坦石化工业园等4个境外装备工业园区，沿"一路"方向重点推进印尼的辽宁镍铁工业园等2个境外装备工业园区，做强做大境外工程承包，鼓励企业从单一的承包工程向带动省内大型工程设备、电力设备出口，以及向管理、研发、设计等方面转变；在对外贸易合作方面，巩固东盟，拓展俄罗斯，开辟东欧，打通中蒙俄韩日贸易大通道。

内蒙古自治区——向北开放的桥头堡

内蒙古横跨三北地区，毗邻八省区，与俄罗斯、蒙古国交界，边境线长达4 200多千米，拥有以策克、甘其毛都、二连浩特、满洲里等19个口岸，区位优势明显；与俄罗斯、蒙古国之间边境经贸往来、地区合作、文化交流十分密切，合作空间广阔。

未来将进一步创新联通俄蒙的合作机制，加大口岸建设力度，全面提升沿边开发开放水平，建设满洲里、二连浩特国家重点开发开放试验区，二连浩特—扎门乌德跨境经济合作区，呼伦贝尔中俄蒙合作先导区建设，满洲里综合保税区。加快推进区域协作，进一步完善京蒙合作机制，加强蒙晋冀长城金三角合作区建设。积极推广浙商产业园、鄂尔多斯市江苏工业园等模式，打造高水平产业承接平台。

在重点交通建设领域，将开工建设甘其毛都—临河等口岸公路，实现与俄蒙及周边省区重要节点的高水平联通；将全面开工临河至哈密高速公路，打通丝绸之路北路，为自治区加快融入丝绸之路经济带提供支撑。将加快丝绸之路辐射区域路网建设，开工建设通辽至鲁北等高速公路，向东、向南直达沿海港口，融入21世纪海上丝绸之路的快速通道。为尽早打通内蒙古煤炭资源外运和中欧物资运输的重要通道，内蒙古铁路建设也不断提速，把额济纳至新疆哈密铁路原本三年工期压缩至一年半，计划于2015年底全线通车。同时，内蒙古首条新建高铁——张家口至呼和浩特铁路客运专线全线开工，与规划建设的北京至张家口铁路客运专线相连，加快融入京津冀协同发展战略。

西南地区

◀ XINANDIQU ▶

西南地区毗邻的南亚次大陆和中南半岛，是世界上人口最多、增长最快，经济总量和发展潜力巨大的区域。昔日，唐蕃古道、茶马古道等南方丝绸之路在此相互连接；今天，在丝绸之路经济带规划中，这里有中国—中南半岛、孟中缅印两条国际经济合作走廊连接彼此，是中国向南开放的重要窗口。

未来，西南地区将发挥广西与东盟国家陆海相邻的独特优势，加快北部湾经济区和珠江—西江经济带开放发展，构建面向东盟区域的国际通道，打造西南、中南地区开放发展新的战略支点，形成21世纪海上丝绸之路与丝绸之路经济带有机衔接的重要门户。发挥云南区位优势，推进与周边国家的国际运输通道建设，打造大湄公河次区域经济合作新高地，建设成为面向南亚、东南亚的辐射中心；推进西藏与尼泊尔等国家边境贸易和旅游文化合作；促进西南地区经济发展，建设睦邻友好的南部边疆。

广西——21世纪海上丝绸之路与丝绸之路经济带有机衔接的重要门户

广西是中国唯一一个与东盟国家既有陆地接壤又有海上通道的省份，未来将坚持海陆统筹和内外结合，既要推进以"海上丝绸之路"为重点的海上合作，又要推进以南宁—新加坡陆路互联互通为重点的陆上合作，形成海陆双线相辅相成、互相支撑的生动局面。加快推进南宁—新加坡经济走廊建设，推进通往周边省份，以及东盟国家的快速铁路和高速公路建设，搭建西南、中南地区通往东盟国家的陆上主通道，形成海上合作的陆地支撑，实现海陆统筹。加快建成南宁区域性枢纽机场，开通更多面向东盟国家的国际直航线路。在周边省份规划建设"无水港"及相关物流网络，打造高效物流网络体系，形成海陆空立体互联互通的大格局。

云南——面向南亚、东南亚的辐射中心

地处古代南方丝绸之路要道的云南，拥有面向"三亚"（东南亚、南亚、西亚）和肩挑"两洋"（太平洋、印度洋）的独特区位优势，是中国唯一可以同时从陆上沟通东南亚、南亚的省份。

未来，将以孟中印缅经济走廊、大湄公河次区域合作为重要抓手，以重铸南方丝绸之路、推进互联互通为重点内容，以多边双边合作项目为基本载体，推动投资贸易、产业发展、能源合作和人文交流，把云南建设成为通往印度洋的战略通道、连接交会"一带一路"的战略支点、"和谐周边"示范区、丝绸之路经济带的重要增长极。

242

西藏——联系南亚国家的重要门户

西藏南与缅甸、印度、不丹、尼泊尔等国相邻，历史上经贸文化往来不断，古时就是南方丝绸之路中唐蕃古道、茶马古道的重要参与者。

"一带一路"倡议中，西藏更是内接丝绸之路经济带，外联21世纪海上丝绸之路的重要枢纽。未来将围绕建设南亚大通道的建设目标，通过加快日喀则—吉隆、日喀则—亚东铁路建设，加快中尼公路的升级改造、建设或改善吉隆、樟木、亚东、普日、屋兰等口岸的基础设施条件，推动环喜马拉雅经济合作带建设，推进中尼跨境经济合作区建设等措施。不断转变外贸发展方式，加大自产品出口，扩大货物贸易进口，加快跨境旅游等服务贸易发展，推动贸易通关便利，进一步扩大对尼泊尔、印度贸易的规模，不断提升西藏沿边开发开放程度，将西藏建设成为中国陆路通往南亚国家的贸易、物流中心和南向开放的桥头堡。

内陆地区
‹ N E I L U D I Q U ›

内陆地区是丝绸之路经济带建设的腹地。昔日，这里是中华文明的核心区域，各条丝绸之路在此地汇集；今天，这里是中国经济新的增长极，是承接产业转移和加快对外开放的主体力量。丝绸之路经济带建设，将进一步加强内陆省份对外开放的程度，促进区域经济协作和通道建设，均衡经济发展差异。

未来利用内陆纵深广阔、人力资源丰富、产业基础较好的优势，依托长江中游城市群、成渝城市群、中原城市群、呼包鄂榆城市群、哈长城市群等重点区域，推动区域互动合作和产业集聚发展，打造重庆西部开发开放重要支撑和成都、郑州、武汉、长沙、南昌、合肥等内陆开放型经济高地。加快推动长江中上游地区和俄罗斯伏尔加河沿岸联邦区的合作；建立中欧通道铁路运输、口岸通关协调机制，打造"中欧班列"品牌，建设沟通境内外、连接东中西的运输通道；支持郑州、西安等内陆城市建设航空港、国际陆港，加强内陆口岸与沿海、沿边口岸通关合作，开展跨境贸易电子商务服务试点；优化海关特殊监管区域布局，创新加工贸易模式，深化与沿线国家的产业合作。

重庆——西部开发开放重要支撑点

作为中西部地区唯一的直辖市、国家中心城市，重庆一头连长江经济带，一头连丝绸之路经济带，具备良好的区位优势，充分发挥好重庆在两大经济带建设中的枢纽和支点作用，对实现国家战略意图，具有十分重要的现实意义。

未来将以构建"一江两翼三洋"国际物流大通道为核心，将重庆建设成为西部地区物流中心和国际贸易大通道中心。"一江"即通过长江通达太平洋；"西北翼"即通过渝兰铁路，由新疆阿拉山口出境，经哈萨克斯坦—俄罗斯—波兰—德国—鹿特丹港通达大西洋；"西南翼"通过渝黔铁路，由贵阳—昆明—大理—瑞丽出境，经缅甸中部城市曼德烈—实兑港通达印度洋和中东地区。

中国积极行动

—— 丝绸之路经济带倡议与愿景 ——

　　一年多来，中国政府积极推动"一带一路"建设，加强与沿线国家的沟通磋商，推动与沿线国家的务实合作，实施了一系列政策措施，"一带一路"建设成果初显。

　　高层引领推动。2014年以来，习近平主席、李克强总理等国家领导人先后出访40多个国家和地区，出席加强互联互通伙伴关系对话会、金砖国家领导人会议、中阿合作论坛部长级会议、二十国集团(G20)领导人峰会等，就双边关系和地区发展问题，多次与有关国家元首和政府首脑进行会晤，深入阐释"一带一路"的深刻内涵和积极意义，就共建"一带一路"达成了广泛共识。

　　签署合作框架。截至2015年，中国已与20多个国家签署了共建"一带一路"合作备忘录，与一些毗邻国家签署了地区合作和边境合作的备忘录，以及经贸合作中长期发展规划。研究编制与一些毗邻国家的地区合作规划纲要。

　　推动项目建设。加强与沿线有关国家的沟通磋商，在基础设施互联互通、产业投资、资源开发、经贸合作、金融合作、人文交流、生态保护、海上合作等领域，推进了一批条件成熟的重点合作项目。

　　欧亚地区是"一带一路"的诞生地。在这一区域，中国与俄罗斯签署丝绸之路经济带同欧亚经济联盟合作对接联合声明；与全部中亚和外高加索国家签署建设"一带一路"合作协议；中欧决定对接"一带一路"和欧洲投资计划，商讨设立中欧共同投资基金，建立互联互通合作平台；中英探讨"一带一路"与英国基础设施升级改造计划和"英格兰北部经济中心"对接；中德建立"中国制造2025"同"德国工业4.0"对接协调机制；同中东欧的波兰、捷克、匈牙利等六国签署"一带一路"政府间谅解备忘录。

　　"一带一路"为共建繁荣亚洲的良好愿景注入了强劲动力。在东北亚，中韩决定推进四项发展战略对接，中蒙商定对接"丝绸之路"与"草原之路"，中俄蒙就建设三国经济走廊达成重要共识，并签署发展三方合作中期路线图。在东南亚，中国与印尼同意加快对接两国发展战略，中越加紧磋商"一带一路"和"两廊一圈"合作，中新探讨在"一带一路"倡议下，开拓第三方市场。在南亚，中印加强"一带一路"建设领域合作，中巴经济走廊路线图进一步明晰，一大批重要项目陆续开工，孟中印缅经济走廊四方联合工作组工作初见成效，连接东亚与南亚的大通道呼之欲出。

　　完善政策措施。中国政府统筹国内各种资源，强化政策支持。推动亚洲基础设施投资银行筹建，发起设立丝路基金，强化中国－欧亚经济合作基金投资功能。推动银行卡清算机构开展跨境清算业务和支付机构开展跨境支付业务。积极推进投资贸易便利化。2015年5月，中国实施丝绸之路经济带海关区域通关一体化改革，建成了一个标准统一、快捷高效的通关区域，打通了东联日韩、西至欧洲的国际物流大通道，可为企业降低通关成本20%～30%，惠及丝绸之路经济带全域。

→ 习近平出访路线

→ 李克强出访路线

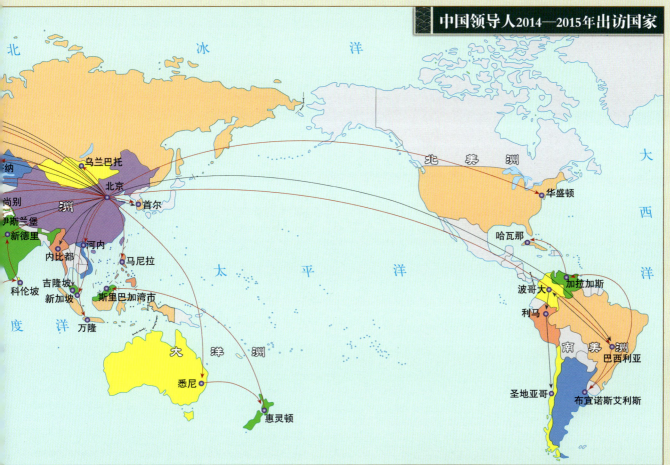

中国领导人2014—2015年出访国家

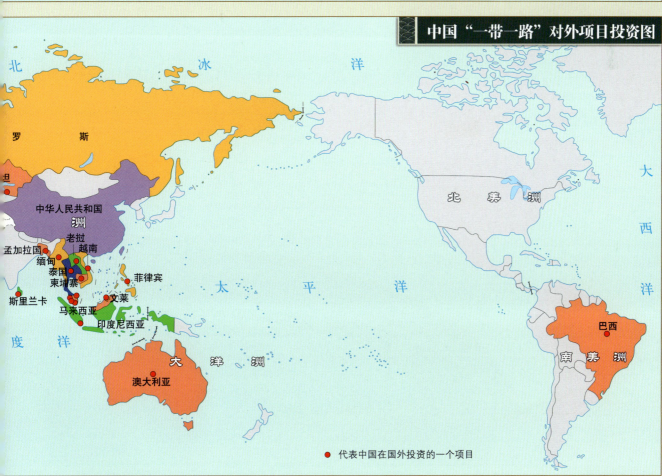

中国"一带一路"对外项目投资图

● 代表中国在国外投资的一个项目

共创美好未来

GONGCHUANG MEIHAO WEILAI

———— 丝绸之路经济带倡议与愿景 ————

共建"一带一路"是中国的倡议,也是中国与沿线国家的共同愿望。站在新的起点上,中国愿与沿线国家一道,以共建"一带一路"为契机,平等协商,兼顾各方利益,反映各方诉求,携手推动更大范围、更高水平、更深层次的大开放、大交流、大融合。"一带一路"建设是开放的、包容的,欢迎世界各国和国际、地区组织积极参与。

共建"一带一路"的途径是以目标协调、政策沟通为主,不刻意追求一致性,可高度灵活,富有弹性,是多元开放的合作进程。中国愿与沿线国家一道,不断充实完善"一带一路"的合作内容和方式,共同制定时间表、路线图,积极对接沿线国家发展和区域合作规划。

中国愿与沿线国家一道,在既有双多边和区域、次区域合作机制框架下,通过合作研究、论坛展会、人员培训、交流访问等多种形式,促进沿线国家对共建"一带一路"内涵、目标、任务等方面的进一步理解和认同。

中国愿与沿线国家一道,稳步推进示范项目建设,共同确定一批能够照顾双多边利益的项目,对各方认可、条件成熟的项目抓紧启动实施,争取早日开花结果。

"一带一路"是一条互尊互信之路、一条合作共赢之路、一条文明互鉴之路。只要沿线各国和衷共济、相向而行,就一定能够谱写建设丝绸之路经济带和21世纪海上丝绸之路的新篇章,让沿线各国人民共享"一带一路"共建成果。

　　2017年5月14日上午，我在福建泉州的宾馆里观看"一带一路"国际合作高峰论坛，聆听习近平主席在北京发表的《携手推进"一带一路"建设》主旨演讲，眼前浮现出一幅幅丝绸之路波澜壮阔、高潮迭起的绚丽画卷，一种时空交错的感觉油然而生。

　　我居住的城市西安古称长安，是陆上丝绸之路的起点，张骞通西域、玄奘取真经的故事就发生在这里。汉唐时，这里胡商云集、贸易繁荣、文化昌盛，是与古罗马比肩的世界第一大都市，代表了中华文明对外交流的第一个高峰。我现在所处的泉州古称刺桐，是海上丝绸之路的起点，早在唐朝就是世界四大口岸之一，被马可·波罗誉为"光明之城"。宋元时期为东方第一大港，曾有"市井十洲人""涨海声中万国商"之盛景，代表了中华文明的第二个高峰。而今天盛况空前的"一带一路"国际合作高峰论坛的举行预示着中华文明对外交流的第三个高峰即将到来。回顾这三段历史，不难看出中华文明强盛时期，都是丝绸之路繁荣之时，"开放包容、互学互鉴、互利共赢"的丝路精神不仅是中国人民的宝贵财富，并且是当今大发展大变革大调整时代，各国应对"和平赤字、发展赤字、治理赤字"的一剂良方。

　　2015年初，我受西安地图出版社邀请，组织编写一本全面介绍丝绸之路经济带的地图集，不觉已度过两个寒暑，也见证了"一带一路"建设逐渐从理念转化为行动，从愿景转变为现实的伟大历程。正如习近平主席所言，"一带一路"在各个领域结出了丰硕的成果：政策沟通领域，"一带一路"的朋友圈宾客云集，全球100多个国家和国际组织积极支持和参与"一带一路"建设，联合国大会、联合国安理会等重要决议也纳入"一带一路"建设内容；我们与40多个国家和国际组织签署了合作协议，与30多个国家开展机制化产能合作，"一带一路"所提出的"对话不对抗、结伴不结盟"的伙伴关系合作框架已经成为当今世界各国构建新型国际关系的典范。设施联通领域，以中巴、中蒙俄、新亚欧大陆桥等六大经济走廊为引领，以陆海空通道和信息高速路为骨架，以铁路、港口、管网等重大工程为依托的复合型的基础设施网络正在形成。贸易畅通领域，2014年至2016年，中国同"一带一路"沿线国家贸易总额超过3万亿美元，中国对"一带一路"沿线国家投资累计超过500亿美元。中国企业已经在20多个国家建设56个经贸合作区，为有关国家创造近11亿美元税收和18万个就业岗位。资金融通领域，中国同参与国和国际组织开展了多种形式的金融合作，丝路基金、亚洲基础设施投资银行、中国同中东欧"16+1"金融控股公司等新型金融机制先后为"一带一路"建设提供近60亿美元资金，同世界银行等传统多边金融机构各有侧重、互为补充，形成层次清晰、初具规模的"一带一路"金融合作网络。民心相通领域，各参与国在科学、教育、文化、卫生、民间交往等各领域广泛开展合作，文教合作与人文合作项目异彩纷呈，构筑起"一带一路"建设坚实的民意基础和牢固的社会根基。"一带一路"正朝着和平之路、繁荣之路、开放之路、创新之路和文明之路的方向健康发展。

　　《图解丝绸之路经济带》一书是国家出版基金和西安外国语大学科研基金资助项目，本书的立项、编写、出版先后得到西安地图出版社毛腊梅社长、西安外国语大学邓志辉书记、王军哲校长和有关方面领导的关心和支持。本人提出编写提纲后，陕西师范大学博士生导师、全国著名人文地理学家马耀峰教授就整体框架、编写思路提出了方向性的指导意见。出版社先后多次组织项目论证会，广泛听取了众多专家学者的意见和建议。西北大学丝绸之路研究院张健副教授承担了丝绸之路历史部分的撰写，国际关系学院安在、北京大学张婷参与了资料收集和部分篇幅撰写，西安地图出版社韩小武总编辑和董兆昕编辑负责地图编制，国家测绘地理信息局第一地理信息制图院许兰州总工对全书制图进行了指导，王丽丽同志负责图集设计与排版。2016年初，初稿形成后，出版社又邀请陕西省委宣传部、陕西省政策研究室以及高等学校的有关专家审阅，出版社张鸿副社长和宝鸡文理学院何志虎教授对全书进行系统审校，这里对他们的关心支持和辛劳付出表示诚挚的感谢！

　　《图解丝绸之路经济带》是一本系统介绍丝绸之路历史，反映沿线主要国家国情，展现发展愿景及建设成果的综合性图集。为了尽可能地使图集的资料详实、内容生动、数据准确，我们多方收集数据，精心设计制作图表，但丝绸之路经济带建设和发展日新月异，我们掌握的资料难免挂一漏万，图解亦可能有不合理之处，敬请广大读者指正。目前，我们正在编写《图解21世纪海上丝绸之路》等著作，为"一带一路"建设再尽绵薄之力。"不积跬步，无以至千里"，相信通过全体中国人民和"一带一路"沿线国家人民的共同努力，必将为人类文明进步和世界和平繁荣做出重要贡献。

2017年5月14日

编者于福建泉州

♘ 照片来源说明

本书沿线国家部分内容的大部分照片来自维基共享网站
（https://commons.wikimedia.org/wiki/首页?uselang=zh），按照片来源列出以下作者信息

序号/国家/景观名称/作者授权信息

001 / 蒙古 / 鄂尔浑峡谷文化景观 By Ljuba brank (Own work) [CC BY-SA 4.0 (http://creativecommons.org/licenses/by-sa/4.0)], via Wikimedia Commons

002 / 蒙古 / 乌布苏盆地 By Dr. Králík from cs, CC BY-SA 3.0, https://commons.wikimedia.org/w/index.php?curid=3597747

003 / 蒙古 / 阿尔泰山脉岩画群 By AyanTravel (Own work) [CC BY-SA 4.0 (http://creativecommons.org/licenses/by-sa/4.0)], via Wikimedia Commons

004 / 俄罗斯 / 红场和克林姆林宫1 By Fanghong(used by Kjetil r) (https://upload.wikimedia.org/wikipedia/commons/a/a4/Moscow_RedSquare.jpg)

005 / 俄罗斯 / 红场和克林姆林宫2 By David Crawshaw (Own work) [GFDL (http://www.gnu.org/copyleft/fdl.html) or CC-BY-SA-3.0 (http://creativecommons.org/licenses/by-sa/3.0/)], via Wikimedia Commons

006 / 俄罗斯 / 贝加尔湖By Pavelblazek – pavelblazek.com (Own work) [CC BY-SA 3.0 (http://creativecommons.org/licenses/by-sa/3.0)], via Wikimedia Commons

007 / 俄罗斯 / 圣彼得堡By Philipp Hienstorfer (photo taken by Philipp Hienstorfer) [GFDL (http://www.gnu.org/copyleft/fdl.html) or CC BY 3.0 (http://creativecommons.org/licenses/by/3.0)], via Wikimedia Commons

008 / 白俄罗斯 / 米尔城堡By Alexxx1979 – Own work, CC BY-SA 4.0, https://commons.wikimedia.org/w/index.php?curid=39841751

009 / 白俄罗斯 / 拉济维乌家族城堡建筑群 By Сяргей Кончар (http://forum.globus.tut.by/viewtopic.php?p=48709&highlight=#48709) – http://forum.globus.tut.by/viewtopic.php?t=862&postdays=0&postorder=asc&start=90, CC BY-SA 3.0, https://commons.wikimedia.org/w/index.php?curid=28116129

010 / 白俄罗斯 / 别洛韦日丛林By Yogi555 (Own work) [CC BY-SA 4.0 (http://creativecommons.org/licenses/by-sa/4.0)], via Wikimedia Commons

011 / 白俄罗斯 / 斯特鲁维地理探测弧线By Clemensfranz – Own work, CC BY-SA 3.0, https://commons.wikimedia.org/w/index.php?curid=315452

012 / 哈萨克斯坦 / 霍贾艾哈迈德亚萨维陵墓By Petar Milošević (Own work) [CC BY-SA 4.0 (http://creativecommons.org/licenses/by-sa/4.0)], via Wikimedia Commons

013 / 哈萨克斯坦 / 泰姆格里考古景观岩刻By Stomac (Own work) [CC BY 3.0 (http://creativecommons.org/licenses/by/3.0)], via Wikimedia Commons

014 / 哈萨克斯坦 / 萨尔亚尔卡–哈萨克斯坦北部的草原和湖区By Vmenkov – Own work, CC BY-SA 3.0, https://commons.wikimedia.org/w/index.php?curid=4392774

015 / 塔吉克斯坦 / 萨拉子目古城的城市原形遗址 / By Bertramz (Own work) [CC BY-SA 3.0 (http://creativecommons.org/licenses/by-sa/3.0)], via Wikimedia Commons

016 / 塔吉克斯坦 / 塔吉国家公园By Irene2005 – originally posted to Flickr as Flying over Pamir Mountains, CC BY 2.0, https://commons.wikimedia.org/w/index.php?curid=4288118

017 / 土库曼斯坦 / 梅尔夫历史与文化公园 By Mark and Delwen [CC BY 2.0 (http://creativecommons.org/licenses/by/2.0)], via Wikimedia Commons

018 / 土库曼斯坦 / 库尼亚 – 乌尔根奇By Doron (Own work) [GFDL (http://www.gnu.org/copyleft/fdl.html) or CC-BY-SA-3.0 (http://creativecommons.org/licenses/by-sa/3.0/)], via Wikimedia Commons

019 / 土库曼斯坦 / 尼莎帕提亚要塞By Mark and Delwen [CC BY 2.0 (http://creativecommons.org/licenses/by/2.0)], via Wikimedia Commons

020 / 乌兹别克斯坦 / 伊钦卡拉内城By Hylgeriak / Wikipedia (Own work) [GFDL (http://www.gnu.org/copyleft/fdl.html) or CC BY-SA 3.0 (http://creativecommons.org/licenses/by-sa/3.0)], via Wikimedia Commons